FiNALEonline.de

FiNALEonline.de ist die digitale Ergänzung zu deinem Arbeitsbuch. Hier findest du eine Vielzahl an Angeboten, die dich zusätzlich bei deiner Prüfungsvorbereitung in Deutsch unterstützen!

Das Plus für deine Prüfungsvorbereitung:

→ das Extra-Training Rechtschreibung

→ Original-Prüfungsaufgaben mit Lösungen (bitte Code von S. 4 eingeben)

→ Tipps zur Prüfungsvorbereitung, die das Lernen erleichtern

Online-Grundlagentraining

Du hast noch Lücken aus den vorherigen Schuljahren? Kein Problem! Das Online-Grundlagentraining auf FiNALEonline.de hilft dir dabei, wichtigen Lernstoff nachzuarbeiten und zu wiederholen. Und so funktioniert es:

Für Lehrerinnen und Lehrer:
Die Lehrerhandreichung für den optimalen Einsatz der Arbeitsbücher im Unterricht zum kostenlosen Download!

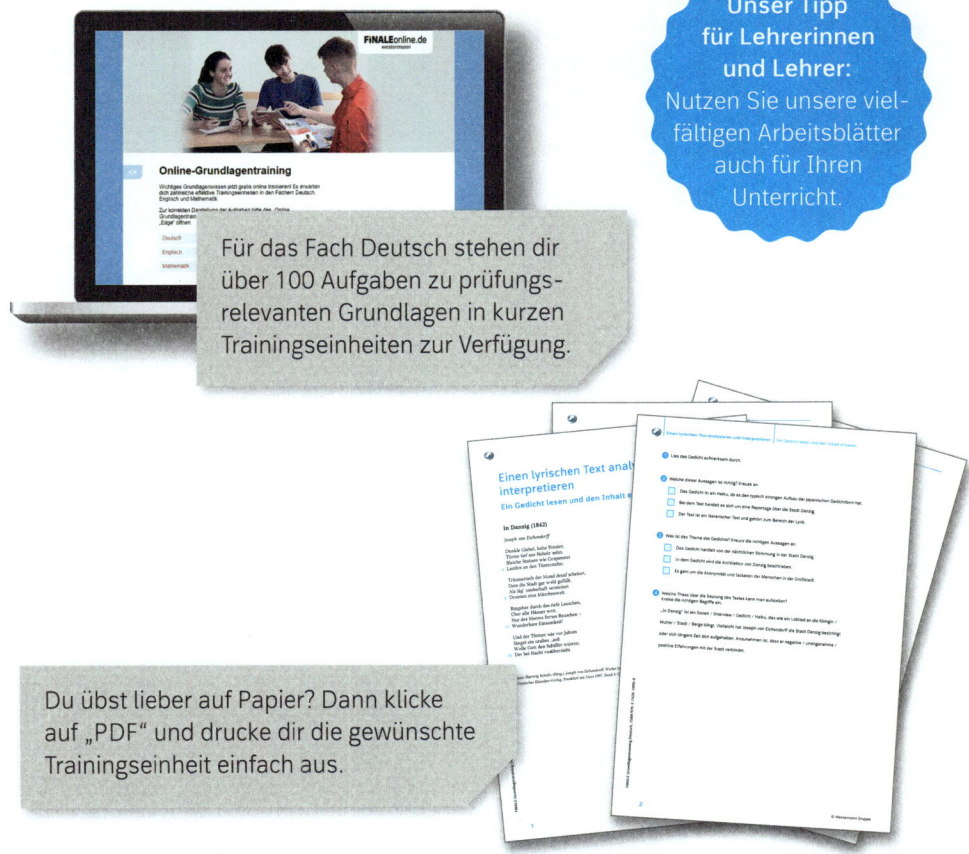

Unser Tipp für Lehrerinnen und Lehrer: Nutzen Sie unsere vielfältigen Arbeitsblätter auch für Ihren Unterricht.

Für das Fach Deutsch stehen dir über 100 Aufgaben zu prüfungsrelevanten Grundlagen in kurzen Trainingseinheiten zur Verfügung.

Du übst lieber auf Papier? Dann klicke auf „PDF" und drucke dir die gewünschte Trainingseinheit einfach aus.

FiNALE Grundlagentraining Deutsch

Das FiNALE Grundlagentraining ist die ideale Ergänzung zu diesem Arbeitsbuch. Es bietet eine große Auswahl an Materialien, mit deren Hilfe du prüfungsrelevantes Grundlagenwissen auffrischen und aktiv trainieren kannst.

Folgende Inhalte werden in diesem Band behandelt:

→ Überprüfung des Leseverstehens
→ Analyse und Interpretation literarischer Texte
→ argumentativer Umgang mit Sachthemen
→ Arbeitstechniken und prüfungsrelevante Fachbegriffe
→ grundlegendes Grammatikwissen
→ die wichtigsten Operatoren im Fach Deutsch

Zu jeder Trainingseinheit gibt es anschauliche Lösungen.

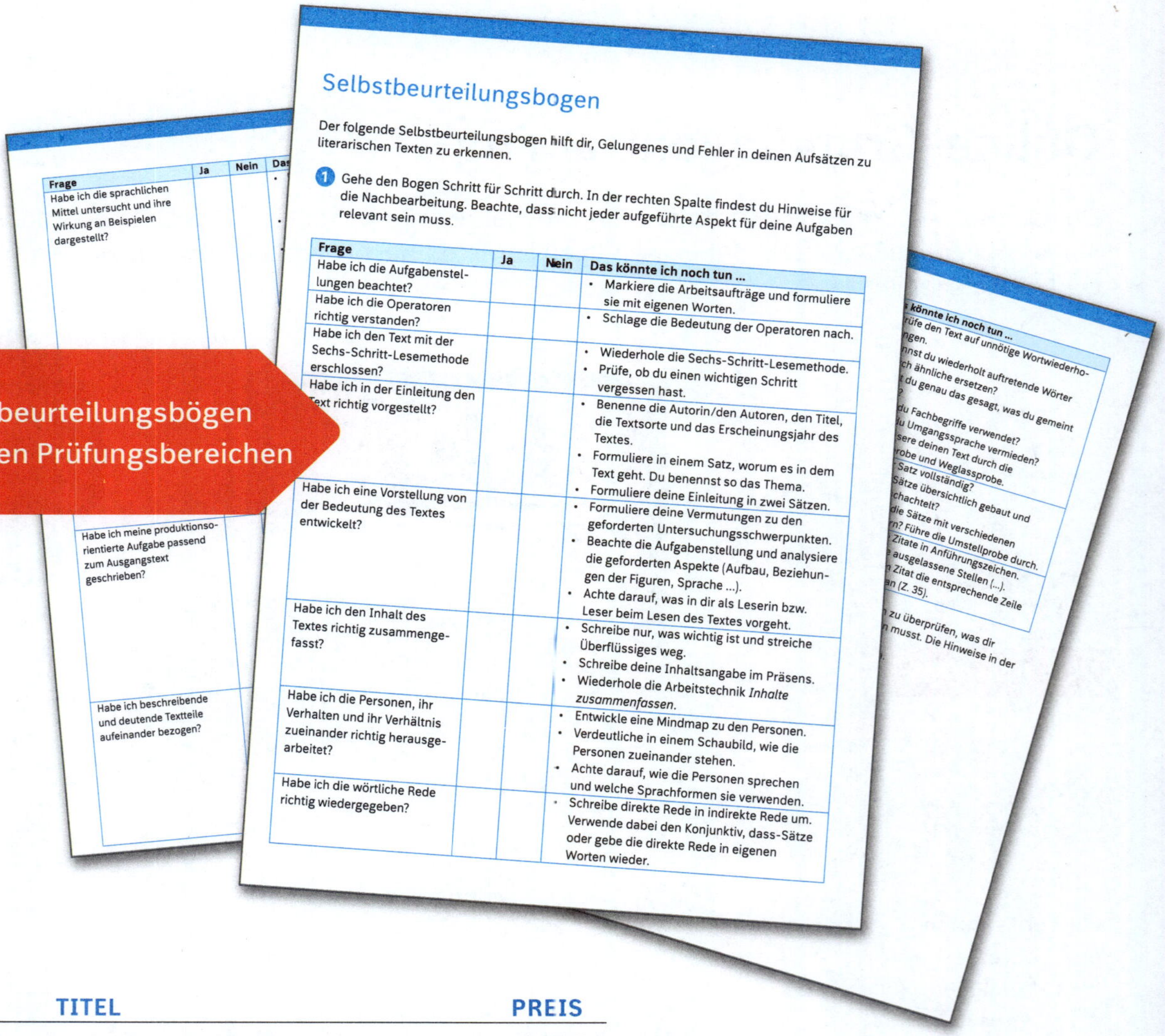

Mit Selbstbeurteilungsbögen zu wichtigen Prüfungsbereichen

BESTELL-NR.	TITEL	PREIS
978-3-7426-1890-0	FiNALE Grundlagentraining Deutsch	13,95 €

FiNALE Grundlagentraining gibt es auch für die Fächer Englisch und Mathematik.

westermann

FiNALE
Prüfungstraining

Niedersachsen

Abschluss 10. Klasse
Realschule

2024

Deutsch

Lösungen

Martina Hartwig
Melanie Priesnitz

Mit Beiträgen von
Walburga Böker

A Vorbereitung auf die Abschlussprüfung

A 1 Methoden der Prüfungsvorbereitung

Seite 8

1. Teil I der Prüfung (Auswahl der Prüfungsaufgabe: 15 Minuten): 8.00 – 8.15 Uhr
Teil II der Prüfung (Bearbeitung der Prüfungsaufgabe: 180 Minuten): Hörverstehenstext: 8.15 – 8.35 Uhr, Basisteil und Wahlaufgabe: 8.35 – 11.15 Uhr
Da die Schulen den Beginn zwischen 8.00 und 8.15 wählen können, muss der Zeitstrahl spätestens um 11.30 Uhr beendet sein.

A 2 Was wird bei den Aufgabenstellungen erwartet?

Seite 10

1. Aufgabe **1**
Fasse die Kurzgeschichte „Die Nacht im Hotel" von Siegfried Lenz (Text 1) in nicht mehr als sieben Sätzen zusammen.

Aufgabe **2**
Beschreibe den Fremden.

Aufgabe **3**
Stelle dar, wie der Vater seinen Sohn sieht.

Aufgabe **4**
Vergleiche die in Text 3 dargestellte Definition von Betrug mit der Aussage des Fremden.

Aufgabe **5**
Benenne die sprachlichen Mittel, die Lenz einsetzt, um die Entwicklung der Hauptpersonen deutlich zu machen. Erläutere zwei sprachliche Mittel.

Seite 11

Aufgabe **6**
Die Texte 1 – 4 beziehen sich auf das Thema „Menschlichkeit und Behinderungen". Beurteile die unterschiedlichen Verhaltensweisen der vorgestellten Menschen. Nimm Stellung zu den vorgeschlagenen Ideen.

2. **Wahlteil**
Du arbeitest in der Schülervertretung der Schule mit. Für eure nächste Sitzung verfasst du einen Text darüber, wie sich Menschen mit und ohne Behinderungen in verschiedenen Situationen verhalten und wie sich durch das Verhalten der Umgang miteinander problematisch oder unproblematisch gestalten kann. Bearbeite hierfür die folgenden Aufgaben in einem zusammenhängenden Text. Beachte dabei auch die Überleitungen.
   a) Alle Texte befassen sich mit dem Thema „Menschlichkeit und Behinderungen". Fasse die einzelnen Aussagen der Texte kurz zusammen.
   b) Vergleiche, welche Rolle die unterschiedlichen Verhaltens- und Umgangsarten auf die Entwicklung der Personen spielen.
   c) Beurteile das Verhalten des Fremden und die Reaktion des Jungen sowie deren Entwicklung. Nutze Beispiele aus den anderen Texten, um deine Aussagen zu stützen.
   d) Erörtere, welche Rolle die Nacht im Hotel (Schauplatz) bei der Entwicklung spielt.
   e) Begründe, warum der Wendepunkt im Verhalten der Personen auch mit der Hotelnacht zusammenhängt.

A 3 Wie entscheide ich mich für die Prüfungsaufgabe?

Seite 12

1. Beispiel:
Die folgenden Texte, das Diagramm und das Foto befassen sich aus unterschiedlichen Perspektiven mit dem Thema „Herbst". Lies alles aufmerksam, markiere die für dich wichtigen Stellen und bearbeite dann zuerst die sich anschließenden Aufgaben im Basisteil. Im Anschluss daran musst du dich entscheiden, ob du die Schreibaufgabe im Wahlteil A oder B bearbeitest.

2. a) Fasse Text 1 in nicht mehr als vier Sätzen zusammen.
   b) Vergleiche die im Diagramm dargestellten Ergebnisse mit den in Text 2 genannten Erwartungen der Menschen.
   c) Stelle mithilfe eines Beispiels dar, wie sich die Befragten das Voranschreiten der Klimaerwärmung vorstellen.
   d) Benenne in jedem der drei Gedichte zwei sprachliche Mittel, die die Autoren einsetzen. Erkläre deren Bedeutung.
   e) Die Texte 2 – 4 beziehen sich auf das Thema „Herbst". Verdeutliche in jeweils einem Satz ihre zentrale Aussage.

Seite 13

3. **Wahlteil A**
Du bist Mitarbeiterin bzw. Mitarbeiter der AG „Schul-Homepage". Immer zu Beginn eines neuen Schuljahres bekommt eine/einer den Auftrag, ein passendes Gedicht für die Startseite auszusuchen. Diesmal bist du an der Reihe. Für die nächste Redaktionssitzung sollst du begründen, für welches Gedicht du dich entschieden hast. Bearbeite dazu die folgenden Aufgaben in einem zusammenhängenden Text. Beachte auch die Überleitungen.
   a) Stelle einleitend die drei Gedichte vor, die du zur Auswahl hast.
   b) Erläutere kurz die Gemeinsamkeiten, aber auch die Unterschiede zwischen den einzelnen Gedichten.
   c) Formuliere drei Gründe, die für das Gedicht deiner Wahl sprechen. Gehe dazu auf die unterschiedlichen Inhalte und die eingesetzten sprachlichen Mittel ein.

Wahlteil B
Im Erdkundeunterricht behandelt ihr das Thema „Klimaveränderung". Für eine Wandzeitung zu diesem

Thema sollst du einen informierenden Text zur Klimaveränderung in Deutschland am Beispiel der Jahreszeit Herbst verfassen.

Bearbeite dazu die folgenden Aufgaben in einem zusammenhängenden Text.

Beachte auch die Überleitungen.

a) Verfasse zunächst eine Einleitung, in der du deine Mitschülerinnen und Mitschüler auf das Thema einstimmst.

b) Beschreibe, welche positiven bzw. negativen Auswirkungen die Jahreszeit Herbst auf die Menschen haben kann. Zeige dies mithilfe von je zwei Beispielen aus den drei Gedichten.

c) Erläutere, welche Klimaveränderungen die Forscher in der Jahreszeit Herbst erwarten.

d) Erkläre und begründe anhand von zwei Beispielen, welche Maßnahmen die Menschen gegen die Klimaveränderung ergreifen können.

A 4 Die Prüfungsarbeit: Ein Beispiel

Seite 14 – 26

Die Aufgaben aus Hauptteil 1 und 2 sind richtig gelöst worden. Ebenso verhält es sich mit den Schreibaufgaben in den Wahlteilen A und B.

Wonach richtet sich die Note?

Die Anforderungen sind nahezu alle erfüllt worden. Sinn der Aufgabenstellung ist es, dass du durch den Vergleich von Aufgabenstellung und Bewertungsbogen erkennst, welche Gesichtspunkte in die Bewertung einfließen. Manche Aufgaben würdest du vielleicht anders lösen – oder ausführlicher. Das ist toll und absolut in Ordnung. Achte nur darauf, dass du die Aufgabenstellung bei der Lösung der Aufgaben im Blick behältst!

B Arbeitstechniken und Strategien der Aufgabenbearbeitung

B 1 Arbeitstechnik: Hörverstehen üben

Seite 27

Dritter Schritt: Aufgaben beantworten

1. In dem Text wird beschrieben, wie Lebensmittel in Deutschland gekennzeichnet sein müssen und welche Bedeutung diese Kennzeichnungen für den Verbraucher haben. Dabei geht der Text kritisch auf bestimmte Kennzeichnungen wie „regional" ein oder auf sogenannte „clean labels" wie laktosefrei oder glutenfrei. Die Verbraucherzentralen fordern schon lange eine Ampelkennzeichnung für Lebensmittel, damit der Kunde durch die vielen anderen, oft unnötigen Informationen, nicht verwirrt wird.

2. Verbraucherzentralen stehen den „Frei von"-Labels kritisch gegenüber.
Strichcodes auf Lebensmittelverpackungen enthalten keine Informationen für den Verbraucher.

3. a) – Zutatenliste

– Mindesthaltbarkeitsdatum bzw. Verfallsdatum
– Füllmenge

b) Dabei handelt es sich um einen Hinweis auf das Nichtvorhandensein oder die Nichtverwendung von bestimmten Lebensmittelzutaten oder Stoffen. Zu den „clean labels" gehören Kennzeichnungen wie „ohne Gentechnik", „laktosefrei", „glutenfrei" oder Angaben wie „ohne Zuckerzusatz".

B 2 Arbeitstechnik: Schaubilder und Karikaturen auswerten

Seite 29/30
Schaubilder auswerten

1. **Schaubild A**
a) Thema: Heimtiere in Deutschland
Zahlenangaben: in Millionen
Orangefarbene Balken: Angaben aus einer Befragung aus dem Jahr 2020
Grüne Balken: Angaben aus einer Befragung aus dem Jahr 2018
Vergleiche zwischen der Anzahl der unterschiedlichen Heimtiere in den Jahren 2020 und 2018

b) Für Tiere in Terrarien, in Gartenteichen und Aquarien, für Ziervögel, Kleintiere, Hunde und Katzen werden jeweils die Anzahlen für die Jahre 2020 und 2018 angegeben. Die Daten stammen aus Befragungen von 7.000 Haushalten, die der Industrieverband Heimtierbedarf e.V. (IVH) und der Zentralverband Zoologischer Fachbetriebe Deutschlands e.V. (ZZF) durchgeführt haben.

c) 1. Katzen und Hunde sind die beliebtesten Haustiere in Deutschland.
2. Es gab 2020 mehr Terrarien (+ 0,3 Mio.), mehr Hunde (+ 1,3 Mio.) und mehr Katzen (+ 0,9 Mio.) im Vergleich zum Jahr 2018.

2. **Schaubild B**
a) Thema: Stromverbrauch im Privathaushalt
Zahlenangaben: in Prozent
Felder des Kreisdiagramms: Stromverbrauch für sieben verschiedene Verbrauchsstellen in einem durchschnittlichen Haushalt, der für seine Warmwasserversorgung keinen Strom braucht
Vergleiche zwischen der Menge des Stromverbrauchs für die verschiedenen Verbrauchsstellen in einem Haushalt

b) Es werden die Prozentanteile des Stromverbrauchs für Informationstechnik (incl. TV und Audio), Waschen und Trocknen, Licht, Kühl- und Gefriergeräte, Kochen und Spülen angegeben; die restlichen Stromverbraucher sind unter Sonstiges zusammengefasst. Die Daten stammen vom März 2021.

c) 1. Zu Tätigkeiten des Haushalts gehören: Kühl- und Gefriergeräte (11 %), Kochen (9 %), Spülen (8 %) und Waschen und Trocknen (14 %). Insgesamt sind dies 42 % des Gesamtstromverbrauchs.
2. 28 % des Stromverbrauchs werden für Informationsgeräte, TV und Audio genutzt. Dies sind fast zwei Drittel des Verbrauchs für Haushaltstätigkeiten. Ich finde die Zahl ziemlich hoch, wenn man bedenkt, dass Informationsgeräte, TV und Audio

eher Unterhaltungsbedürfnisse befriedigen. Es zeigt, wie häufig diese Geräte, z.B. Computer, in einem Haushalt genutzt werden.

3. Schaubild C

a) Thema: Rauchverhalten Jugendlicher
Zahlenangaben: Anteil der Raucher unter den 12- bis 17-Jährigen, in Prozent
Orangefarbene Kurve: Raucher
Blaue Kurve: Raucherinnen
Vergleiche zwischen männlichen und weiblichen Jugendlichen im Alter von 12 bis 17 Jahren im Zeitraum von 2007 bis 2020

b) Seit 2007 ist die Zahl der männlichen und weiblichen Raucher unter den Jugendlichen im Alter von 12 bis 17 Jahren insgesamt zurückgegangen. In den Jahren 2008, 2011 und 2012 war der Anteil weiblicher Raucherinnen höher als der der männlichen Raucher. 2015 war er nahezu gleich. Ein auffälliger Unterschied im Rauchverhalten ist im Jahr 2016 festzustellen: Während der Anteil der Raucher deutlich zunimmt, sinkt er bei den Raucherinnen ebenso deutlich ab. 2018 ist er in beiden Gruppen fast identisch. 2020 sinkt der Anteil in beiden Gruppen, wobei er bei den weiblichen Raucherinnen noch stärker sinkt.

c) 1. Seit 2007 sinkt die Zahl der Raucher bei weiblichen und männlichen Jugendlichen insgesamt.
2. 2016 gab es hinsichtlich des Rauchverhaltens zwischen männlichen und weiblichen Jugendlichen den größten zahlenmäßigen Unterschied.

Seite 31
Karikaturen auswerten

a) • Schulklasse mit vier Schüler/-innen, die Smartphones in der Hand halten
• Lehrer mit Tablet
• Beamer/Tafel mit der Aufschrift „Frage 1" und drei Antwortmöglichkeiten sowie dem Hinweis auf einen Telefonjoker
• Sprechblase Lehrer: „Bitte voten!"
• Titel der Karikatur: Unterrichten mit neuen Medien

b) Im Unterricht werden vom Lehrer zu einer Frage mehrere Antwortmöglichkeiten vorgegeben und die Schüler/-innen treffen per Smartphone ihre Auswahl.

c) Mögliche Antwort: Die Szene erinnert an übliche Quiz- und Rateshows aus dem Fernsehen, die zu beliebten Unterhaltungssendungen gehören. Der Zeichner spielt darauf an, dass der Unterricht inzwischen ebenfalls solch eine Unterhaltung bieten muss, um die Klasse zum Mitmachen zu motivieren. Gleichzeitig schwingt auch eine Kritik daran mit, dass neue Medien im Unterricht nicht sinnvoll für das Lernen eingesetzt werden, sondern nur als Spaßfaktor.

B 3   Arbeitstechnik: Argumente aufbauen

Seite 32/33

1. Behauptung: Eine Klarnamenpflicht im Internet ist sinnvoll.

Begründung: Im Schutz der Anonymität überschreiten viele Internetuser immer wieder moralische Grenzen. So kann man in vielen sozialen Netzwerken oder Computerspielen erleben, dass mit anonymen Accounts andere User beleidigt werden. Anonym muss niemand hinter dem stehen, was er gesagt hat, da kein anderer diese Aussage mit der eigenen Person in Verbindung bringt.

Beispiel: Ich habe selbst schon negative Erfahrungen gemacht: Meine Freunde und ich spielen League of Legends. In diesem Spiel kann jeder User einen eigenen Spielcharakter frei benennen. Im Spiel sieht man nur diesen Fantasienamen. Da es ein Onlinespiel ist, kommt man auch mit anderen Spielern in Kontakt. Es ist „normal", dass dort heftig beleidigt wird, ohne dass jemand das Gesagte wirklich zurückverfolgen kann. Das trübt das Spielerlebnis extrem.

Behauptung: Haustiere sind wichtig für Kinder.
Begründung: Kinder können durch die Pflege der Haustiere lernen, Verantwortung zu übernehmen. Sie müssen bestimmte Pflichten zuverlässig einhalten.
Beispiel: Meine Familie hat zum Beispiel zwei Hunde. Ich habe früh angefangen, mit ihnen spazieren zu gehen und sie zu füttern. So habe ich meinen Eltern Arbeit abgenommen und gelernt, mich um andere zu kümmern.

Seite 33

2. Behauptung:
Bücher sollten an Schulen durch Tablets ersetzt werden.
Begründung: Heutzutage besitzt schon fast jeder Haushalt ein Tablet. Man kann Apps darauf laden, die es ermöglichen, das Tablet auf unterschiedlichste Weise zu nutzen. Über Schreibprogramme kann man seine Mappen virtuell führen, außerdem bieten mittlerweile auch viele Schulbuchverlage Programme an, die das Schulbuch 1:1 auf dem Tablet als Digitalversion abbilden.
Beispiel: Ein gutes Beispiel ist meine eigene Schule. Dort wurde im letzten Jahr entschieden, die Bücher nur noch via Tablet zur Verfügung zu stellen. Dies hat nicht nur zur Folge, dass ich nicht mehr jeden Tag sechs verschiedene Bücher einpacken muss. Zudem kann ich in den Büchern direkt unterstreichen und markieren, was eine enorme Arbeitserleichterung ist.

Seite 34

3. A Das ist deshalb wichtig, weil viele von uns den Tag hauptsächlich vor dem Computer verbringen. Kommunikation findet nur noch über das Handy oder soziale Netzwerke statt. Wir unternehmen gar nichts miteinander.

B Ein Beispiel dafür, dass eine Klasse als Team gut ist, ist unsere letzte Klassenfahrt. Wir haben in den Tagen viel zusammen gemacht und uns besser kennengelernt. Ich habe viele neue Kartenspiele gelernt, die auch später in meinem Freundeskreis gut ankamen.

C In unserer Klasse gibt es oft Streit und die Stimmung ist schlecht. Irgendwie will jeder besser sein als der andere und gönnt dem anderen nichts. Marie hat Marc neulich andauernd geärgert, nur weil der eine bessere Note als sie in der Mathearbeit geschrieben hat.

D Mobbing ist ja wohl überall ein Problem, deshalb ist das Thema wichtig. Auch in unserer Klasse gibt es Schülerinnen und Schüler, die oft ausgelacht oder gehänselt werden. Ich nenne jetzt keinen Namen, aber du weißt, wen ich meine.

4. Mögliche Lösung:

a) Behauptung: Es herrscht Streit in den Klassen.
Begründung: Schülerinnen und Schüler werden geärgert – oft aus Gründen, für die sie nichts können und die auch eigentlich kein Grund sind, jemanden zu beleidigen.
Beispiel: In unserer Klasse gibt es welche, die dauernd ausgelacht werden. Wenn zum Beispiel jemand eine gute Arbeit schreibt, ist er erst mal eine Woche „dran".

b) Behauptung: Viele von uns sitzen lange vor dem Computer.
Begründung: Es ist in unserer Klasse „in", Computerspiele zu spielen. Wenn man einmal vor dem Rechner sitzt, vergehen die Stunden wie im Flug. Dann trifft man sich mit den anderen überhaupt nicht mehr und geht nicht raus.
Beispiel: In meiner Klasse gibt es zwei Jungen, Leon und Max, von denen ich weiß, dass sie eigentlich nur über Skype miteinander reden und online Spiele zusammen spielen. Die treffen sich nie wirklich.

c) Behauptung: Wenn man etwas zusammen unternimmt, lernt man voneinander.
Begründung: Nur, wenn eine Klasse wirklich ein Team ist und zusammen Zeit verbringt, kann der eine vom anderen lernen.
Beispiel: Auf unserer letzten Klassenfahrt haben wir viel zusammen gespielt. Das Ergebnis war, dass eigentlich jede bzw. jeder in der Klasse irgendwelche neuen Spiele kennengelernt hat. Das hat uns allen Spaß gemacht.

B 4   Arbeitstechnik: Überfliegendes Lesen

Seite 35/36

1. Mögliche Lösung:
Was fällt auf bei der Ernährung der Jugendlichen?
Um das Essverhalten von 6- bis 17-Jährigen zu untersuchen, wurden im Auftrag des Robert-Koch-Instituts zwischen 2015 und 2017 2.644 Kinder und Jugendliche an 170 Orten, verteilt auf ganz Deutschland, befragt. Die Ergebnisse legten die Forscher in den sogenannten „EsKiMo-Studien I und II" vor. Bei den jüngeren Kindern füllten ihre Eltern Ernährungsprotokolle für einen mehrtägigen Untersuchungszeitraum aus. Jugendliche zwischen 12 und 17 Jahren beantworteten selbst in Interviews detaillierte Fragen zu den Speisen, die sie normalerweise essen.
Dabei zeigten sich für die Gruppe der Jugendlichen zwei besonders auffällige Aspekte: Zum einen stehen die jungen Menschen heutzutage unter einem erheblichen Schlankheitsdruck. Ein Drittel der eigentlich normalge-

wichtigen Jugendlichen unter den Studienteilnehmern fühlt sich deutlich zu dick und 40 Prozent der untergewichtigen schätzt ihr geringes Gewicht als „genau richtig" ein. Dementsprechend hat schon jeder fünfte Befragte in dieser Altersklasse bereits eine längere Diät hinter sich – wobei der Prozentsatz bei den Mädchen noch einmal deutlich höher ist als bei den Jungen. Viele Jugendliche achten sogar ständig darauf, nicht zu viel zu essen, und zählen bei jeder Mahlzeit die Kalorien aus Sorge, sie könnten zunehmen.
Zum anderen fiel auf, dass jeder sechste der befragten Jugendlichen in den vergangenen vier Wochen Nahrungsergänzungsmittel geschluckt hatte. Vor allem Jugendliche, die viel Sport machen und normalgewichtig sind, greifen öfter zu Nahrungsergänzungsmitteln als andere. Auch unter Vegetariern war der Anteil auffallend hoch, in dieser Gruppe nahmen fast 30 Prozent Pulver und Kapseln. Der Großteil gab an, mit den Mineralstoffen oder Vitaminen seine Gesundheit verbessern zu wollen. Ein Fünftel sagte, sie würden die Mittel auf Anraten ihres Arztes nehmen.
Außerdem zeigt die Studie, dass der Anteil der Vegetarier unter den Jugendlichen zunimmt. Fünf Prozent der befragten 12- bis 17-Jährigen ernährt sich aktuell vegetarisch, bei den Mädchen sind es sogar 8,1 Prozent. Diese Zahlen liegen deutlich über dem Bundesdurchschnitt von 4,3 Prozent bei Erwachsenen. Dabei könnte nicht nur das Tierwohl eine Rolle spielen, sondern der Verzicht auf Fleisch ist auch beim Klimaschutz wichtig.

Seite 36

2. Mögliche Lösung:
Clown
Seit vier Jahren arbeitete er nun schon als Clown. Obwohl – eigentlich nicht wirklich. Im richtigen Leben, fernab der Zirkuswelt, war er der Inhaber eines kleinen Buchgeschäftes.
„Junge", hatte sein Vater ihn gewarnt, „Junge, das wird nichts. Mach dich nicht lächerlich. Warum wirst du nicht Tischler, so wie ich? Handwerk, weißt du, Handwerk hat goldenen Boden."
Seine Mutter, die hatte zu ihm gehalten, so lange er denken konnte. Sie glaubte an ihn. Stets und immer hatte sie allen wieder und wieder gesagt, dass sie an ihren Jungen glaube, an ihn und an seinen Traum von einem eigenen, gut besuchten Buchladen. [...]
„Spot an!" Die klassische Zirkusmusik ertönte, während er mit seinen Kollegen in die Manege einmarschierte. Er winkte, sah kleine Kinder auf sich zeigen. Es war so einfach: Er stolperte, oder besser gesagt, er tat so und die Kinder im Publikum jauchzten und klatschten vor Begeisterung. Nach der Pause hatten viele dieser Kinder kleine Luftballontiere im Arm, die er in der Pause an sie zu verschenken pflegte. Mittlerweile war er gut darin, konnte blitzschnell die verschiedensten Tiere formen. „Hund!", „Giraffe!", „Katze!", brüllten sie begeistert – und er gab ihnen, was immer sie sich wünschten. Bis hierhin war es okay für ihn. Was er hasste, war der Teil, in dem er mit einem anderen Clown zusammen als eigene Zirkusnummer auftrat. Er fragte sich, wie man sich als erwachsener Mann dermaßen der Lächerlichkeit preisgeben konnte. [...]

B 5 Arbeitstechnik: Texte erschließen und zusammenfassen

Seite 39

6. – Abschnitt 1: Ein Blog ist ein sogenanntes Online-Tagebuch. (Z. 1–10)
   – Abschnitt 2: Blogs sind schlicht, ihre Beiträge sind in einer bestimmten Reihenfolge aufgelistet und im Internet unter zugeordneten Schlagwörtern zu finden. (Z. 11–23)
   – Abschnitt 3: Es gibt weltweit Millionen Blogger, die in einem regen Gedankenaustausch stehen. (Z. 23–27)
   – Ein eigener Blog kann über Blogging-Dienste kostenfrei und ohne Registrierung, lediglich unter Angabe eines Nicknamen und einer Mailadresse eingerichtet werden. (Z. 27–31)
   – Es gibt Blogs zu allen möglichen Themen. (Z. 32–36)
   – Mit einem Blog kann eine Meinung kundgetan, aber auch beeinflusst werden. (Z. 37–40)
   – Blogger sind im Vergleich zu professionellen Journalisten mit ihren Beiträgen oft schneller und aktueller. (Z. 41–44)

7. Mögliche Schlüsselwörter:
   Online-Tagebuch (Z. 5), World Wide Web & Logbuch (Z. 9), einfacher und schlichter Aufbau (Z. 16), Verlinkung (Z. 21), Schlagwort (Z. 22), Gedankenaustausch (Z. 26), eigener Blog (Z. 27), Blogthemen (Z. 34), Meinungsmacht (Z. 40), schneller und aktueller (Z. 44)

8. Mögliche Antworten:
   – Es geht um das Thema „Bloggen".
   – Der Artikel stammt von Andreas Meyhöfer, der selbst ein Blogger zu sein scheint.
   – Weil das Thema zu einem Trend geworden ist.
   – Nein
   – Es handelt sich um einen Blogartikel, der im Online-Portal „blogsheet" veröffentlicht wurde.
   – Der Autor möchte mithilfe von Fachwissen und Profi-Tipps über das Thema informieren.

B 6 Arbeitstechnik: Einen informierenden Text erarbeiten

Seite 40
Aufgabe 1
In dem Text „Pillenkick – Schmerzmittelmissbrauch im Fußball" geht es um die Nutzung von Schmerzmitteln im Fußball und darum, ob diese als Doping eingestuft werden sollten. Anders als Dopingmittel sind Schmerzmittel im Leistungssport grundsätzlich legal. Was viele Sportlerinnen und Sportler nicht beachten, ist jedoch der gesundheitsgefährdende Aspekt der Einnahme. Im Rahmen einer Umfrage im Auftrag der ARD äußerten sich Sportler, Ärzte und Funktionäre zu ihren Erfahrungen mit Medikamenten.

Aufgabe 2

Person	Aussage
Jonas Hummels	… sagt von sich: „Du konntest mir neun Mal sagen, du nimmst zu viel Schmerzmittel. Ich habe neun Mal weggehört."
Hans Geyer	… fordert, Schmerzmittel als Dopingmittel einzustufen.
Jiri Dvorak	… möchte die Verwendung von Schmerzmitteln reguliert sehen.

Aufgabe 3
Durch die Einnahme von Schmerzmitteln kann es sein, dass Sportlerinnen und Sportler die Abnutzung bzw. Schädigung ihrer Gelenke nicht mehr spüren. Die Folgen können Arthrose im jungen Alter oder Gelenkschädigungen sein. Zudem besteht auch ein höheres Risiko für Herzprobleme.

Seite 43
Aufgabe 4
Schmerzmittel sind kein Doping, da sie als legal eingestuft werden und meist sogar ohne Rezept frei in der Apotheke erhältlich sind. Trotzdem erfüllen sie Kriterien, die für eine Einstufung als Dopingmittel sprechen: Sie tragen zur Leistungssteigerung bei, da sie durch Unterdrückung der Schmerzen eine höhere Einsatzbereitschaft ermöglichen. Zudem sind sie gesundheitsgefährdend und können den Körper des Einnehmenden langfristig schädigen.

Aufgabe 5 Siehe Lösung zu 10.

1. Mögliche Antworten:
   – Aspirin, Ibuprofen
   – Kopfschmerzen, Zahnschmerzen u.a.
   – meist Tabletten
   – helfen meist in kurzer Zeit

2. Verfasse einen informierenden Text zum Thema „Schmerzmittel im Sport" für ein Referat.
   Gehe dabei so vor:
   a) Finde eine passende Überschrift für deinen Text.
   b) Schreibe mithilfe der Informationen des Textes eine kurze Einleitung zum Thema.
   c) Stelle dar, warum Schmerzmittelgebrauch im Fußball ein Problem darstellt.
   d) Erläutere, was Doping ist und warum Schmerzmittelgebrauch im Moment nicht als solches eingestuft wird.
   e) Verfasse begründet deine eigene Meinung zum Thema: Bist du für oder gegen die Freigabe des Dopings im Sport?
   f) Beende deinen Text mit einer Antwort darauf, ob du selber Schmerzmittel als Dopingmittel bezeichnen würdest oder nicht.

Meine Aufgabe ist es, einen informierenden Text in Form eines Referates zu verfassen.
Nachdem ich meinem Text eine passende Überschrift gegeben habe, beginne ich damit, eine Einleitung zum

Thema „Schmerzmittel im Sport" zu verfassen. Dafür nutze ich die Informationen des Textes „Pillenkick – Schmerzmittelmissbrauch im Fußball".
Im Anschluss erkläre ich, warum Schmerzmittelgebrauch im Fußball ein Problem darstellt. Dann setze ich mich mit dem Begriff Doping auseinander und überlege schriftlich, warum Schmerzmittel im Moment nicht als Dopingmittel eingestuft sind.
Ich beende meinen Text mit meiner Meinung dazu, ob ich Doping im Sport erlauben würde und ob ich Schmerzmittel den Dopingmitteln zuordnen würde.

Seite 44

3. Individuelle Lösung

4. Individuelle Lösung

5. a) Zeile 1 – 24: Die Verwendung von Schmerzmitteln gehört im Fußball zum Alltag.
   b) Zeile 25 – 39: Funktionäre fordern, Schmerzmittel als Doping einzustufen.
   c) Zeile 40 – 47: Vorstellung der Umfrage von CORRECTIV und ARD
   d) Zeile 47 – 59: Betroffene berichten von ihren Erfahrungen mit Schmerzmitteln
   e) Zeile 60 – 64: Langfristige Folgen des Schmerzmittelgebrauchs im Sport
   f) Zeile 65 – 71: Fußballer trauen sich nicht, über ihre Schwächen zur reden.

6. Der informative Text „Pillenkick – Schmerzmittelmissbrauch im Fußball" wurde am 10.01.2022 auf dem Internet-Blog „CORREKTIV – Recherchen für die Gesellschaft" veröffentlicht. Er stellt eine Umfrage vor, die im Auftrag der ARD erstellt wurde. Darin geht es um die Nutzung von Schmerzmitteln im Fußball, die inzwischen alltäglich ist, obwohl die Einnahme nicht nur eine Leistungssteigerung bewirkt, sondern auch zu gesundheitlichen Schäden führen kann. Betroffene berichten von ihren Erfahrungen und erzählen, dass sowohl im Leistungssport als auch bei den Amateuren kaum noch Fußballer ohne Schmerzmittel spielen. Einige Funktionäre fordern deshalb, auch Schmerzmittel als Dopingmittel einzustufen und zu verbieten.

Seite 45

7. Unter Doping versteht man die Einnahme von leistungssteigernden Mitteln, mit denen verbotenerweise die Leistungsfähigkeit für die Dauer eines sportlichen Wettkampfs gesteigert werden soll.

8. Individuelle Lösung, z. B.
   Kontra: Doping soll nicht erlaubt sein.
   Ich entscheide mich für die Kontraseite, da ich die Nutzung von Dopingmitteln im Sport unfair finde. Zudem sollte Sport der Gesundheit guttun und diese nicht langfristig schädigen.

   Pro: Doping soll freigegeben werden.
   Ich entscheide mich für die Proseite, weil eine Freigabe für eine ärztliche Kontrolle sorgt, die Gesundheitsschäden verhindern kann. Außerdem soll jeder Mensch frei über seinen Körper verfügen können.

Seite 46
9.

Schreibplan

5 a) Überschrift: Schmerzmittel im Sport – ein Tabu?

Einleitung:
5 b) Text vorstellen, Einleitung zum Thema mithilfe der Informationen des Blogbeitrags
   - Schmerzmittel werden oft im Fußball verwendet
   - Langfristige Gesundheitsschäden möglich

Hauptteil:
5 c) Warum ist Schmerzmittelgebrauch im Fußball ein Problem?
   - Sportler unterschätzen die gesundheitlichen Schäden, weil Schmerzmittel überall erhältlich sind
   - Gebrauch steigt, nicht nur im Profi-, sondern auch im Amateursport, schlechtes Vorbild
   - Unfaires Mittel, um Leistung zu steigern
   - Mittel stehen bisher nicht auf der Dopingliste, obwohl sie ähnlichen Zwecken dienen
5 d) Was ist Doping?
   - Anwendung von Mitteln, die auf gesundheitsgefährdende Art und Weise zur illegalen Leistungssteigerung im Sport beitragen
   Warum ist Schmerzmittelgebrauch kein Doping?
   - bisher nicht verboten, wird also auch nicht getestet
   - ohne Rezept erhältlich
5 e) Sollte Doping im Sport erlaubt sein? Begründung mithilfe von Material 2 (Tabelle)
   Doping soll nicht erlaubt sein, weil:
   - unfairer Vorteil gegenüber Konkurrenz
   - gesundheitliche Schädigung durch langfristige Einnahme
   - schlechtes Vorbild gegenüber Kindern oder Sporttreibenden aus dem Breitensport

Schlussteil:
5 f) Schmerzmittel = Doping? Meine Meinung: Ja.
   - Einnahme von Schmerzmitteln sollte verboten werden
   - Gesundheit der Sportlerinnen und Sportler schützen

Seite 47
10. Möglicher Schülertext:
    Schmerzmittel im Sport – ein Tabu?

    Der Text „Pillenkick – Schmerzmittelmissbrauch im Fußball" vom 10.1.2022 stammt von dem Internet-Blog CORRECTIV und berichtet von einer Bestandsaufnahme über den Einsatz von Schmerzmitteln im Fußball.
    Vorbereitend auf eine Dokumentation der ARD wurden eine Umfrage sowie eine umfangreiche Recherche zum Thema „Schmerzmittelnutzung im Fußball" durchgeführt. Es hat sich herausgestellt, dass immer mehr Fußballer zu Schmerzmitteln greifen, um ihre

Leistungsfähigkeit zu verbessern oder einen Spieleinsatz überhaupt möglich zu machen. Langzeitschäden werden dabei viel zu selten beachtet.

Schmerzmittel im Fußball sind ein weitreichendes Problem. In jeder Hausapotheke findet man Schmerzmittel, die viele gegen Kopf- oder Zahnschmerzen etc. nutzen. Dadurch kann der Eindruck entstehen, diese Mittel seien harmlos. Sportlerinnen und Sportler unterschätzen oft die schädigenden Wirkungen bei Langzeitgebrauch. Bisher stehen diese Mittel auch nicht auf der Dopingliste, da sie nicht verschreibungspflichtig und frei zugänglich sind. Jeder kann sie also nutzen und im Gegensatz zu Dopingmitteln ist die Hemmschwelle, sie „einfach so" zu nehmen, gering. Unter Doping versteht man die Anwendung von verbotenen Medikamenten, die auf gesundheitsgefährdende Art und Weise zur illegalen Leistungssteigerung während eines sportlichen Wettkampfs beitragen. Schmerzmittel fallen nicht unter das Dopinggesetz, weil sie grundsätzlich als legal eingestuft werden und meistens sogar ohne Rezept frei in der Apotheke erhältlich sind. Trotzdem erfüllen sie auch Kriterien, die für eine Einstufung als Dopingmittel sprechen: Sie tragen zur Leistungssteigerung bei, da sie durch Unterdrückung der Schmerzen eine höhere Einsatzbereitschaft ermöglichen. Zudem sind sie gesundheitsgefährdend und können den Körper der Einnehmenden langfristig schädigen.

Meiner Meinung nach ist Doping ein wirkliches Problem im Sport. Durch das Einnehmen von leistungssteigernden Substanzen gewinnen Sportler einen unfairen Vorteil gegenüber der Konkurrenz, die diese Mittel nicht einnehmen. So werden die Ergebnisse von sportlichen Wettkämpfen verzerrt. Aus diesem Grund bin ich der Meinung, dass die Einnahme auf jeden Fall verboten sein sollte.

Zudem gibt es noch einen weiteren wichtigen Grund, nämlich die Vorbildfunktion, die der Profisport vor allem Kindern und Jugendlichen gegenüber hat. Profisportlerinnen und -sportler sollten für einen fairen Wettkampf stehen und keine gesetzwidrigen Dinge tun und diese verschleiern. Das könnte auch Folgen auf den Breitensport haben und dort Menschen dazu bringen, ihre Leistungen mit unerlaubten Mitteln zu steigern.

Meiner Meinung nach sollten auch Schmerzmittel im Sport als Dopingmittel eingestuft und entsprechend verboten werden.

Auch wenn sie legal zu kaufen sind, halte ich es für wichtiger, dass die Gesundheit der Sportlerinnen und Sportler geschützt wird.

Ich unterstütze daher die Forderung von Hans Geyer, auch Schmerzmittel als Dopingmittel einzustufen.

B 7 Arbeitstechnik: Einen erzählenden Text erarbeiten

Seite 51

Aufgabe **1**

Die Kurzgeschichte „Tanzen gehen" von Nils Mohl wurde 2019 in einem Kurzgeschichtenband veröffentlicht. Sie handelt von einem alten Ehepaar und einem üblichen Samstag in ihrem Leben. Ein Tanz verändert für kurze Zeit die Routine. Danach folgt wieder der übliche Alltag.

Aufgabe **2**

Ella: liest Zeitung; kommentiert Gelesenes; tanzt mit Gus; bereitet das Essen in der Küche vor

Gus: betrachtet Narben im Badezimmerspiegel; weiß nichts mit sich anzufangen; betrachtet im Wohnzimmer alte Bilder; fordert Ella zum Tanz auf; betrachtet wieder Narben

Seite 52

Aufgabe **3**

Zeile	Textstelle	Sprachliches Mittel …
Z. 4/5	Die Narbe fühlt sich glatt an, ein bisschen wie Plastik.	*Vergleich* bildliche Darstellung, hilft dem Leser, sich die Narbe/Situation besser vorzustellen und sich in die Situation einzudenken
Z. 8	Überhaupt ist sein Körper voll von Narben.	*Symbol* Hinweis auf sein Alter und sein Leben (sie „erzählen" von Ereignissen)
Z. 74	Gus beobachtet das Verschwinden des Hauchflecks.	*Neologismus* hier deutet sich sprachlich die Wendung der Alltagsroutine an – die Aufforderung zum Tanz ist erfolgt, nun muss der Tanz noch tatsächlich ausgeführt werden

Aufgabe **4**

Zeile	Textstelle	Wirkung
Z. 44 Z. 46 Z. 49	Gus erhebt sich … Gus betrachtet … Gus starrt auf den Bilderrahmen …	*Parallelismus* die Anfänge spiegeln den monotonen, gleichförmigen Ablauf eines Tages
Z. 55/56	Ella schaut auf, sagt: Ist das nicht schön? Gus antwortet nicht.	*Rhetorische Frage* erfordert keine Antwort; Ehepaar kennt sich gut nach so vielen Jahre, versteht sich ohne viele Worte
Z. 26 Z. 28	Er blickt, die Zeitungsseiten auf den Knien … Sie lacht des Öfteren leise auf …	*Parallelismus* s. oben, Unterschied hier ist nur, dass nicht die Namen, sondern die Pronomen genutzt werden

Aufgabe **5**

Merkmal	Textbezug
Begrenzte Anzahl von handelnden Personen	Gus und Ella
Alltagssituation	Das Geschehen, die Situation, die Örtlichkeit, die Menschen sind alltäglich.

	Alles ist realistisch, auf den ersten Blick nicht außergewöhnlich. Hier: der Tagesablauf des Ehepaares
Das Problem wird nicht gelöst, daher bleibt das Ende der Geschichte offen.	Der Leser wird mit Gus und der Betrachtung im Spiegel allein gelassen. Er wird „gezwungen", darüber nachzudenken, was weiter passieren könnte.
Offener Anfang	Der Leser steht plötzlich mit Gus und seiner Narbenbetrachtung im Badezimmer. Er weiß nicht, weshalb die Narben da sind oder was vorher geschehen ist.

Aufgabe 6

Als Ella Gus aus einer Todesanzeige vorliest, wird ihm klar, wie schnell das Leben vorbeigehen kann und dass er doch noch vieles tun möchte. Die Aufforderung zum Tanz gibt ihm die Möglichkeit, wieder „jung" zu sein und seine Liebe zu Ella zu zeigen.

Gus möchte wieder mehr Nähe zu Ella aufbauen. Beim Tanz kommt man sich automatisch näher. Durch die Erinnerungen an vergangene Zeiten entsteht wieder das Gefühl von Vertrautsein und Nähe.

Seite 53

Aufgabe 7

Siehe Lösungen zu 7. – 9., Seite 54/55

1. Individuelle Lösung

2. Ich soll die Interpretation über das schreiben, was der Autor mir und den Lesern mit der Kurzgeschichte sagen will. Dazu brauche ich eine Einleitung, muss die sprachlichen Mittel bearbeiten und den Wendepunkt erklären. Außerdem soll ich die Überschrift in Beziehung zum Text setzen und meine eigene Meinung zum Text äußern.

Seite 54

4. – alltägliches Einerlei oder Routine eines älteren Ehepaares
   – fehlende Gespräche zwischen den beiden Hauptpersonen
   – Versuch, die Situation zu verändern, aber dieser scheitert

5. (Aufgabe 1, S. 51)
   Die Kurzgeschichte „Tanzen gehen" von Nils Mohl wurde 2019 in einem Kurzgeschichtenband veröffentlicht. Sie handelt von einem alten Ehepaar und einem üblichen Samstag in ihrem Leben. Ein Tanz verändert für kurze Zeit die Routine. Danach folgt wieder der übliche Alltag.

6. Einteilung in Sinnabschnitte
   a) Gus steht im Badezimmer und betrachtet seine Narben. (Z. 1 – 14)
   b) Gus weiß nicht, was er machen soll. Ella liest im Wohnzimmer die Zeitung. Gus beobachtet sie. (Z. 15 – 43)
   c) Nach einer Weile wandert Gus durch das Wohnzimmer und betrachtet alte Fotos. (Z. 46 – 56)
   d) Gus fordert Ella zum Tanz auf und sie tanzen einen Walzer. (Z. 57 – 85)
   e) Sie streifen eine Stehlampe und kommen ins Wanken. Sie beenden den Tanz. (Z. 86 – 99)
   f) Ella geht in die Küche, um Essen vorzubereiten, Gus betrachtet wieder seine Narben im Spiegel. (Z. 100 – 109)

7. Inhaltsangabe
   Gus steht im Badezimmer und betrachtet seine Narben. Da er nicht weiß, was er tun soll, geht er ins Wohnzimmer, wo Ella sitzt und die Zeitung liest. Sie studiert vor allem die Geburts-, Heirats- und Todesanzeigen.
   Gus beobachtet sie eine Zeitlang und wandert dann zum Schrank, um die Fotos, die ihn in jüngeren Jahren zeigen, zu betrachten.
   Er überlegt eine Weile und fordert dann Ella zum Tanzen auf. Diese ist erst sehr überrascht, tanzt dann aber einen Walzer mit ihm. Dieser findet ein Ende, als sie mit der Stehlampe zusammenstoßen.
   Danach geht Ella in die Küche und Gus steht im Flur und betrachtet wieder seine Narben.

Seite 55

8. Siehe Lösung zu Aufgabe 3, Seite 52

9. (Aufgabe 4, Seite 52)

Zeile	Textstelle	Wirkung
Z. 49	Gus starrt auf den Bilderrahmen …	*Parallelismus* die Anfänge spiegeln den monotonen, gleichförmigen Ablauf eines Tages
Z. 55/ 56	Ella schaut auf, sagt: Ist das nicht schön? Gus antwortet nicht.	*Rhetorische Frage* erfordert keine Antwort; Ehepaar kennt sich gut nach so vielen Jahre, versteht sich ohne viele Worte
Z. 26 Z. 28	Er blickt, die Zeitungsseiten auf den Knien … Sie lacht des Öfteren leise auf …	*Parallelismus* s. oben, Unterschied hier ist nur, dass nicht die Namen, sondern die Pronomen genutzt werden
Z. 32	Gus räuspert sich. Er sagt aber nichts. Ella blättert die Seiten um.	*Parataktische Sätze* Die Verwendung spiegelt die Monotonie des Alltags wider.

10.(Aufgabe **5**, Seite 52)

Merkmal	Textbezug
Offener Anfang	Der Leser steht plötzlich mit Gus und seiner Narben-betrachtung im Badezimmer. Er weiß nicht, weshalb die Narben da sind oder was vor dem Badezimmer-besuch geschehen ist.
Ein Ort der Handlung	Wohnung (Badezimmer und Wohnzimmer) des Ehepaa-res

Seite 56

11.(Aufgabe **6**, S. 52)
Als Ella Gus aus einer Todesanzeige vorliest, wird ihm klar, wie schnell das Leben vorbeigehen kann und dass er doch noch vieles tun möchte. Die Aufforde-rung zum Tanz gibt ihm die Möglichkeit, wieder „jung" zu sein und seine Liebe zu Ella zu zeigen.
Gus möchte wieder mehr Nähe zu Ella aufbauen. Beim Tanz kommt man sich automatisch näher. Durch die Erinnerungen an vergangene Zeiten entsteht wieder das Gefühl von Vertrautsein und Nähe.

Ergänzend hier:
Der Tanz ist ein Wendepunkt in der Geschichte. Gus versucht, durch die Aufforderung zum Tanz und die Durchführung den Alltag zu durchbrechen. Der Tanz ist ein Einschnitt in der täglichen Routine und die Möglichkeit, Veränderungen zu bringen.
Ellas überraschte Reaktion darauf verdeutlicht das auch. Erst fragt sie, ob vor oder nach dem Essen, dann lässt sie sich darauf ein. Nach dem Tanz bleibt aber alles beim Alten.

12.– Ella liest regelmäßig die Geburts-, Heirats-, Todes-anzeigen. (Gus fragt: Warum schaust du dir das immer an?)
– Gus liest immer den Sportteil der Zeitung. (Ella sagt bloß: Hier, der Sportteil.)
– Gus versorgt regelmäßig den Garten. (Er sagt: Ich wollte ja eigentlich noch in den Garten, aber …)
– Ella kocht. (Erst als Ella dann längst in der Küche ist, …)

13.Beide leben schon lange zusammen und kennen sich entsprechend gut. Dinge, die man normalerweise be-spricht, brauchen nicht mehr ausführlich besprochen werden, weil sie im Laufe des Zusammenlebens oft thematisiert worden sind.
Sie verstehen (oder missverstehen) sich auch durch kurze Gespräche, da sie die Vorlieben und Eigenarten des anderen kennen.

Seite 57

14.*Gus*: Er fühlt sich vor dem Tanz gelangweilt und trau-rig, denn er weiß nicht so recht, was er tun soll. Au-ßerdem hängt er Erinnerungen (auch an seine Jugend bzw. vergangene Zeiten) nach.
Während des Tanzes ist er aufgeregt und freut sich über die Nähe zu seiner Frau. Er empfindet die Nähe

als wohltuend und möchte gern mehr davon. Auch hat er das Gefühl, wieder jung und Ella nahe zu sein.
Nach dem Tanz ist er außer Atem. Das zeigt ihm, dass er älter geworden ist, und es macht ihn traurig. Er ist aber auch bedrückt, weil die Nähe zu Ella vorbei ist. Nähe und Vertrautheit fehlen ihm wieder.
Ella: Vor dem Tanz liest sie die Zeitung und kommen-tiert viele Anzeigen. Sie fühlt sich in der Routine sicher und geborgen. Außerdem erlebt sie dadurch, was außerhalb ihrer vertrauten Umgebung passiert. Das findet sie aufregend.
Während des Tanzes fühlt sie die Vertrautheit und Nähe zu Gus. Auch sie ist aufgeregt und freut sich darüber. Die Abwechslung vom Alltag gefällt ihr.
Nach dem Tanz fehlt ihr die Nähe ebenso wie Gus. Das sieht man daran, dass sie ihm die Hände auf die Schultern legt. Wie Gus ist auch sie außer Atem, auch bei ihr ist dies ein Hinweis auf das Alter. Auf der anderen Seite freut sie sich aber auch, denn das Tanzen hat gut geklappt und ohne den Zusammen-stoß mit der Lampe hätten sie vielleicht noch weiter getanzt.

15.Die Kurzgeschichte beginnt und endet mit der Be-trachtung der Narben an Gus Körper. Zu Beginn tut er dies im Badezimmer, am Ende im Flur vor dem Garde-robenspiegel.
Daran wird deutlich, dass er in seinem Alltag gefan-gen ist und viele Handlungen zur Gewohnheit gewor-den sind. Jeder Tag hat seine Routine und in dieser ist Gus gefangen.

16.Möglicher Schreibplan:

Schreibplan

Einleitung:
a) Vorstellung des Textes (siehe Aufgaben **1** und **2**)

Hauptteil:
b) Zusammenfassung des Inhalts (siehe Aufgabe **2**)
c) Analyse/Darstellung der sprachlichen Mittel (siehe Aufgaben **3** bis **4**)
d) Wendepunkt (siehe Aufgabe **6**)

Schluss:
e) Persönliche Meinung zu der Geschichte
f) Stellungnahme zur Textabsicht unter ggf. Zuhilfe-nahme eigener Erfahrungen

Seite 58

17. – 19. (Aufgabe **7**, S. 53)
Möglicher Schülertext:
In der Kurzgeschichte „Tanzen gehen" von Nils Mohl, die 2019 in einem Kurzgeschichtenband veröffentlicht wurde, geht es um den eintönigen Alltag eines lange verheirateten Ehepaares an einem üblichen Samstag in ihrem Leben. Ein Tanz verändert für kurze Zeit die Routine. Danach folgt wieder der übliche Alltag.
Gus steht in Badezimmer und betrachtet seine Narben. Da er nicht weiß, was er tun soll, geht er ins Wohnzim-mer, wo Ella sitzt und die Zeitung liest. Sie studiert vor allem die Geburts-, Heirats- und Todesanzeigen.

Gus beobachtet sie eine Zeitlang und wandert dann zum Schrank, um die Fotos, die ihn in jüngeren Jahren zeigen, zu betrachten.

Er überlegt eine Weile und fordert dann Ella zum Tanzen auf. Diese ist erst sehr überrascht, tanzt dann aber einen Walzer mit ihm. Dieser findet ein Ende, als sie mit der Stehlampe zusammenstoßen.

Danach geht Ella in die Küche und Gus steht im Flur und betrachtet wieder seine Narben.

Um die Kurzgeschichte zu verstehen und die Absicht des Autors erklären zu können, ist es sinnvoll, die sprachlichen Mittel zu analysieren. Diese unterstützen die Aussagen des Textes.

In der Kurzgeschichte geht es um die Monotonie oder Routine im Alltag der Eheleute Gus und Ella und ihre Beziehung zueinander.

Diese Aspekte unterstreicht der Autor auf vielfältige Weise. Im Text finden sich auffallend viele Parallelismen. Darunter versteht man gleiche Satzanfänge. „Gus starrt auf den Bilderrahmen ..." (Z. 49) oder „Gus schaltet das Licht aus ..." (Z. 14).

Darin spiegelt sich der monotone, gleichförmige Ablauf eines Tages. Eine Handlung reiht sich an die andere, der Tag verläuft nach einem Schema und jeder Tag ist wie der andere in festen Strukturen aufgebaut.

Weitere Parallelismen werden durch die Pronomen „er" oder „sie" gestaltet. (z. B. Z. 1, 3, 5). Durch die Verwendung der Pronomen statt der Namen tritt die Monotonie noch deutlicher zutage. Namen sind persönlicher, die Pronomen sind viel allgemeiner, wirken unpersönlich und unterstreichen das strukturierende Element des Tagesablaufs.

Dazu passen auch die vielen parataktischen Sätze. „Gus räuspert sich. Er sagt aber nichts. Ella blättert die Seiten um." (Z. 32)

Die Sätze sind aneinandergereiht wie Perlen auf einer Kette und konzentrieren sich auf das Wesentliche der Situation. Der Leser kann schnell aufnehmen, was inhaltlich gemeint ist. Aber sie verdeutlichen auch die Eintönigkeit des Alltags. Es gibt keine Abwechslung, sondern nur Gleichförmigkeit.

In diesem Beispiel zeigen sich auch die fehlende Gesprächsbereitschaft und die eingeschränkte Fähigkeit des Miteinandersprechens des Paares. Beide beschränken sich hier auf die Kommunikation ohne Worte. Aber auch alle anderen Gespräche zwischen ihnen finden nur in Form von kurzen Sätzen oder rhetorischen Fragen statt. Insbesondere Ella verwendet viele rhetorische Fragen. Sie erwartet auf keine eine Antwort. Sie kennt die Eigenarten von Gus nach den vielen Ehejahren und stellt die Fragen eher aus Gewohnheit als aus Interesse an einer Antwort.

„Ella schaut auf, sagt: Ist das nicht schön? Gus antwortet nicht." (Z. 55)

Weitere sprachliche Mittel in der Kurzgeschichte sind das Symbol, der Vergleich und der Neologismus.

Nils Mohl nutzt die Narbe und den Spiegel als Symbole. Die Narben stehen stellvertretend für das Alter und die Lebensereignisse von Gus. „Er hat eine ganz ähnliche Narbe am Kinn, seit über fünfzig Jahren schon, und eine viel größere am Unterschenkel. Überhaupt ist sein Körper voll von Narben." (Z. 6–8)

Der Leser erfährt, dass Gus schon älter sein muss und dass er im Laufe seines Lebens Dinge erlebt hat, die auf seinem Körper Spuren, nämlich Narben, hinterlassen haben. Aber das gilt auch sicherlich für seine Persönlichkeit an sich. Darin liegt vielleicht ein Grund für seine eingeschränkte Gesprächsbereitschaft mit Ella.

Die Kurzgeschichte beginnt und endet mit der Betrachtung der Narben an Gus Körper. Zu Beginn tut er dies im Badezimmer, am Ende im Flur vor dem Garderobenspiegel. Daran wird deutlich, dass er in seinem Alltag gefangen ist und viele Handlungen zur Gewohnheit geworden sind. Jeder Tag hat seine Routine und in dieser ist Gus gefangen. Der Spiegel reflektiert Gus, zeigt ihm sein wahres Alter und ermöglicht ihm die Auseinandersetzung mit sich selbst in der Gegenwart und der Vergangenheit. Da der Spiegel Gus seitenverkehrt reflektiert, bekommt er einen anderen Blickwinkel auf seinen Körper und seine Person. Und auch der Leser kann eine andere Sichtweise einnehmen bzw. nachvollziehen, was Gus gerade auch in Bezug auf die Narben beschäftigt. Da der Spiegel Gus jeden Tag das gleiche Spiegelbild zeigt, spiegelt er auch die Monotonie des Alltags.

Eine Unterbrechung der Monotonie erfolgt sprachlich mit dem Neologismus „Hauchfleck" (Z. 74). Hier deutet sich die Wendung der Alltagsroutine an – die Aufforderung zum Tanz ist erfolgt, nun muss der Tanz nur noch tatsächlich ausgeführt werden.

Gus erfindet das Wort „Hauchfleck" und verlässt damit seine Alltagssprache. Der Begriff entsteht aus der Aufforderung zum Tanz, die Gus überraschend geäußert hat. Wahrscheinlich ist er über sich selbst erstaunt und dies findet in der Wortneuschöpfung ihren Ausdruck.

Nachdem sich die Überraschung über die unerwartete Aufforderung zum Tanz bei beiden etwas gelegt hat, tanzen sie miteinander.

Der Tanz ist der Wendepunkt in der Kurzgeschichte. Gus versucht durch die Aufforderung zum Tanz und die Durchführung den Alltag zu durchbrechen. Der Tanz ist ein Einschnitt in der täglichen Routine und die Möglichkeit, Veränderungen zu bringen.

Ellas überraschte Reaktion darauf verdeutlicht das ebenfalls. Erst fragt sie, ob vor oder nach dem Essen, dann lässt sie sich aber darauf ein. Auch sie scheint sich nach Veränderungen zu sehnen. Nach dem Tanz bleibt aber alles beim Alten. Dieses bedauern beide.

„Sie streichelt Gus über die Wange. Dann legt sie ihm beide Hände, eine rechts, die andere links, auf die Schultern." (Z. 97–98)

Hier wird deutlich, dass Ella die Nähe zu Gus fehlt. Sie traut sich aber nicht, dieses zu sagen oder durch eine Handlung, z. B. einen Kuss oder eine Umarmung, zu zeigen.

Bei Gus ist es ähnlich. (Z. 91: „Ob sie mit ihm ins Schlafzimmer käme?" oder Z. 100–101: „Erst als Ella dann längst in der Küche ist, fallen Gus ein paar Dinge ein, die er gerne gesagt hätte.")

Der Autor hat seiner Kurzgeschichte den Titel „Tanzen gehen" gegeben. Zunächst vermutet der Leser, das die Geschichte von einem Paar erzählt, das zum Tanzen geht und dort vielleicht etwas Außergewöhnliches erlebt. Auch könnte man denken, es wird von jungen Leuten berichtet, die zum Tanzen in eine Disco gehen. Erst zum Schluss wird deutlich, dass das „Tanzen gehen", welches für junge Leute zum Alltag gehört, für Gus und Ella ein

Höhepunkt im Ehealltag ist und die Möglichkeit bietet, Veränderungen hineinzubringen. Leider scheitern sie und verfallen nach dem abrupten Ende des Tanzes wieder in die alten Verhaltensmuster. Ella geht in die Küche und bereitet das Essen zu und Gus betrachtet seine Narben im Spiegel.

Ich finde die Geschichte sehr interessant. Besonders die Darstellung des monotonen Alltags eines alten Ehepaares und dessen eingeschränkte Gesprächsweise miteinander wird durch die sprachliche Gestaltung widergespiegelt.

Nicht zu vergessen ist auch die Tatsache, dass sich beide noch immer mögen oder gar lieben. Dies kommt im gemeinsamen Tanz zum Ausdruck, der kurzzeitig eine Änderung im Alltagseinerlei bewirkt. Die daraus folgende Chance nutzen die beiden aber nicht. Statt ein offenes Gespräch über ihre Gefühle und Gedanken zu führen, flüchten sich beide in ihre üblichen Verhaltensmuster und Handlungen. Ella geht kochen und Gus betrachtet seine Narben.

Ich denke, dass es vielen Ehepaaren nach langen Jahren der Ehe so geht. Sie reden wenig miteinander, weil sie sich über die Jahre kennen gelernt haben, oft reichen Gestik und Mimik aus, um den anderen zu verstehen. Auch stecken sie in den Routinen des Alltags fest und trauen sich vielleicht nicht, etwas Neues auszuprobieren. Dabei kann man auch im Alter noch neue Dinge tun und aktiv am Leben teilnehmen.

B 8 Einen lyrischen Text in sechs Schritten erarbeiten

Seite 60
Aufgabe **1**

In dem Lied Text „Horizont" von Johannes Oerding und Gentleman aus dem Jahre 2020 geht es um das Thema Freundschaft. Das Lied stellt die Beziehung zwischen zwei Freunden dar sowie ihre Verbindung, den Zusammenhalt und die Unterstützung in guten wie in schlechten Zeiten. Es werden die Sorge um einen Freund (oder eine Freundin) und der Sinn einer Freundschaft beschrieben.

Aufgabe **2**

Das lyrische Ich macht sich Sorgen um einen Freund und bietet seine Hilfe und Unterstützung an, weil dieser offensichtlich die Hoffnung oder den Lebensmut verloren hat. Zunächst stellt es fest, dass der Kontakt in den letzten Tagen nicht gegeben war – trotz Handy kann es ihn nicht erreichen. Es macht sich Sorgen, möchte den Freund treffen – lädt ihn sogar zum Essen ein. Das lyrische Ich möchte für den Freund da sein, auch wenn dieser ihn in seiner Verzweiflung nicht sehen will und das Alleinsein vorzieht. Es beschwört die Wichtigkeit von Freundschaft bzw. guten Freunden in der zunehmenden Einsamkeit und der Hoffnungslosigkeit.

Aufgabe **3**
- Lied besteht aus 11 Strophen mit 45 Versen
- vorweg gibt es ein einzelnes Wort: Oh
- fast alle Strophen haben jeweils 4 Verse, bis auf Strophe 1 und 6
- Strophe 1 hat 2 Verse

- Strophe 6 hat 6 Verse
- es gibt kein Reimschema
- dreimal wird der Refrain wiederholt: Verse 16 – 19, 30 – 34, 42 – 45 und ein halber Refrain in Vers 2 und 3
- Verwendung von Umgangssprache
- viele Bedingungssätze
- viele Wiederholungen

Seite 61
Aufgabe **4**
Mögliche weitere Stilmittel

Textstelle	Zitat	Stilmittel	Erklärung
Vers 12	Auch wenn die Geister in dir mich nicht sehen wollen	Symbol	Negative Gedanken, die verhindern, dass der Freund kommt
Vers 13	Ich bin da, wieder da	Wiederholung	Lyrisches Ich bleibt an der Seite und kommt wieder, egal was passiert
Vers 36	singenden Möwen	Symbol	Freiheit und Kraft, es gibt wieder Hoffnung auf Veränderungen
Vers 36	dem Rauschen des Meeres	Symbol	Es ist ein gleichförmiger Rhythmus, der beruhigt und Gedanken wieder fließen lässt – neue Ideen/Hoffnung

Aufgabe **5**
a) Am Meer verschmelzen die Erde und der Himmel in der Ferne, das ist der sogenannte Horizont. Er ist weit weg und er gibt einem Menschen das Gefühl der Unendlichkeit und endlosen Weite, aber der Horizont und das Meer vermitteln auch die Einsamkeit, wenn es dort menschenleer ist. Insbesondere, wenn man sich nicht gut fühlt, ist der Horizont unendlich weit weg und damit dann auch die Hoffnung auf etwas Schönes oder Gutes. Horizont kann aber auch bezogen sein auf die geistige Verfassung in einer solchen Situation. Man hat keine Hoffnung, weil der geistige Horizont so eingeschränkt ist. Es fehlt die Orientierung. Die Hilfe und Unterstützung durch einen Freund/eine Freundin kann hier helfen und zu neuer Hoffnung und einem Lichtblick am Horizont führen.

Seite 62
b) Die Songschreiber haben die persönliche Form der Pronomen gewählt, damit das Lied/Text übertragbar ist auf jeden einzelnen von uns. Jeder von uns kann entweder der helfende/unterstützende Freund sein oder derjenige, der in Not ist und Hilfe braucht. Durch die Verwendung von „ich", „du", „dein" etc. wird die Nähe der Personen zueinander deutlich – ebenso wie eine gewisse Vertrautheit. Es gibt keine Distanz

zwischen Freunden, die Pronomen übertragen dieses unbewusst auf den Sprecher bzw. dem Zuhörenden. Außerdem drückt der Gebrauch Anteilnahme und auch Wertschätzung an der Person aus.

Aufgabe **6** siehe 14., Seite 67

1. Am Meer – Linie zwischen Himmel und Erde; der Horizont weit weg, Gefühl der Unendlichkeit; was dahinter ist, ist nicht zu sehen; kein Ziel oder Weg zum Horizont; das Meer und Horizont können Einsamkeit und Verlassenheit vermitteln, wenn es am Strand menschenleer ist und nur Möwen schreien

2. Ich soll den Liedtext „Horizont" von Johannes Oerding und Gentleman interpretieren. Als erstes stelle ich dazu das Lied kurz vor und fasse den Inhalt zusammen. Danach beschreibe ich, was die beiden Songwriter unter dem Begriff „Freundschaft" verstehen und wie dies auf mich wirkt. Dazu soll ich auch die Sprache analysieren. Ich soll erklären, was die Pronomen „ich", „du", „dein" usw. für eine Wirkung haben beziehungsweise warum sie genutzt werden. Und zum Schluss nenne ich meine eigene Vorstellung zum Begriff „Freundschaft" und beziehe den Liedtext mit ein.

Seite 63

3. • Freundschaft zwischen zwei Menschen
   • Sorge um eine Person, die sich nicht meldet im Zeitalter des Handys
   • Lyrisches Ich will helfen und unterstützen
   • Angebot von Hilfe (z. B. bei einem Essen)
   • gemeinsam kann man Sorgen und Nöte teilen und bewältigen
   • ebenso kann man schöne Dinge teilen
   • auch Schweigen kann manchmal hilfreich sein ...

4. In dem Lied Text „Horizont" von Johannes Oerding und Gentleman aus dem Jahre 2020 geht es um das Thema Freundschaft. Das Lied stellt die Beziehung zwischen zwei Freunden dar und ihre Verbindung, den Zusammenhalt und die Unterstützung in guten wie in schlechten Zeiten.

5. a) In dem Lied wird die Sorge um einen Freund / eine Freundin beschrieben und der Sinn einer Freundschaft.

Seite 64

b) Im Text spricht das lyrische Ich, dieses sind Gentleman und Johannes Oerding. Das lyrische Ich kann allerdings jeder sein, der den Text liest oder hört – als Freund oder Freundin in der helfenden Rolle oder als Freund/Freundin mit Sorgen und Problemen.

c) Die Songschreiber haben die persönliche Form gewählt, damit das Lied/Text übertragbar ist auf jeden von uns. Jeder von uns kann entweder der helfende/unterstützende Freund sein, oder derjenige, der in Not ist und Hilfe braucht. Durch die Verwendung von „ich", „du", „dein" etc. wird die Nähe der Personen zueinander deutlich und das gemeinsame Tun und Handeln. Man muss nicht allein etwas bewältigen. Außerdem ist so auch sprachlich weniger Distanz zwischen den

Personen – ein „Sie" stellt automatisch eine gewisse Distanz her.

d) Dieser Liedtext ist mit sehr vielen Bedingungssätzen geschrieben worden, und zwar hauptsächlich im Refrain; diese „Wenn-dann-Konstruktionen" drücken immer eine Bedingung/Voraussetzung von Freundschaft aus und deren Konsequenz.
   Außerdem ist es umgangssprachlich und einfach gehalten. Dadurch ist es nah an der Lebenswelt der heutigen Menschen, im Gegensatz zu einem Gedicht aus einer anderen Epoche.

6. Mögliche Lösung:

Abschnitt	Textstelle	Inhalt
1.	Vers 1 – 2 (Refrainteil)	Hilfsangebot
2.	Vers 3 – 5	Person vermisst Freund; mangelnder Kontakt
3.	Vers 9 – 10	Einladung zum Treffen u. gemeinsamen Essen
4.	Vers 12 – 15 (Refrain)	Unterstützung und Hilfestellung
5.	Vers 20 – 24	Hoffnungslosigkeit und Teilen von Glück u. Schmerz
6.	Vers 26 – 29 (Refrain)	s. Vers 12 – 15
7.	Vers 34 – 35	Geteiltes Leid ist halbes Leid und Bezug zu Gott
8.	Vers 38 – 39	wie 7., Bezug zur negativen Stimmung
9.	Vers 42 – 45 (Refrainteil)	wie 1./4./6.

7. Der vorliegende Liedtext handelt von Freundschaft. Das lyrische Ich macht sich Sorgen um einen Freund und bietet diesem seine Hilfe und Unterstützung an, weil der Freund offensichtlich die Hoffnung verloren hat. Zunächst stellt es fest, dass es keinen Kontakt in den letzten Tagen zu ihm hatte – trotz Handy kann es ihn nicht erreichen. Es macht sich Sorgen, möchte den Freund treffen – lädt ihn sogar zum Essen ein.
   Das lyrische Ich möchte für den Freund da sein, auch wenn dieser ihn in seiner Verzweiflung nicht sehen will und das Alleinsein vorzieht. Es beschwört die Wichtigkeit von Freundschaft bzw. guten Freunden in der zunehmenden Einsamkeit und der Hoffnungslosigkeit.

Seite 65

8. a) Siehe Aufgabe **3**, Seite 60
   b) Strophe 1 (Vers 3 – 5): Sorge um einen Freund
      Strophe 2 (Vers 8 – 9): Wunsch eines Treffens
      Strophe 3 (Vers 19 – 24): Freunde können dazu beitragen, dass Hoffnungslosigkeit verschwindet

9. a) Siehe Aufgabe **4**, Seite 61
   b) Mögliche Lösungen:

Textstelle	Erklärung/Wirkung
Vers 9	Einladung zum Treffen, ganz beiläufig, knapp und ohne Emotion (unaufdringlich und doch fürsorglich)
Vers 22	umgangssprachliche Feststellung, dass Glück teilbar ist bzw. positive Erfahrungen/Erlebnisse, bezogen ist diese Aussage auf den Freund
Vers 8	Drei Aufforderungssätze hintereinander, bestehend aus zwei/drei Worten –viele Informationen in kurzer Zeit und in einer gewissen Schnelligkeit (Geschwindigkeit des Lebens)

10. Siehe Aufgabe **5**, Seite 61

11. a) Johannes Oerding und Gentleman verbinden mit dem Begriff „Freundschaft" das Füreinander-da-sein in allen Lebenslagen. Zunächst wird die Sorge um einen Freund / eine Freundin dargestellt (wieder mal besorgt, weil du nicht rangehst / Vers 4). Seit einigen Tagen haben sie schon nichts mehr von dem Freund / der Freundin gehört (kann dich schon seit Tagen nicht erreichen / Vers 5). Es werden Schwierigkeiten vermutet, die diese Person hat (auch wenn die Geister in dir / Vers 13; hast nur die Dunkelheit dabei / Vers 21). Sie befindet sich auf „(...) einsamer Reise (...)" – d. h., sie versucht, allein klarzukommen. Und das ist nicht nötig. (Ich lass dich nicht alleine leiden. Wenn du durch die Hölle fährst / Verse 24/25). Freunde teilen gute Zeiten (Ey, du weißt, Glück lässt sich teilen / Vers 22), aber auch schlechte (Und das gilt auch für unsern Schmerz / Vers 23). Wahre Freunde helfen einander – auch in einer Zeit mit weniger Kontakt. Sie sind da, wenn man sie braucht – uneingeschränkt. Einsamkeit muss nicht sein.

b) Das Meer offenbart die Weite und Unendlichkeit von Leben und übertragen auch von Freundschaft. Es steht für Einsamkeit, aber auch für Freiheit und Hoffnung. Durch das gleichmäßige Rauschen des Meeres (Vers 36) beruhigen sich verwirrte und blockierende Gedanken und wenn der Kopf dann frei ist, können sich neue Ideen und Wege entwickeln. Auf eine Freundschaft übertragen bedeutet dies, sie ist unendlich, man kann allein sein, ist aber nie einsam. Der Freund ist da, wenn man ihn/sie braucht. Er/Sie schweigt mit einem (Vers 40) und führt einen aber auch auf den richtigen Weg (Sag mir, wohin ich den Wind für dich drehen soll / Vers 15). Am Meer weht oft starker Wind und der Wind kann eine Richtung vorgeben – entweder von vorn als Gegenwind oder als Rückenwind in eine bestimmte Richtung. Freundschaft ist so ein Wind. Durch das Teilen von Gedanken usw. setzt man sich mit neuen Ideen auseinander – positiv wie negativ – und kann neue Hoffnung schöpfen, neue Wege/Richtungen einschlagen.
Über das Meer hinweg sieht man in der Ferne den Horizont. Der Horizont verschmilzt mit dem Himmel – bis dahin kann man sehen, bis dahin kann man seine eigene Hoffnung projizieren. Aber darüber hinaus kann man nichts sehen – man weiß nicht, was einen hinter dem Horizont erwartet. Aber auch da ist Freundschaft hilfreich, sie trägt einen zum Horizont und darüber hinweg. Sie begleitet einen und lässt wieder neue Hoffnung zu, neue Wege.

Seite 66

c) Individuelle Schülerlösung

12. Zum Schluss möchte ich Stellung nehmen dazu, was ich unter Freundschaft verstehe und was davon in dem Lied „Horizont" zu finden ist.
Freundschaft bedeutet für mich grenzenloses Vertrauen zueinander haben. Man kann mit einem Freund alles besprechen, sich öffnen, ohne Angst haben zu müssen, dass dieser meine Gedanken, Ideen und Hoffnungen oder Ängste verbreitet oder verrät. Dieser Freund ist für mich da, wenn ich ihn/sie brauche – auch wenn er einmal nicht direkt am Ort ist oder ich. Dadurch gerate ich nicht in die Gefahr, einsam zu werden. Trotzdem kann ich mich zurückziehen und der „Dunkelheit" in mir Raum geben.
Ich muss mich darin aber nicht verlieren, der Freund ist da und steht mir bei, wenn ich ihn brauche. Selbstlos und ohne Forderungen – auch wenn es ihn/sie viel vielleicht nichts angeht.
Er/Sie hört mir zu, lacht und weint mit mir. Wir teilen Gutes (z. B. ein tolles Essen) und auch Schlechtes, denn gemeinsam lässt sich alles besser genießen oder ertragen. Das alles beschreiben die beiden in ihrem Lied.
Wenn mich Sorgen oder Nöte plagen und ich nicht mehr weiß, wohin oder was tun, ist er/sie für mich da, hilft mir meine Gedanken und Gefühle zu sortieren und neue Wege oder Ideen zu entwickeln. Er/Sie zeigt mir neue Wege auf – im Lied drehen Gentleman und Johannes Oerding den Wind in die richtige Richtung. Damit wird der weit entfernte Horizont wieder klarer und schärfer. Der Horizont ist ja nicht nur der Punkt, wo Himmel und Erde miteinander verschmelzen, sondern kann auch auf meine eigene geistige Verfassung bezogen werden. Mein Horizont ist dann vielleicht gerade sehr eng und nimmt mir die Chance, den richtigen Weg zu finden oder zu sehen; das wird im Refrain klar formuliert.
In der heutigen, schnelllebigen Zeit, mit Kontakten überwiegend über soziale Medien und Corona mit Kontaktbeschränkungen, was zu zunehmender Einsamkeit und Hoffnungslosigkeit bei Menschen führt und mangelnder Gesprächsfähigkeit, ist es m. E. besonders wichtig, einen guten Freund / eine gute Freundin zu haben. Mit ihm/ihr kann man alle Höhen und Tiefen oder Klippen, wenn man an das Meer denkt, überwinden.

13. Siehe Schreibplan S. 65

Seite 67

14. (siehe auch Aufgabe **6**)
Mögliche Lösung:
In dem Lied Text „Horizont" von Johannes Oerding und Gentleman aus dem Jahre 2020 geht es um das

Thema Freundschaft. Das Lied stellt die Beziehung zwischen zwei Freunden dar und ihre Verbindung, den Zusammenhalt und die Unterstützung in guten wie in schlechten Zeiten.

Johannes Oerding und Gentleman verbinden mit dem Begriff „Freundschaft" das Füreinander-da-sein in allen Lebenslagen. Zunächst wird die Sorge um einen Freund bzw. eine Freundin dargestellt („wieder mal besorgt, weil du nicht rangehst"; Vers 3). Die Sprache ist verkürzt und umgangssprachlich – eine kurze Feststellung, wie in der heutigen Zeit alles relativ kurz und schnell geht. Es wirkt sehr getaktet, wie das Tippen einer kurzen Nachricht auf dem Handy.

Seit einigen Tagen haben sie schon nichts mehr voneinander gehört („kann dich schon seit Tagen nicht erreichen"; Vers 5). Es werden Schwierigkeiten („auch wenn die Geister in dir"; Vers 13; „hast nur die Dunkelheit dabei"; Vers 21) vermutet, die diese Person hat. Die „Geister" sind als Symbol zu verstehen. Das sind negative Gedanken, die verhindern, dass der Freund Kontakt aufnimmt. Und die „Dunkelheit" ist eine Personifikation – statt von dem Freund lässt die Person sich von den negativen Gedanken begleiten. Man kann sich vorstellen, dass eine dunkle schattenhafte Gestalt nebenherläuft. Die Person befindet sich auf „(...) einsamer Reise (...)" – d. h., sie versucht, allein klarzukommen. Sehr ungewöhnlich, denn normalerweise reist man nicht allein. Es drückt aber die Einsamkeit aus, in der die Person sich befindet, und dies wird vom lyrischen Ich wahrgenommen. Und das ist nicht nötig, denn „Ich lass dich nicht alleine leiden. Wenn du durch die Hölle fährst" (Verse 24/25). Unerträgliches wird leichter zu ertragen sein, wenn man es teilt. Die Hölle steht als Symbol für einen Ort oder Zustand schlimmer Qualen.

Freunde teilen gute Zeiten („Ey, du weißt, Glück lässt sich teilen"; Vers 22), aber auch schlechte („Und das gilt auch für unsern Schmerz"; Vers 23). Wieder umgangssprachlich formuliert und sehr kurzgehalten. Wahre Freunde helfen einander – auch in einer Zeit mit weniger Kontakt. Einsamkeit muss nicht sein. Freunde sollten da sein, wenn man sie braucht – uneingeschränkt.

Das lyrische Ich wiederholt auch immer wieder „Ich bin für dich da". Damit bekommt dieser Aspekt einer wahren Freundschaft einen hohen Stellenwert – und das ist ja die Absicht.

Das Meer offenbart die Weite und Unendlichkeit von Leben und im übertragenen Sinne auch von Freundschaft. Es steht für Einsamkeit, aber auch für Freiheit und Hoffnung. Durch das gleichmäßige Rauschen des Meeres (Vers 37) beruhigen sich verwirrte und blockierende Gedanken und wenn der Kopf dann frei ist, können sich neue Ideen und Wege entwickeln. Auf eine Freundschaft bezogen bedeutet dies: Sie ist unendlich, man kann allein sein, ist aber nie einsam. Der Freund ist da, wenn man ihn/sie braucht. Er/Sie schweigt mit einem (Vers 40) und führt einen aber auch auf den richtigen Weg („Sag mir, wohin ich den Wind für dich drehen soll"; Vers 15). Johannes Oerding und Gentleman personifizieren den Wind, um das deutlich zu machen.

Am Meer weht oft starker Wind und der Wind kann eine Richtung vorgeben – entweder von vorn als Gegenwind oder als Rückenwind in eine bestimmte Richtung. Freundschaft kann wie ein Rückenwind sein. Durch das Teilen von Gedanken usw. setzt man sich mit neuen Ideen auseinander – positiv wie negativ – und kann neue Hoffnung schöpfen, neue Wege/Richtungen einschlagen.

Über das Meer hinweg sieht man in der Ferne den Horizont. Der Horizont verschmilzt mit dem Himmel – bis dahin kann man sehen, bis dahin kann man seine eigene Hoffnung projizieren. Aber darüber hinaus kann man nichts sehen – man weiß nicht, was einen hinter dem Horizont erwartet. Aber auch da ist Freundschaft hilfreich, sie trägt einen zum Horizont und darüber hinweg. Sie begleitet einen und lässt wieder neue Hoffnung zu, neue Wege.

Nun möchte ich noch etwas zur Verwendung der Pronomen sagen. Die Songschreiber haben die persönliche Form gewählt, damit das Lied übertragbar ist auf jeden einzelnen von uns. Jeder von uns kann entweder der helfende/unterstützende Freund sein, oder derjenige, der in Not ist und Hilfe braucht.

Durch die Verwendung von „ich", „du", „dein" etc. wird die Nähe der Personen zueinander deutlich und das gemeinsame Tun und Handeln. Man muss nicht allein etwas bewältigen. Außerdem ist so auch sprachlich die Distanz zwischen den Personen geringer – ein „Sie" stellt automatisch eine gewisse Distanz her.

Zum Schluss möchte ich Stellung nehmen dazu, was ich unter Freundschaft verstehe und was davon in dem Lied „Horizont" zu finden ist. Freundschaft bedeutet für mich: grenzenloses Vertrauen zueinander haben. Man kann mit einem Freund alles besprechen, sich öffnen, ohne Angst haben zu müssen, dass dieser die eigenen Gedanken, Ideen und Hoffnungen oder Ängste weiterverbreitet oder verrät. Dieser Freund ist für mich da, wenn ich ihn/sie brauche – auch wenn er einmal nicht direkt am Ort ist oder ich. Dadurch gerate ich nicht in die Gefahr, einsam zu werden. Trotzdem kann ich mich zurückziehen und der „Dunkelheit" in mir Raum geben.

Ich muss mich darin aber nicht verlieren, der Freund ist da und steht mir bei, wenn ich ihn brauche. Selbstlos und ohne Forderungen – auch wenn es ihn/sie viel vielleicht nichts angeht.

Er/Sie hört mir zu, lacht und weint mit mir. Wir teilen Gutes (z. B. ein tolles Essen) und auch Schlechtes, denn gemeinsam lässt sich alles besser genießen oder ertragen. Das alles beschreiben die beiden in ihrem Lied.

Wenn mich Sorgen oder Nöte plagen und ich nicht mehr weiterweiß, ist er/sie für mich da, hilft mir, meine Gedanken und Gefühle zu sortieren und neue Wege oder Ideen zu entwickeln. Er/Sie zeigt mir neue Wege auf.

Im Lied drehen Gentleman und Johannes Oerding den Wind in die richtige Richtung. Damit wird der weit entfernte Horizont wieder klarer und schärfer. Der Horizont ist ja nicht nur der Punkt, wo Himmel und Erde miteinander verschmelzen, sondern kann auch auf meine eigene geistige Verfassung bezogen werden. Mein Horizont ist dann vielleicht gerade sehr eng und nimmt mir die Chance, den richtigen Weg zu finden oder zu sehen; das wird im Refrain klar formuliert. In der heutigen, schnelllebigen Zeit, mit Kontakten nur über soziale Medien und Corona mit Kontaktbeschränkungen, was zu zunehmender Einsamkeit und Hoffnungslosigkeit bei Menschen führt und mangelnder Gesprächsfähigkeit, ist es m. E. besonders wichtig, einen guten Freund oder eine gute Freundin zu haben. Mit ihm/ihr kann man alle Höhen und Tiefen oder Klippen, wenn man an das Meer denkt, überwinden. Auch Johannes Oerding und Gentleman verbinden mit dem Begriff „Freundschaft" das Füreinander-dasein – in allen Lebenslagen. Wahre Freunde helfen einander – auch in einer Zeit mit weniger Kontakt. Einsamkeit muss nicht sein. Sie sind da, wenn man sie braucht – uneingeschränkt.

C   Prüfungsaufgaben angeleitet bearbeiten

C 1   Prüfungsbeispiel: Höflichkeit in der Schule

Seite 69
Aufgabe **1**
Richtig sind die Antworten
b) Der tägliche Umgang mit Menschen ist durch Kommunikation geprägt.
c) Adolp Freiherr Knigges bekanntestes Werk hieß „Über den Umgang mit Menschen".

Aufgabe **2**
Etikette bestimmt, wie wir uns technisch in der Gesellschaft verhalten, welche Ablaufe bzw. Rituale sich „gehören". Höflichkeit behält zusätzlich das Gegenüber im Blick, beinhaltet Rücksichtnahme und stressfreies Miteinander.

Aufgabe **3**
Freiherr Knigge gab mit seinem Buch seine Erfahrungen weiter. Ihm selbst war das Leben am Hofe bekannt und er wollte andere vor unangenehmen Situationen schützen, das Miteinander erleichtern und Menschen dabei helfen, aufeinander zuzugehen.

Seite 70
Aufgabe **4**
Mit dem Textzitat in Zeile 34/35 ist gemeint, dass man auch durch das Beobachten bestimmter Situationen oder von Menschen Schritt für Schritt lernen kann, wie man sich höflich verhält. Wenn man andere Menschen im Blick behält, merkt man zudem, was man tun muss, um Streit zu vermeiden, oder man lernt, was Menschen freut und sie zum Lächeln bringt. So wird man nach und nach immer sicherer im Umgang mit Menschen.

Seite 71
Aufgabe **1**
In dem Text „Gutes Benehmen will gelernt sein" von Ingrid Leifgen geht es darum, dass Menschen unterschiedliche Vorstellungen von gutem Benehmen haben können. So ärgern sich manchmal Ältere über Jüngere, weil sie

andere Umgangsformen haben. Nicht immer meint der andere es aber böse, wenn wir etwas als schlechtes Benehmen empfinden. Vielmehr lernen Kinder von ihren Eltern Benehmen, und manche Vorstellungen von gutem Benehmen unterscheiden sich von denen anderer Familien. So kann es zu Meinungsverschiedenheiten kommen, auch wenn sie niemand wollte.

Seite 72
Aufgabe **2**
Höflichkeit ist das „Schmiermittel der Gesellschaft". Erst wenn jeder etwas Rücksicht auf seine Mitmenschen nimmt, ist es möglich, dass Menschen konflikt- und auch gefahrenfrei miteinander umgehen. So stellen sich Menschen z. B. an der Wursttheke an, anstatt zu schubsen oder sich gar vorzudrängeln.
Außerdem sorgt Höflichkeit dafür, dass ein gutes Klima entsteht. Auch in der Schule wäre es viel anstrengender, wenn jeder machen würde, was er wollte, und alles sagen würde, was ihm durch den Kopf geht.

Aufgabe **3**
In der Karikatur „Die Jugend – besser (erzogen) als ihr Ruf!" sind drei Schülerinnen zu sehen, die alle ihr Smartphone in der Hand halten. Eine der Schülerinnen fragt, ob sie das Smartphone im Unterricht ausschalten sollen, worauf die beiden anderen antworten, dass dies nicht ginge, da sie dann nicht erreichbar wären und dies unhöflich den Anrufenden gegenüber wäre.
Die Karikatur ist ein Beispiel für die verschiedenen Wahrnehmungen in Bezug auf Höflichkeit: Während der Lehrer es vermutlich als sehr unhöflich empfände, wenn die Schülerinnen ihr Handy im Unterricht nicht ausschalten würden, machen sich die Mädchen durchaus Gedanken über Höflichkeit – allerdings dem Anrufenden gegenüber.

Seite 75
Lösungshilfen zum Wahlteil A
1.

Meinung der Verfasserin	Meine Meinung
Die Verfasserin ist der Auffassung, dass Lehrer stets ein Vorbild sein sollten. Sie sollten das vorleben, was sie von den Schülern verlangen. Ebenso sollten Lehrer auch nicht mehr von Schülern verlangen, als sie selbst leisten können. So ist es z. B. normal, dass man „mal" etwas vergisst.	Ich bin eigentlich der gleichen Meinung. Lehrer sollten von Schülern nur das fordern, was sie selbst auch tun, auch wenn es bestimmt Ausnahmesituationen geben kann.

2.

Lehrkräfte sollten Vorbild sein	Das dürfen Lehrkräfte anders machen
– Pünktlich im Unterricht sein – Respektvoll mit Schülern reden (nicht schreien oder beleidigen)	– Handys im Unterricht aus der Tasche nehmen – In der Pause im Schulgebäude bleiben – Schulgelände verlassen

– Sich an Absprachen halten – Nicht mit dem Fahrrad übers Schulgelände fahren – ...	während der Schulzeit – Alle Noten wissen – ...

Seite 76

3. Möglicher Schreibplan zum Wahlteil A:

Schreibplan

Einleitung:
a) Schreibanlass:
   – Artikel „Hilfe, ich bin ein Vorbild" (Manon Sander)
   – Richtet sich an Lehrer in der Ausbildung
   – Lehrer sollten sich bewusst machen, dass sie ein Vorbild für ihre Schüler sind

Hauptteil:
b) Meinung der Autorin:
   Die Autorin ist der Auffassung, dass Lehrer stets ein Vorbild sein sollten. Sie sollten das vorleben, was sie von den Schülern verlangen. Ebenso sollten Lehrer auch nicht mehr von Schülern verlangen, als sie selber leisten können.
   Meine eigene Meinung:
   Ich finde, dass das meistens richtig ist, dass Lehrer aber in manchen Situationen auch andere Rechte haben als Schüler.
c) Situationen, in denen Lehrer Vorbild sein sollten:
   1. Lehrer sollen pünktlich sein und sich entschuldigen, wenn sie zu spät kommen.
      Grund: höflich sein
   2. Lehrer sollen respektvoll mit Schülern reden.
      Grund: Vorbild für nettes Verhalten
   3. Lehrer sollten auf dem Schulgelände nicht Fahrrad fahren.
      Grund: Sicherheit, können auch in Unfälle verwickelt werden
d) Situationen, in denen Lehrer anders handeln können:
   1. Lehrer dürfen das Schulgelände verlassen und in der Pause im Schulgebäude bleiben.
      Grund: Aufsichtspflicht
   2. Lehrer dürfen das Smartphone im Unterricht nutzen.
      Grund: Sie nutzen es dienstlich.
   3. Lehrer dürfen alle Noten wissen.
      Grund: Sie müssen den Schülern helfen können.

Schluss:
e) Appell an Mitschüler (Leserbrief verfassen, eigene Meinung mitteilen)

4. Möglicher Schülertext zum Wahlteil A:
   Liebe Mitschülerinnen und Mitschüler,
   ich habe im Internet einen Artikel entdeckt, in dem es darum geht, ob Lehrer mit ihrem Verhalten ein Vorbild für Schüler sein müssen. Der Text heißt „Hilfe, ich bin ein Vorbild" und richtet sich an Lehrer in der Ausbildung. Die Verfasserin des Textes Manon Sander ist der Meinung, Lehrer sollten sich bewusst machen, dass sie ein Vorbild für ihre Schüler sind, und sich dementspre-

chend verhalten. Es wird zudem erwähnt, dass Lehrer in Situationen, in denen sie ihre Ideale selbst nicht leben können, diese auch nicht von ihren Schülern erwarten können. Ich selbst sehe das etwas anders. Sicherlich sollten Lehrer in manchen Lebenslagen ein Vorbild sein. Schließlich haben sie einen Erziehungsauftrag und sollen dafür sorgen, dass wir richtig auf das Leben und unsere Ausbildung vorbereitet werden. Dazu gehört auch, Dinge vorzuleben. Auf der anderen Seite sind Lehrer ja auch nur Menschen, die nicht immer über alles, was sie tun, nachdenken können. Ich habe mich gefragt, in welchen Situationen es mir besonders wichtig ist, dass Lehrer als Vorbild agieren. Zum einen ist es Gesprächsthema in unserer Klasse, dass wir bestraft werden, wenn wir zu spät in den Unterricht kommen, Lehrer sich hingegen oft ein paar Minuten verspäten – meistens, ohne uns zu erklären, warum sie so spät kommen. Das finde ich persönlich nicht besonders höflich. In dem Fall könnten Lehrer wirklich mehr darauf achten, pünktlich in der Klasse zu sein, oder sich zumindest bei uns entschuldigen, wenn sie zu spät dran sind. Wir warten ja schließlich auch auf sie.
Im Text heißt es, dass Lehrer respektvoll mit Schülern reden sollen. Hier sollten Lehrer unbedingt Vorbild sein. Das ist wichtig, denn wie sollen Schüler denn wissen, wie man sich „richtig" verhält, wenn sie immer nur für schlechtes Verhalten ausgeschimpft werden, es ihnen aber nie erklärt wird? Wenn sich der Lehrer respektvoll verhält, hat man selbst ein Vorbild, an dem man sich orientieren kann.
Nicht in Ordnung finde ich persönlich, dass Lehrer auf unserem Schulgelände manchmal mit dem Fahrrad fahren. Wenn Unterrichtsschluss ist, dürfen wir ja aus gutem Grund nicht über den Schulhof düsen. Besonders für die kleinen Schüler ist das sehr gefährlich. Meiner Meinung nach dürfen Lehrer hier auf keinem Fall eine Extrawurst haben, denn auch ihnen könnte ja ein Schüler vors Fahrrad laufen.
Es gibt aber auch Momente, in denen Lehrer nicht in erster Linie Vorbild sein müssen. Man darf ja nicht vergessen, dass sie Erwachsene sind und niemand auf sie aufpassen muss. Deshalb dürfen sie natürlich das Schulgelände verlassen oder in den Pausen im Schulgebäude bleiben, während dies den Schülern verboten ist.
Unser Lehrer nimmt z. B. auch öfter mal sein Smartphone aus der Tasche, um eine schnelle Nachricht an Kollegen zu schreiben, auf die Stundenplan-App zu schauen oder Organisatorisches einzutragen. Das finde ich in Ordnung, denn er erledigt damit ja dienstliche Aufgaben, während Schüler eher spielen oder im Internet surfen würden, wenn sie ihr Smartphone zur Hand hätten.
Und natürlich dürfen Lehrer im Gegensatz zu Schülern auch alle Noten wissen. Das müssen sie ja, um im Blick zu behalten, wie sie uns helfen können und wie wir leistungsmäßig gerade stehen. Für uns Schüler hingegen gibt es keinen Grund, die Noten unserer Mitschüler zu kennen.
Ich finde die Frage, inwiefern Lehrer Vorbild sein sollten, spannend. Eure Meinung zum Thema würde mich sehr interessieren. Schreibt uns doch und die inter-

essantesten Gedanken veröffentlichen wir in unserer nächsten Ausgabe. Ich freue mich schon darauf.
Euer Max

Seite 77
Lösungshilfen zum Wahlteil B
1. In dem Text „Knigge im Klassenzimmer" von Markus Peters aus dem Jahr 2020 geht es darum, ob Benimmunterricht in der Schule Sinn macht.
b) Wichtige Textaussagen:
   - An einer Mittelschule in Oberasbach haben die Schüler Benimmunterricht (2 x 45 Minuten).
   - Viele Schüler sind nicht ausbildungsreif, da sie sich (lt. Umfrage des Deutschen Industrie- und Handelskammertages) nicht gut benehmen können.
   - Keine starren Regeln, sondern Warnung vor Fettnäpfchen – was könnte andere ärgern?
   - Schulen müssen Erziehungsdefizite im Elternhaus ausgleichen.
   - Auch der Klassenrat fördert Benehmen (Gesprächskultur).
   - Fokus auf das Benehmen ist Ausnahme an deutschen Schulen.

2. a) Gründe für einen Benimmkurs:
   - Niemand möchte die Ausbildung abbrechen müssen, weil er sich nicht benehmen kann.
   - Schüler können lernen, dass gutes Benehmen vor allem bedeutet, nicht anzuecken.
   - Lernen am Vorbild
   - Schüler, die ein schwieriges Elternhaus haben, sollten auch die Chance haben, Benehmen zu lernen.
   - Weniger Konflikte in der Schule
   b) Jahrgang 5 und 9 (5 auf die Schule bezogen, 9 auf die Ausbildung bezogen) – je 2 Vormittage

3. Möglicher Schreibplan zum Wahlteil B:

Schreibplan
a) Anrede: Liebe Schulleitung
   Grund des Schreibens:
   - Artikel „Knigge im Klassenzimmer"
   - Benimmkurs an einer Schule
   - Auch an unserer Schule sollte es einen Benimmkurs geben.
b) Bezug zum Text / Inhalt:
   - An einer Mittelschule in Oberasbach haben die Schüler Benimmunterricht (2 x 45 Minuten)
   - Viele Schüler sind nicht ausbildungsreif, da sie sich (lt. Umfrage des Deutschen Industrie- und Handelskammertages) nicht gut benehmen können.
   - Keine starren Regeln, sondern Warnung vor Fettnäpfchen – was könnte andere ärgern?
   - Schulen müssen Erziehungsdefizite im Elternhaus ausgleichen.
c) Das spricht für einen Benimmkurs an unserer Schule:
   - Bereicherung des Schullebens
   - Entlastung der Lehrer
   - Schüler lernen, was sie zu Hause nicht lernen

   - Schüler hören Lehrern nicht so gut zu
   - Hilfe beim Ausbildungsstart
   - Positiv für den Ruf der Schule
d) Durchführung:
   Jahrgang 5 und 9; Umfang: je 2 Vormittage
e) Bitte an die Schulleitung:
   - Über die Idee nachdenken
   - Kurs durchführen

4. Möglicher Schülertext zum Wahlteil B:
Liebe Schulleitung,
im Internet habe ich einen spannenden Text entdeckt. In dem Artikel „Knigge im Klassenzimmer" wird ein Benimmkurs thematisiert und ich fände es eine gute Idee, einen solchen Kurs auch an unserer Schule durchzuführen.
In dem Artikel geht es darum, dass an einer Schule in Oberasbach Benimmunterricht gegeben wurde. 2 x 45 Minuten lang erklärt der Leiter einer Tanzschule den Schülerinnen und Schülern, was gutes Benehmen bedeutet. Ziel ist nicht, sich starr an Regeln halten zu können, sondern darum, Fettnäpfchen zu vermeiden und so mit anderen besser auszukommen.
Allerdings ist es laut Artikel so, dass viele Schüler Defizite aus dem Elternhaus mitbringen, was Erziehung angeht. Ebenso stellt der Deutsche Industrie- und Handelskammertag nach einer Umfrage fest, dass immer mehr Auszubildende nicht die nötigsten Umgangsformen hätten. Der Benimmkurs soll nun Abhilfe schaffen.
Ich bin der Meinung, diese Idee sollten wir auch an unserer Schule umsetzen. Der Kurs würde das Schulleben bereichern, weil an unserer Schule dieser Problematik bis jetzt außerhalb des normalen Unterrichts kaum Rechnung getragen wird. Viele Schüler würden davon profitieren, denn wie bereits im Text angedeutet, haben nicht alle Schülerinnen und Schüler unserer Schule das Glück, alles, was sie an Umgangsformen im Alltag benötigen, zu Hause lernen zu können. Und auch die Lehrer würden entlastet. Auch für Sie wäre es doch großartig, wenn jemand den Schülern erklären würde, wie man sich zu benehmen hat und warum.
Ich glaube auch, dass in so einem Kurs mehr bei den Schülern ankommen würde. Denn bis jetzt sind es die Lehrer, die sagen, wenn man sich nicht gut benimmt. Da ihr eigentlicher Job aber das Unterrichten ist, nervt sie Fehlverhalten oft und demzufolge denken die Schüler, dass sie angemeckert werden; dabei verstehen sie nicht wirklich, was sie besser machen könnten.
In dem Artikel wurde auch thematisiert, dass es heutzutage ein echtes Problem zu sein scheint, dass Schüler am Anfang einer Ausbildung gar nicht recht wissen, wie sie sich zu benehmen haben. Da wir so viel auf den Beruf vorbereitend lernen sollen, wäre ein Kurs doch eine gute und notwendige Ergänzung. Und bestimmt wäre es auch positiv für den Ruf der Schule, wenn gut erzogene Schülerinnen und Schüler von dieser Schule abgehen.
Der Kurs sollte in den Jahrgängen 5 und 9 durchgeführt werden. Mein Vorschlag wäre zudem, dass wir uns ein bisschen mehr Zeit nehmen als die Schule in

dem Artikel, nämlich jeweils zwei Vormittage. Dann könnten sich die Schüler der 5. Klasse intensiv damit auseinandersetzen, was von ihnen in der Schule erwartet wird. In der 9. Klasse würde dann der Schwerpunkt auf Umgangsformen mit Blick auf die anstehende Ausbildung gelegt. Ich glaube, dass die Schüler dieser Schule Ihnen wirklich dankbar wären, denn mit den Kursen würden Sie ihnen helfen, im Leben besser klarzukommen.

Es würde mich sehr freuen, wenn Sie sich über meinen Vorschlag Gedanken machen könnten und wenn ein Kurs dieser Art an unserer Schule zustandekäme.

Mit freundlichen Grüßen,
Max Gerhard, 10b
Mitglied der Schülervertretung

C 2   Prüfungsbeispiel: Klimawandel

Seite 79
Aufgabe **1**

Der Artikel berichtet von einer Umfrage des Bundesumweltamts aus dem Jahr 2021 mit jungen Menschen zwischen 14 und 22.

Er macht deutlich, dass junge Menschen ihre eigene Zukunft positiv bewerten, dass aber die Zukunft unseres Planeten vielen wegen der Klimakrise Angst macht. Viele junge Menschen sind der Ansicht, dass die Klimakrise durch gemeinsames Engagement abgewendet werden könnte.

85 % der Jugendlichen ist Klimaschutz wichtig, 40% hat bereits an Klimastreiks teilgenommen.

Aufgabe **2**

Viele Jugendliche haben Angst vor der Zukunft, da durch den Klimawandel die Grundbedingungen des Überlebens in Frage gestellt sind. Niemand weiß, inwieweit die Erde noch wie heute bewohn- und nutzbar bleibt. Spätestens die folgende Generation wird womöglich mit schwerwiegenden Einschränkungen leben müssen.

Es kann zu vielen Klimaflüchtlingen kommen, wenn Gebiete unbewohnbar werden. Vielleicht wird es Kriege geben, weil sich Menschen um Land und Ressourcen streiten.

Seite 80
Aufgabe **3**

Die richtigen Aussagen sind:
- Feedbak-Loops wirken beschleunigend auf die Erderwärmung.
- Wetterextreme häufen sich.

Seite 83
Lösungshilfen zum Wahlteil A
1. • Erhöhter CO_2-Verbrauch führt zu Erderwärmung
   • Je höher die Erderwärmung ist, desto mehr Wasser verdunstet über den Meeren.
   • Hoher CO_2-Verbrauch: Industrie, Stromerzeugung, Verkehr
   • Durchschnittstemperatur steigt, extreme Wetterphänomene entstehen
   • Meeresspiegel steigt → Überschwemmungen und Klimaflüchtlinge
   • Flora und Fauna sind gefährdet

2. Ziel: Die Schule soll klimaneutraler gestaltet werden, um einen Beitrag zum Klimaschutz zu leisten. „Schools for Earth" unterstützt bei den nötigen Schritten:
   • Projekt vorstellen, Engagement der Schüler/-innen wecken
   • Gesamte Schulgemeinschaft informieren
   • Projektteams bilden
   • Ist-Zustand bei Energieverbrauch, Müllaufkommen, Ernährung, Verkehr usw. feststellen
   • Geeignete Maßnahmen für Verbesserungen finden und Ziele setzen
   • Ziele prüfen und ggf. anpassen

Seite 84
3. Möglichkeiten, das Thema einzubringen:
   • Schulleitung
   • Schülervertretung
   • Schülerzeitung
   • Klassenrat
   • Klassensprecher/-in
   • Klassenlehrer/-in

4. Möglicher Schreibplan zum Wahlteil A:

Schreibplan

Einleitung:
a) Gefahren des vom Menschen gemachten Klimawandels:
   • Erhöhter CO_2-Verbrauch führt zu Erderwärmung
   • Je höher die Erderwärmung ist, desto mehr Wasser verdunstet über den Meeren.
   • Hoher CO_2-Verbrauch: Industrie, Stromerzeugung, Verkehr
   • Durchschnittstemperatur steigt, extreme Wetterphänomene entstehen.
   • Meeresspiegel steigt, was zu Überschwemmungen und Klimaflüchtlingen führt.
   • Flora und Fauna sind gefährdet.

Hauptteil:
b) Warum berührt mich das Thema?
   • Mein Wohnort könnte überschwemmt werden.
   • Erinnerungsstücke sind weg.
   • Wir werden zu Klimaflüchtlingen.
   • Tiere und Umwelt sterben.
c) Schools for Earth – Ziel und Ablauf:
   • Die Schule soll klimaneutraler gestaltet werden.
   • Vorstellung des Projekts, Bilden eines Projektteams, Setzen von Zielen, evaluieren, eventuell Ziele anpassen
   • Die ganze Schulgemeinschaft sollte mitmachen.
d) Programm an unserer Schule durchführbar? Warum (nicht)?
   • Ja, da jeder sparen kann.
   • Klimaschutz interessiert viele.
   • Freiwillige für ein Projektteam sind bestimmt kein Problem.
   Oder:
   • Nein, interessiert zu wenige.
   • Nein, keine Zeit neben allen anderen Anforderungen.

- Nein, unsere Schule hat bereits in vielen Bereichen Klimaziele verfolgt und erreicht.

Schluss:
e) Möchtest du dieses Programm vorstellen?
- Ja, aber bestimmte Wege würde ich nicht gehen (Schulleitung nicht, aber Klassenrat wäre okay).
- Nein, ich bin nicht dabei.
f) Entscheidung/Begründung
- Ja, mache ich, weil ich schon lange mehr für den Klimaschutz tun will.
- Ja, das Thema ist mir wichtig.

- Nein, ich fürchte, dass es zu viel Mühe und Arbeit macht.
- Nein, ich fürchte, dass ich nicht die ganze Schulgemeinschaft davon überzeugen kann.

Möglicher Schülertext zum Wahlteil A:

So langsam bekomme ich wirklich ein ungutes Gefühl und Angst vor der Zukunft. Wie soll das werden, wenn sich das Klima noch weiter erwärmt?
Der menschengemachte Klimawandel ist ein echtes Problem. Seit der Industrialisierung steuern wir immer mehr in eine Klimakrise hinein. Vor allem die Industrie verursacht einen enormen Anstieg an Treibhausgasen. Langsam wissen es alle: Dadurch steigt die Erderwärmung, der CO_2-Verbrauch ist im wahrsten Sinne des Wortes tödlich, wenn es so weitergeht. Auch die Stromerzeugung und der Verkehr tragen erheblich dazu bei.
Durch die Erderwärmung steigt die Durchschnittstemperatur auf der Erde, was wiederum eine zunehmende Verdunstung über den Ozeanen zur Folge hat. Sprich: Wir produzieren zu viel CO_2, dadurch erwärmt sich die Erde und je mehr das passiert, desto mehr Wasser verdunstet und der Wasserdampf steigert noch mehr die Erderwärmung und wirkt als Beschleuniger in dem ganzen Prozess.
Wenn ich mir vorstelle, dass die Meeresspiegel steigen und da, wo ich jetzt wohne, vielleicht irgendwann nur noch Wasser ist, werde ich traurig. Dann wäre alles weg, was mir und meinen Freunden jetzt so viel Freude bereitet. Den Ort, in dem wir leben, gibt es dann nicht mehr. Vielleicht werden wir selbst zu Klimaflüchtlingen und sind dann plötzlich nicht mehr die, die anderen helfen, sondern die, die Hilfe brauchen. Fürchterlich auch, was das für die Tiere und die Umwelt bedeutet. Und wo sollen die ganzen Lebewesen denn hin? Ich mag es mir gar nicht vorstellen!
Im Internet bin ich heute über eine Aktion gestolpert, die Greenpeace ins Leben gerufen hat. Sie heißt „Schools for Earth". Kurz gesagt, wird mit diesem Programm versucht, Schulgebäude klimaneutraler auszurichten und die Schulgemeinschaft für den Klimaschutz zu sensibilisieren.
Zunächst würde man die Schulgemeinschaft informieren, es müssen natürlich alle im Boot sein. Im Anschluss wird ein Projektteam gebildet, das aus Lehrkräften, Schülerinnen und Schülern besteht. Das Team muss dann herausfinden, wie der „IST-Zustand" an unserer Schule ist und was man verbessern kann. Das klingt schon spannend –

bestimmt gibt es viele „blinde Flecken", die niemandem bewusst sind. Schließlich setzt man sich gemeinsame Ziele, die sich an den Entwicklungszielen der Agenda 2030 orientieren. Dies wird erarbeitet, evaluiert und im besten Fall läuft es gut.
Ich frage mich wirklich, ob wir dieses Programm an unserer Schule auch umsetzen könnten. Ich wüsste nicht, was dagegenspricht. Klimaschutz ist ein großes Thema – sowohl für uns als auch für unsere Lehrkräfte. Es finden sich bestimmt Freiwillige, die in einem Projektteam mitarbeiten würden. Die Ziele könnte man ja realistisch festlegen – klein anfangen und dann immer mehr steigern. Schließlich ist ja schon die kleinste Einsparung ein Erfolg!
Ob ich das vorstellen soll? Wem denn überhaupt? Zur Schulleitung gehe ich nicht und auch nicht zur Schülervertretung. Aber in der Klasse könnte ich davon berichten. Einmal im Monat haben wir einen Klassenrat, da könnte ich das Thema einbringen. Ach, ich mache das einfach. Ich werfe morgen einen Zettel mit dem Thema „Schools for Earth" in die Planungsbox für den Klassenrat und dann mal sehen, was passiert. Darüber reden ist auf jeden Fall gut. Warum nicht selbst unsere Schule auf den richtigen Weg bringen?

Lösungshilfen zum Wahlteil B
Seite 85

1. Das lyrische Ich ist gegen viele Dinge, die den Klimawandel beschleunigen. Wenn eigene Vorteile oder Bedürfnisse betroffen sind, hat es aber auch etwas dagegen.
Zwiespalt: Das lyrische Ich müsste, um das Klima zu schützen (was es eigentlich möchte), sich auch selbst einschränken. Am Ende erfahren wir nicht, für welche Seite es sich entscheidet.

2.

Warum ist der Klimawandel so gefährlich?	Warum setzen Menschen sich nicht gegen den Klimawandel ein?
Die Natur wird zerstört.	Wir denken, es ist wie im Film: Fernseher aus, dann gibt es auch das Thema nicht mehr.
Extreme Wetterphänomene nehmen zu.	Jeder denkt, er allein würde keinen Unterschied machen und rechtfertigt damit sein Verhalten.
Der Meeresspiegel steigt.	Egoismus!

3. Möglicher Schreibplan zum Wahlteil B:

Schreibplan
Einleitung:
a) Luis' Anliegen:
- Luis hat eine Mail geschrieben
- Er möchte wissen, warum so viele Menschen nicht mehr gegen den Klimawandel tun.

Hauptteil:
b) Vorstellung des Gedichtes „Ich bin dagegen":

- Quelle: Die Klimaschutz-Baustelle
- Das lyrische Ich bezieht Stellung gegen viele Dinge, die den Klimawandel betreffen.
- Dem gegenüber stehen Verse mit Dingen, die das lyrische Ich nicht missen möchte.

Zwiespalt: Um das Klima zu retten, muss man persönliche Einschränkungen hinnehmen.

c) Warum sollte man den Klimawandel ernst nehmen?
- Aufgrund der Erderwärmung wird es kaum noch möglich sein, auf der Erde zu leben.
- Die Natur leidet.
- Extreme Wetterphänomene nehmen zu.
- Der Meereswasserspiegel steigt, was mit Überschwemmungen und Klimaflüchtlingen einhergeht.

d) Warum bereitet es Menschen Probleme, klimaneutral zu handeln?
- Manche glauben, die Nachrichten wären nur Fiktion und würden gar nicht stimmen. Das wäre nur Panikmache.
- Der Einzelne denkt, auf seinen Beitrag käme es nicht an, oder er benutzt dieses Argument als Ausrede.
- Egoismus = eigene Bedürfnisse sind wichtiger.

Schluss:
e) Ermutigung, sich für das Thema einzusetzen:
- Jeder kann dazu lernen und umgestimmt werden.
- Setzt euch ein! Es geht um eure Zukunft!

Möglicher Schülertext zum Wahlteil B:

Lieber Luis,
dieser Artikel ist besonders für dich, aber auch für alle anderen Schülerinnen und Schüler unserer Schule.

Luis aus der Klasse 8c hat uns eine Mail geschickt, in der er sich wundert, warum es so scheint, als ob viele Menschen nicht daran interessiert sind, sich gegen den Klimawandel zu stemmen und zu helfen, die Klimaerwärmung in Grenzen zu halten. Eine sehr berechtigte Frage, so finden wir. Deshalb versuche ich, darauf heute eine Antwort zu geben.
Bei der Recherche für diesen Artikel bin ich auf das Gedicht „Ich bin dagegen" gestoßen. Es stammt von einer Seite, die sich „Die Klimaschutz-Baustelle" nennt. Es hat mir sehr gefallen, deshalb findet ihr es hinter diesem Artikel in unserer Schülerzeitung. Lest es euch am besten durch, bevor ihr hier weiterlest.
Wie ihr vielleicht nun selbst festgestellt habt, geht es in dem Gedicht um viele Dinge, gegen die das lyrische Ich Stellung bezieht. Viele Verse haben direkt mit dem Klimawandel und dessen Auswirkungen zu tun: Gletscher schmelzen, Wüsten breiten sich aus, CO_2 wird freigesetzt usw.
Es gibt aber auch andere Verse. In denen geht es um Dinge, die das lyrische Ich nicht missen möchte. So möchte es zum Beispiel nicht weniger fliegen oder mehr Geld für Strom bezahlen. Verständlich, denn alle wollen lieber sparen oder tolle Erlebnisse haben. Und genau hier liegt der Zwiespalt: Natürlich wollen wir das Klima retten – aber dafür möchten wir keine persönlichen Einschrän-

kungen hinnehmen. Das macht der Autor hier deutlich. Da seine Webseite „Die Klimaschutz-Baustelle" heißt, gehe ich davon aus, dass der Autor sagen will, dass wir zum Schutz des Klimas bereit sein sollen, über unseren Schatten zu springen und auch persönliche „Opfer" zu bringen.
Ich hoffe, dass mittlerweile alle Menschen kapiert haben, dass der Klimawandel eine reale Gefahr ist. Die Gefahren, die mit einer Erderwärmung einhergehen, würden dafür sorgen, dass es über kurz oder lang kaum noch möglich sein wird, auf dieser Erde zu leben, und wenn, dann unter sehr erschwerten Bedingungen. Auch die Natur, Flora und Fauna, leidet. Extreme Wetterphänomene nehmen zu, gefährden Mensch und Umwelt.
Der Meereswasserspiegel steigt, da die Polkappen abschmelzen. Überschwemmungen und schlussendlich Klimaflüchtlinge sind die Folge. Was sich liest, wie das Szenario eines Endzeitfilms, könnte für uns alle Realität werden. Und ja, viele Jugendliche haben bereits jetzt Angst vor der Zukunft und vor dem Älterwerden, wie sich in einer Umfrage des Umweltbundesamtes aus dem Jahr 2021 gezeigt hat.
Jetzt fragt man sich: Warum ist das nicht für alle Menschen Anlass genug, ihr Verhalten grundlegend zu ändern?
Nun, ich denke, dass die Fakten oft kompliziert sind und nicht so leicht verstanden werden. Viele glauben, dass es sich nur um Panikmache handelt und die Situation gar nicht so schlimm ist. Sie halten sogar die Nachrichten der Tagesschau zu diesem Thema für falsch.
Zudem haben wir in dem Gedicht gelesen, dass persönliche Einschränkungen ein weiterer Grund sein können, um zu verdrängen und zu vergessen. „Ich will doch so gerne in Urlaub. Nur einmal fliegen. Ich möchte so gerne Amerika sehen." Wer kennt solche Gedanken nicht? Und wenn man dann noch hinzufügt, dass sowieso viele Menschen fliegen, da käme es doch auf einen selbst bestimmt nicht an – ja, schon ist die Ausrede perfekt.
Bestimmt gibt es auch Menschen, die diese Ausrede gar nicht brauchen. Es interessiert sie schlichtweg nicht, weil sie denken, dass sie dann sowieso schon tot sind oder weil ihnen der Genuss des Moments wichtiger ist als die Zukunft.

Alles das heißt aber nicht, dass nicht jeder dazulernen und umgestimmt werden kann. Also setzt euch ein und erzählt, was ihr wisst, damit wir gemeinsam ein Zeichen gegen den Klimawandel setzen können.
Luis, bleib mutig und stelle weiter so gute Fragen an den richtigen Stellen.

Eure Schülerzeitungsredaktion

C 3   Prüfungsbeispiel: Künstliche Intelligenz

Seite 88
Aufgabe **1**
In dem Text von Markus Plawszewski geht es um die Vor- und Nachteile von Sprachassistenten. Menschen reagieren positiv auf Sprachassistenten, da sie ihnen im Alltag helfen und durch die nette Stimme wie eine vertraute Person erscheinen. Gerade das birgt aber Gefahren, vor

allem das Sammeln der persönlichen Daten ist ein sehr kontrovers diskutiertes Thema.

Aufgabe 2
- einen Gesprächspartner haben, der immer da ist
- Hilfe bei der Terminplanung
- Navigation
- Schneller Antwortgeber bei einfachen Fragen
- Steuerung des Smart-Home

Seite 89
Aufgabe **3**
Sprachassistenten könnten von manchen Menschen als Freunde angesehen werden, da sie immer ansprechbar sind. Sie antworten mit einer netten Stimme und helfen sofort. Gerade, wenn man gestresst ist, freut man sich über diese Hilfe sehr.

Sprachassistenten sind keine richtigen Menschen. Befreundet sein kann man nur mit Personen, weil dazu gehört, dass die andere Person ihren eigenen Willen hat und mich wirklich gernhat. Sprachassistenten sind nur darauf programmiert, so zu klingen, als ob sie einen mögen.

Seite 92
Lösungshilfen zum Wahlteil A
1. Ein Smart Home ist ein Zuhause, in welchem verschiedene Geräte oder Abläufe durch Technologie gesteuert und vernetzt sind.

2.

Hilfe im Alltag	Erhöhung der Sicherheit
Waschmaschinen, Rolläden, Garagentore etc. lassen sich steuern	Kameras überwachen Türen und das Gelände
Geräte durch Spracherkennung aktivierbar	Geräte können über Timer oder Handy ausgeschaltet werden
Temperatursteuerung	Geplatzte Wasserleitungen etc. werden per Handy angezeigt
Lichtsteuerung	
Automatische Zeitabläufe bei Geräten	
Energiesparen im Urlaub	

Seite 93
3. Möglicher Schreibplan zum Wahlteil A:

Schreibplan
Einleitung:
a) Anrede: Liebe Mama, lieber Papa
   Thema: Smart Home
   Ziel: Unser Haus soll ein smartes Zuhause werden.
Hauptteil:
b) Was ist ein Smart Home?
   Geräte, Erledigungen und Einstellungen werden technologisch vernetzt und gesteuert.

Wie funktioniert es?
Über ein Tablet/Smartphone und darauf befindlichen Apps werden Geräte gesteuert.
Sprachsteuerung über „Alexa" etc. möglich

c) Hilfreiche Situationen im Alltag:
   1. Mama muss das Garagentor nicht selber öffnen.
   2. Papa kann Einkaufslisten über „Alexa" erstellen.
   3. Morgens ist der Kaffee bereits frisch gekocht.

d) Wie erhöht die Smart Technologie die Sicherheit zuhause?
   - Geräte können übers Smartphone abgeschaltet werden.
   - Kameraüberwachung
   - Smartphone zeigt defekte Wasserleitungen an.

Schluss:
e) Bitte um Umsetzung
   Wie beginnen wir? „Alexa" steuert unser Licht.

4. Mögliche Schülerlösung zum Wahlteil A:
   Mama und Papa, wie ihr wisst, habe ich in letzter Zeit relativ viel über Smart-Technologie gelesen und ich würde mir wünschen, dass wir unser Zuhause langsam aber sicher zu einem Smart Home umgestalten. Ein Smart Home zu besitzen, bedeutet, immer mehr Geräte, Erledigungen und Einstellungen technologisch zu vernetzen und zu steuern. Benutzt werden dazu ein Tablet oder ein Handy, welches durch verschiedene Apps Zugriff auf die einzelnen Geräte und Einstellungen nehmen kann. Da wir zuhause WLAN haben, muss man es meistens nur richtig einstellen und braucht eventuell entsprechende Adapter und Steckdosen, um dies möglich zu machen. Natürlich gibt es auch komplexere Vorgänge, aber wir können ja erst einmal langsam beginnen.
   Damit ihr euch überhaupt vorstellen könnt, wie so ein smartes Zuhause den Alltag erleichtern könnte, möchte ich euch ein paar Beispiele nennen: Zum Beispiel können Geräte wie Waschmaschinen, Rollläden oder das Garagentor über eine App, einen Schalter oder sogar eine Zeitsteuerung aktiviert werden. Dann müsste Mama zum Beispiel nicht mehr nach dem Garagenschlüssel suchen, sondern könnte das Tor von ihrem Handy aus öffnen. Das wäre zwar nur eine Kleinigkeit, aber bestimmt bequem nach einem langen Arbeitstag. Wenn wir einen Sprachassistenten nutzen würden, wie z. B. „Alexa", könnte Papa den immer fragen, wenn er in seinem Kreuzworträtsel nicht weiter weiß. Man könnte „Alexa" rechnen oder sogar eine Einkaufsliste erstellen lassen, die dann direkt zu Mama oder Papa aufs Handy geschickt wird. Das wäre total praktisch. Interessant ist auch, dass man Zeitabläufe in Geräten einprogrammieren kann, die dann automatisch ablaufen. So könnten wir morgens schon durch frisch gekochten Kaffee geweckt werden. Wie toll wäre das denn bitte?
   Auch der Sicherheitsaspekt ist ein Argument, welches eindeutig für ein smartes Zuhause spricht. Mama wäre im Urlaub viel entspannter, weil sie via Smartphone

Geräte ausschalten kann – und natürlich auch sehen kann, ob sie aus sind. Wenn man will, kann man auch die Eingangstür oder verschiedene Bereiche durch Kameras überwachen. Und bei entsprechendem Ausbau ist es sogar möglich, dass euer Handy euch anzeigt, wenn Wasserleitungen geplatzt sind. Wäre das nicht entspannend?

Ich würde mich freuen, wenn wir diese Ideen in die Tat umsetzen könnten. Bitte sagt ja. Natürlich ist vieles von dem, was ich genannt habe, noch nicht möglich, aber vielleicht könnten wir damit beginnen, unser Licht von „Alexa" steuern zu lassen. Ich würde mich auch darum kümmern.

Lösungshilfen zum Wahlteil B

1. – Man hat ein neuartiges technisches Gerät.
   – Es ist bequem, Fragen beantwortet zu bekommen, ohne zu suchen.
   – Es ist praktisch, da man Hilfe bekommt bei alltäglichen Dingen.
   – Man kann Musik hören durch Sprachsteuerung.

Seite 94

2. – Man denkt, man hat eine Freundin zuhause, die aber nicht wirklich eine ist.
   – Es werden Daten gesammelt und man weiß nicht genau, in welchem Umfang.
   – Wenn im Fernsehen oder im Gespräch bestimmte Codewörter genannt werden, kann Alexa aktiviert werden, ohne dass man es will.

3. Das wichtigste Argument ist markiert:
   – Man sollte darauf achten, dass Alexa ausgestellt wird, wenn man sie gerade nicht benutzt.
   – Man sollte sich bewusst sein, dass man es mit einer Maschine zu tun hat.
   – Man sollte genau darauf achten, welche Daten man freigibt.

4. a) Beginne dein Referat mit einer passenden Anrede und einer Erklärung, warum du dich zum Thema „Alexa" äußerst.
   b) Benenne Vorteile, die der Umgang mit „Alexa" bietet. Mache dabei deutlich, dass du die Begeisterung deiner Mitschüler nachvollziehen kannst.
   c) Führe begründet drei Gefahren der Nutzung einer „Alexa" an.
   d) Gib deinen Mitschülern Tipps, wie sie sinnvoll mit Sprachassistenten umgehen.
   e) Beende dein Referat, indem du dich bei deinen Mitschülern bedankst und daran appellierst, dass sie in Zukunft vorsichtiger bei der Nutzung von Sprachassistenten sein sollen.

Möglicher Schreibplan zum Wahlteil B:

Schreibplan

Einleitung:
a) Anrede: Liebe Mitschülerinnen und Mitschüler
   Grund des Vortrags: auf die Gefahren von „Alexa" hinweisen

Hauptteil:
b) Vorteile von „Alexa": Lieblingsmusik anmachen, rechnen, bei den Schulaufgaben helfen, schnell Fragen beantworten

   Begeisterung kann ich nachempfinden, weil es faszinierend ist, was ein Computer kann.

c) Gefahren der Nutzung:
   1. „Alexa" ist keine echte Person.
   2. Unbeabsichtigte Befehle durch die Sprachsteuerung
   3. Datensammlung

d) Tipps zum Umgang: Einstellungen überprüfen und ändern, „Alexa" vom Netz nehmen

Schluss:
e) Bedanken: Ich danke euch dafür, dass ihr mir zugehört habt.
   Appell: in Zukunft vorsichtiger mit dem Gerät umgehen

5. Möglicher Schülertext zum Wahlteil B:
Liebe Mitschüler und Mitschülerinnen,
ich weiß aus Gesprächen, dass bei vielen von euch in letzter Zeit eine „Alexa" eingezogen ist. Viele von euch sprechen begeistert darüber, aber ich bin skeptisch. Sprachassistenten können uns im Alltag schon bei vielen Dingen helfen, doch es gibt auch eine Schattenseite. Dieser Vortrag soll euch dabei helfen, die Sache von beiden Seiten zu betrachten und vielleicht am Ende etwas vorsichtiger in der Nutzung zu sein.
Klar, eine „Alexa" ist faszinierend. Ich finde es auch spannend zu erleben, dass Computer mittlerweile in der Lage sind, wie echte Personen mit uns zu sprechen. Und ja, es ist auch echt lustig, wenn man durchs Zimmer läuft und mal eben sein Lieblingslied anstellen kann, einfach indem man den Namen nennt, ohne groß durch Liedsammlungen suchen zu müssen.
Richtig ist auch, dass „Alexa" im Alltag hilfreich sein kann. Sie rechnet mal eben für uns, notiert Dinge und beantwortet schnell Wissensfragen. Manchmal muss man während einer Hausaufgabe kaum recherchieren – „Alexa" hilft bei fehlenden Vokabeln, Definitionen von Wörtern und erzählt etwas über Personen. Und klar: Es ist angenehmer, wenn uns jemand Wikipedia vorliest, als wenn wir es selber lesen sollen. Kurzum: ich kann durchaus verstehen, dass ihr „Alexa" nutzen wollt.
Dennoch gibt es auch Gefahren, auf die ich euch hinweisen möchte: Zunächst einmal muss jedem klar sein, dass „Alexa" keine echte Person ist. Das klingt selbstverständlich, ist es aber nicht, wenn man sie, was Vertrauen angeht, wie eine Freundin behandelt und ihr ganz selbstverständlich alle Infos über einen selber überlässt. Eine Freundin ist eine Person, Alexa ist aber nur ein Medium, das Daten für andere sammelt, indem sie uns gegenüber nett klingt.
Oft habe ich auch schon davon gelesen, dass „Alexa" anspringt, wenn im Fernsehen bestimmte Codewörter genannt werden. Wenn ihr bei den Einstellungen nicht

aufpasst, kann also irgendjemand im Fernsehen oder jemand, der bei euch zu Besuch ist, über eure „Alexa" Sachen bestellen, die direkt im Internet eingekauft werden. Auf eure Rechnung natürlich.

Immer wieder steht auch zur Diskussion, ob „Alexa" mithört, was ihr sagt. Es ist umstritten, in welchem Umfang sie das tut, aber auf jeden Fall zeichnet sie auf, was sie sagt, wenn sie aktiviert ist. Da muss man sehr vorsichtig sein, weil man eben nicht weiß, wo diese Daten gespeichert werden und was damit passiert. Ihr seht, nur Spaß bringt „Alexa" nicht. Wenn ihr euch dazu entschließt, eine anzuschaffen, solltet ihr euch dieser Gefahren auf jeden Fall bewusst sein. Am besten wäre, ihr schaut euch sofort, wenn ihr so ein Gerät kauft, die Einstellungen genau an und ändert sie entsprechend eurer Sicherheitsvorstellungen. Zudem wäre wirklich gut, „Alexa" auch zu deaktivieren, wenn man sie gerade nicht benutzt. Dazu gibt es einen Schalter am Gerät, man kann aber auch auf Nummer sicher gehen und ihr im wahrsten Sinne des Wortes „den Stecker ziehen".

Ich danke euch dafür, dass ihr mir zugehört habt, und ich hoffe, ich konnte euch wertvolle Hinweise geben, so dass ihr in Zukunft vorsichtiger mit euren Geräten umgeht.

C 4 Prüfungsbeispiel: Austauschjahr

Basisteil

Seite 95
Aufgabe **1**
Der Text „Discover you" beschreibt die Vorteile eines Auslandsjahres. Dargestellt werden Aspekte wie das Kennenlernen einer neuen Kultur, die eigene persönliche sowie charakterliche Entwicklung, Ausbildung und das Gewinnen eines zweiten Zuhauses an einem anderen Ort der Welt.

Aufgabe **2**
Urlaub = mehrwöchiger Aufenthalt an einem anderen Urlaubsort; High-School-Austausch ist wesentlich länger – ein halbes oder ganzes Jahr. Man wohnt nicht im Hotel, sondern bei einer Familie im fremden Land. Geht dort zur Schule, lernt Land und Leute im täglichen Leben kennen und erlebt Dinge, die man als Urlauber nicht erleben würde.

Seite 96
Aufgabe **3**
Persönlichkeit entwickelt sich, Selbstvertrauen stärken, Sprache lernen, Kultur kennenlernen, Freundschaften schließen

Aufgabe **4**
Ein Austauschjahr berührt viele verschiedene Aspekte, etwa den finanziellen. Ein Austauschjahr kostet eine Menge Geld, das muss aufgebracht werden. Dann verlässt man sein Zuhause und weiß nicht so richtig, was einen tatsächlich erwartet, welche Herausforderungen auf einen zukommen (Sprachbarrieren und kulturelle Un-

terschiede (Z. 15)). Diese muss man meistern. Allerdings entwickelt man dadurch seine eigene Persönlichkeit weiter (Z. 8/9) und kehrt mit vielen Erfahrungen zurück, die auf dem weiteren Lebensweg von Vorteil sein werden. Durch den Schulbesuch lernt man Gleichaltrige in einem anderen Land kennen und schließt neue Freundschaften. Durch das Leben in einer Gastfamilie gewinnt man eine Familie dazu – in einem anderen Teil der Welt.

Seite 97
Aufgabe **5**

Finnische Schule	Deutsche Schule
– 5 Perioden im Schuljahr	– 2 Halbjahre im Schuljahr
– 5–8 verschiedene Kurse pro Periode	– verschiedene Fächer das ganze Halbjahr
– Stundenpläne macht jeder selbst	– Stundenplan wird vorgegeben
– Unterrichtsstunde: 75 Min.	– Unterrichtsstunde: 45 Min.
– Klassenzusammensetzung wechselt jede Stunde	– Klassenzusammensetzung bleibt
– Klassengeist hat großen Stellenwert	– Klassengeist ist weniger ausgeprägt
– Teamwork ist wichtig	– Teamwork ist in D weniger wichtig

Aufgabe **6**
Roosa nennt:
– wenig Kontakt zu Mitschülern in den ersten Wochen
– Trennung in Jungen- und Mädchengruppe auf dem Schulhof
– Erlernen der Sprache (wenn man wenig Sprachkenntnisse hat wie sie)
– Kennenlernen vieler neue Dinge, die sie furchtbar müde gemacht haben
– Eingewöhnung in eine neue Familie mit deren Lebensarten
– Kennenlernen der neuen Kultur

Wahlteil A

Lösungshilfen zum Wahlteil A
Seite 102
1. und 2.
Vorteile:
• man lernt die Sprache des Landes
• die Kultur des Gastlandes wird kennengelernt
• man entwickelt Toleranz und Verständnis für andere Länder und deren Sitten
• man wird selbstständig
• man muss sich selbst organisieren können bzw. man lernt es dort
• man muss flexibler sein und sich öffnen für neue Dinge
Nachteile:
• man verpasst Dinge im Leben der eigenen Familie und der Freunde zuhause
• Entfernung zwischen Gastland und Heimat kann ein Problem sein

- Heimweh kann auftreten
- Probleme mit der Gastfamilie, man passt vielleicht nicht zusammen
- finanziell kann die Gastfamilie anders aufgestellt sein, als man es von zuhause gewöhnt ist
- Weltbild der Gastfamilie kann zu dem gewohnten von zuhause differieren
- Probleme müssen selbstständig gelöst werden, ohne Hilfe der eigenen Eltern

3. Aufgaben der Gastfamilien:
   - Unterstützung des Austauschschülers (Unterkunft, essen, Freizeit, …)
   - geben die Möglichkeit, den Alltag mit einer einheimischen Familie zu erleben
   - bringt Austauschschüler mit neuer Kultur in Kontakt
   - geben ein Zuhause

4. Möglicher Schreibplan zum Wahlteil A:

Schreibplan
Einleitung:
a. Anlass für deinen Brief: Klassenkameradin geht für ein Jahr ins Ausland; nach vielen Gesprächen und Recherchen möchtest du auch so ein Austauschjahr erleben

Hauptteil:
b. Grundidee: der kulturelle Austausch; länger im Ausland leben, zur Schule gehen und in einer einheimischen Familie wohnen
c. Vorteile: s. Aufg. 2
   mögliche Nachteile: individuelle Schülerantworten aus Aufg. 2

d. Gasteltternproblematik: Gasteltern sollen zweites Zuhause geben und Austauschschüler in kulturelle Gegebenheiten des Gastlandes einführen; Unterstützung in allen möglichen Situationen bieten; ggf. Reisen im Gastland unternehmen; Gasteltern werden sorgfältig ausgesucht; sollte es einmal nicht passen, kann man die Gasteltern wechseln; Probleme mit der Gastfamilie muss man ohne die eigenen Eltern meistern

Schluss:
e) Appell: - Eltern bitten, den Austausch zu unterstützen und es zu ermöglichen
   - Großeltern unterstützen finanziell, weil sie davon überzeugt sind
   Meine Vorsätze für ein erfolgreiches Auslandsjahr: offen sein für alles Neue; Einlassen auf die kulturellen Unterschiede; ggf. Verzicht auf Komfort; Einlassen auf die Sprache; …

5. Möglicher Schülertext zum Wahlteil A:
   Liebe Mama, lieber Papa,
   wie ihr wisst, beschäftige ich mich seit einiger Zeit mit dem Thema „Austauschjahr", da meine Klassenkameradin Susanne im Sommer für ein Jahr nach Großbritannien geht. Oft habe ich mit euch darüber gesprochen. Mittlerweile habe ich viel gelesen, im Internet recherchiert und mit verschiedenen Austauschorganisationen Kontakt gehabt. Ich bin nun zu dem Schluss gekommen, dass es für mich und meine Persönlichkeit sowie mein späteres Berufsleben von Vorteil ist, solch ein Auslandsjahr zu absolvieren. Ich weiß, ihr seid davon nicht begeistert. Deshalb möchte ich euch mithilfe dieses Briefes Vor- und Nachteile sowie meine Überlegungen darstellen, wie ich dieses Jahr zu einem erfolgreichen Jahr für mich machen kann.
Warum überhaupt ein Jahr ins Ausland gehen? Die Grundidee besteht darin, für einen längeren Zeitraum in einem anderen Land zu leben, dort zur Schule zu gehen und Land und Leute kennen zu lernen. Damit das gelingt, wird man bei einer Gastfamilie untergebracht. Damit erhält man die Chance auf eine zweite Familie und ein zweites Zuhause in einem anderen Teil der Welt. Und das finde ich toll.
Nun gehe ich auf Nachteile ein, die ihr in unseren Gesprächen angeführt habt: Zunächst sind da die Sprachbarriere und die Probleme, die damit verbunden sind oder sein können. Mir wird etwas erklärt und ich verstehe es nicht oder falsch und mache daraufhin etwas verkehrt. Da ist Ärger vorprogrammiert! Ja natürlich, je nach Land kann ich die Sprache entweder gar nicht sprechen oder nur ganz wenig! Aber das wissen doch die Gasteltern und sie sind darauf vorbereitet. Außerdem gibt es Unterstützung durch Betreuer vor Ort, die auf jeden Fall in der Lage sind, mit mir zu sprechen. Und im Zeitalter von Online-Übersetzungsdienste kann ich auch einige Probleme mit der Sprache verringern. Zudem sprechen ziemlich viele Menschen Englisch und da bin ich doch ganz fit. Dann sind da kulturelle Unterschiede wie z. B. Kleidungsgewohnheiten. Wir sind hier relativ locker im Umgang mit bestimmter Kleidung. Das ist im Ausland anders – Stichwort: Schuluniform. Ihr meintet, darauf könnte ich mich mit meiner Vorliebe für lockere und legere Kleidung nicht einlassen. Aber es gehört in einem Auslandsjahr dazu, sich dem zu stellen. Und das würde ich auch tun.
Des Weiteren meinte Mama, so ein Jahr koste eine Menge Geld. Das ist richtig! Und das Geld wäre verloren, wenn ich z. B. vor Heimweh früher wieder zurückkäme. Opa und Oma haben gesagt, sie unterstützen meinen Wunsch finanziell. Sie sind bereit, einen Teil der Kosten zu tragen. Zudem braucht ihr nicht für Kost und Unterkunft aufkommen, das tun die Gasteltern. Ich brauche Taschengeld und Geld z. B. für Hygieneartikel etc. – und da bin ich immer sehr sparsam.
Bitte stellt euch doch mal vor, was solch ein Jahr für mich alles an Vorteilen bringt! Ich lerne, selbstständig zu sein, denn es gibt sicherlich Situationen, in denen ich Dinge regeln muss – und das ohne euch! Wenn ich z. B. in der Schule an sportlichen Aktivitäten teilnehmen möchte oder im außerschulischen Bereich einem Hobby nachgehen möchte. Da muss ich mich dann kümmern. Ihr bemängelt doch immer, dass ich so wenig Eigeninitiative und Selbstständigkeit zeige! Offenheit gegenüber neuen Dingen, Erfahrungen, Einstellungen brauche ich und flexibel reagieren können, das lerne ich auch. Das ist nötig, damit ich viel mitnehme aus dem Austauschjahr. Das Wort Toleranz gegenüber anderen Sitten und Gebräuchen fällt mir

dabei ein. Gerade in der heutigen Zeit ist Toleranz unabdingbar. Wir leben mit so vielen verschiedenen Menschen aus verschiedenen Ländern zusammen – da hilft es schon, wenn man gegenüber anderen Denkweisen tolerant ist oder weiß, warum diese so sind. All diese Dinge sind für mein späteres Leben nützlich. Was für eine Chance!

Nun noch zu den Gastfamilien: Ich weiß, dass euch das besonders beschäftigt! Und ja, in der Vergangenheit hat es durchaus Probleme mit Gastfamilien gegeben. Sei es, dass sie nur an Geld interessiert waren (es gibt Länder, da werden die Gastfamilien bezahlt) oder sie bieten nur Kost und Unterkunft an, ohne die Gastkinder wirklich mit in das tägliche Leben einzubeziehen. Und manchmal mag auch die Chemie zwischen der Gastfamilie und dem Austauschschüler nicht passen. Aber dafür gibt es ja die Betreuung vor Ort. Diese Betreuer helfen bei allen Problemen, die in oder mit der Gastfamilie auftreten, und wenn es gar nicht geht, dann suchen sie eine neue Gastfamilie. Abgesehen davon werden die Gastfamilien heutzutage sehr sorgfältig ausgesucht.

Mama, Papa, ich bitte euch von ganzem Herzen, meinen Wunsch, solch ein Austauschjahr zu erleben, zu unterstützen! Es hat so viele Vorteile für mich. Ich werde sicherlich neue Seiten und Fähigkeiten an mir entdecken und mich weiterentwickeln. Das kann doch nur in eurem Sinne sein!

Ich verspreche euch, dass ich die Zeit bis zur Abreise in das Austauschjahr sinnvoll nutze! Ich werde mich über das Land informieren, mir das Schulsystem anschauen und überlegen, wie der Schulalltag aussehen kann. Dazu gehört auch, dass ich mich auf neue Sachen einlassen muss. Das kann ich jetzt alles schon gedanklich üben oder in Gesprächen mit euch vorbereiten. Und ich werde ganz bestimmt nicht beim ersten kleinen Problem alles hinschmeißen. Das ist mein fester Vorsatz. Ich will, dass dieses Jahr auch ein erfolgreiches wird und ihr stolz auf mich sein könnt.

Wahlteil B

Lösungshilfen zum Wahlteil B
Seite 103

1. Genannte Nachteile sind z. B. Missbrauch, keine Gastfreundschaft, schlechte Betreuung, Sorgen um Sicherheit, Krankheiten werden zum Hindernis, bei vorzeitigem Abbruch ist Geld weg

2. Jeannette Asmus beschreibt zunächst den Rückflug: Dort realisiert sie die endgültige Abreise aus Amerika und das Verlassen ihrer Gastfamilie, zu der sie ein sehr enges Verhältnis entwickelt hat. Es ist für sie wie das Austauschjahr: „(...) hat Höhen und Tiefen. Das das hier war beides."
Daheim bekommt sie Probleme mit ihrer eigenen Familie. Während sie ständig von ihren Erfahrungen und Erlebnissen berichten möchte, zeigt ihre Familie nach kurzer Zeit nicht mehr viel Interesse daran. Jeannette ist sehr enttäuscht darüber, bemüht sich aber um Kenntnisnahme der Veränderungen zuhause.
Für Jeannette ist die Gastfamilie in den USA eine Familie geworden, sie hat sich im Laufe des Jahres dort

ein neues Leben aufgebaut und sie beschreibt, dass sie nie vollständig wieder in Deutschland angekommen ist. Ihr Herz ist noch immer mit einem Teil dort.

3. Möglicher Schreibplan zum Wahlteil B:

> **Schreibplan**
>
> **Einleitung:**
> a. Anlass: Beitrag für den Schülerblog der Schule; eigenes Interesse an einem „Schüleraustausch/ Auslandsjahr"; Recherche im Internet und Gespräche mit Austauschschülern
>
> **Hauptteil:**
> b. Vorteile eines Auslandsjahres: Sprache des Landes lernen; Leben in einer neuen Familie; Kultur eines anderen Landes kennen lernen; neue Sportarten ausprobieren
> c. Nachteile eines Auslandsjahres: Gastkinder werden nicht gut betreut vor Ort von den Anbietern; Gastfamilien nehmen nur Austauschschüler auf, um Geld zu verdienen, nicht um Gastfreundschaft anzubieten; Benimmregeln machen es möglich, Schüler bei Verstößen sofort nach Hause zu schicken; Krankheiten wie Asthma oder Allergien, Depressionen, Essstörungen oder Verhaltensauffälligkeiten erschweren Auslandsjahr; Missbrauchsfälle werden bekannt; Anbieter sind sehr kommerziell orientiert; manche Organisationen erwarten bestimmte Notendurchschnitte, ...
> d. Darstellung der Heimkehrproblematik: Rückkehr in die eigene Familie problematisch; viele Erlebnisse, die die Familie zuhause nicht teilt und ggf. auch nicht verstehen kann; Veränderungen in der Heimat während des Auslandsaufenthaltes; Sehnsucht nach der Gastfamilie; ...
>
> **Schluss:**
> e. persönliche Stellungnahme: individuelle Schülerlösung
> f. Appell: rechtzeitige Auseinandersetzung mit dem Thema Austauschjahr; Bedenken von Vor- und Nachteilen; Probleme beachten und etwaige Lösungen dazu durchdenken; eigene Befindlichkeit zu bestimmten Dingen überdenken

4. Möglicher Schülertext zum Wahlteil B:
Liebe Mitschülerinnen und Mitschüler,
seit einiger Zeit beschäftige ich mich mit dem Thema „Austauschjahr", da ich weiß, dass sich viele von euch dafür interessieren. Ich habe im Internet darüber recherchiert und junge Leute interviewt, die solch ein Jahr absolviert haben. Nun möchte ich meine Gedanken und Ergebnisse mit euch teilen. Die Grundidee solch eines Jahres besteht darin, für einen längeren Zeitraum in einem anderen Land zu leben, dort zur Schule zu gehen und Land und Leute kennen zu lernen, einzutauchen in eine neue Kultur und natürlich eine neue Sprache zu erlernen. Damit das gelingt, wird man bei einer Gastfamilie untergebracht. Diese soll zu einer zweiten Familie werden und ein zweites Zuhause bieten in einem anderen Teil der Welt.

Zunächst stelle ich euch einige Vorteile vor, danach einige Nachteile bzw. mögliche Probleme. Bei meinen Nachforschungen habe ich nämlich festgestellt, dass viele Schülerinnen und Schüler sich vor dem Austausch nicht genügend mit eventuell auftretenden Problemen beschäftigt haben.

Ein Argument für ein Auslandsjahr ist das Erlernen der Sprache des Landes. Nirgendwo kann man eine Sprache besser lernen als in dem Land, wo sie gesprochen wird. Ich habe in einem Artikel des Hamburger Abendblattes von einem Jungen gelesen, der in die Türkei gegangen ist – und er sprach kein Türkisch. Aber er freute sich schon darauf, nach seiner Rückkehr einen Döner auf Türkisch zu bestellen.

Ein weiteres Argument ist das Leben in einer neuen Familie mit anderer Kultur, Werten und Vorstellungen vom Leben. Das erfordert viel Mut und Offenheit gegenüber neuen Dingen. Man muss sich darauf einlassen können, auf Dinge, die man vorher noch nicht kannte. Aber daran wächst man und macht Erfahrungen, die einem zuhause nicht geboten werden. Das fördert die Selbstständigkeit und das Selbstbewusstsein.

Durch den Schulbesuch im anderen Land lernt man andere junge Menschen kennen, gewinnt Freunde fürs Leben und wird sensibilisiert für kulturelle Unterschiede und Gepflogenheiten – im Schulleben wie auch im Familienleben. Man tauscht Ideen aus, entwickelt neue Perspektiven.

Ich habe aber auch negative Dinge gelesen und gehört. So gibt es Familien, die die Gastkinder wohl aufnehmen, Kost und Unterkunft bieten, aber keine Gastfreundschaft zeigen. Es kann sein, dass es einfach nicht passt - die sogenannte Chemie nicht stimmt, dann sollte man den Mut haben und z.B. um eine neue Familie bitten. Vor lauter Aufregung und Spannung auf das Abenteuer Austauschjahr vergessen viele, sich darüber Gedanken zu machen. Was wäre, wenn …

Ein weiteres Problem sind mangelnde Sprachkenntnisse. Man kann nicht davon ausgehen, dass alle Menschen neben ihrer Muttersprache auch Englisch sprechen. Die Sprachbarriere kann also zu Problemen führen. Die Gasteltern erklären etwas, das Gastkind versteht es kaum oder gar nicht, traut sich vielleicht nicht nachzufragen und schon entstehen Schwierigkeiten, weil falsch gehandelt wird. Das unterschätzen viele. Denn auch die Betreuer der Organisationen sind nicht unbedingt sofort zur Stelle. Ich habe mit einigen ehemaligen Austauschschülern gesprochen, die aufgrund mangelnder Sprachkenntnisse und nicht verfügbarer Betreuung große Probleme hatten.

Auch wird häufig nicht bedacht, dass von den Austauschschülern ein bestimmtes Verhalten im anderen Land erwartet wird. Oder hat sich darüber schon einer von euch Gedanken gemacht? Das Leben ist ein anderes, nicht wie zuhause! Man muss sich auf andere Verhaltensregeln einlassen, Rücksicht und Toleranz üben. Es muss einem klar sein, dass es z.B. einen anderen Tagesablauf in der Gastfamilie gibt oder Discothekenbesuche oder Partys am Samstagabend nicht stattfinden. Organisationen haben aufgrund von schlechten Erfahrungen Benimmregeln aufgestellt, die es möglich machen, Schülerinnen und Schüler bei Verstößen sofort nach Hause zu schicken!

Selbst Krankheiten wie Asthma oder Allergien, Depressionen, Essstörungen oder Verhaltensauffälligkeiten können ein Auslandsjahr erschweren. Das fand ich sehr erstaunlich, denn darüber hatte ich mir vorher keine Gedanken macht.

Ihr seht, das sind einige von vielen Aspekten, die man bedenken muss … und es vielleicht gar nicht tut, weil das ganze Thema ansonsten so spannend und aufregend ist.

Zum Schluss möchte ich noch auf etwas anderes eingehen, nämlich auf die Rückkehr aus solch einem Jahr. Ich fand ein interessantes Buch über ein Austauschjahr. Die Austauschschülerin berichtet darin von ihrem Jahr und von der Rückkehr. Sie hat in ihrem Austauschjahr eine Gastfamilie getroffen, die sie in ihre Familie aufgenommen hat – mit allem, was dazu gehört. Auf dem Rückflug erlebte sie dann, wie sehr ihr „(…) diese Menschen ans Herz gewachsen waren.", denn sie weinte wegen Abschiedskummer viel während des Rückflugs. Daheim musste sie feststellen, dass für ihre eigene Familie innerhalb kürzester Zeit nach ihrer Rückkehr der normale Alltag weiterging und von ihr erwartet wurde, dass sie sich darin einfand („… meine Familie (erwartete) zunehmend von mir, dass ich erkennen würde, dass mein Austauschjahr nun vorbei war."). Darüber hatte sie zu Beginn des Jahres nicht nachgedacht!

Meiner Ansicht nach ist so ein Austauschjahr eine tolle Sache. Solltet ihr so etwas wirklich machen wollen, setzt euch rechtzeitig mit dem Thema auseinander! Bedenkt Vor- und Nachteile – das kann euch helfen, Probleme zu vermeiden oder in Situationen zu kommen, die euch überfordern und eventuell sogar zu einem Abbruch des Jahres führen. Gerade an negative Erlebnisse denkt man in der Aufregung vor solch einem Austausch nicht. Überdenkt eure eigenen Befindlichkeiten zu bestimmten Dingen und seid bereit, euch auf Neues einzulassen. Wenn ihr aus eurer Wohlfühlzone herauskommt und zu Beginn viele Situationen durchspielt, gewinnt ihr ein tolles Jahr mit tollen Erfahrungen und neuen Menschen in eurem Leben.

D Prüfungsaufgaben ohne Hilfe bearbeiten

D 1 Hörverstehen: Aufräum-Trend

Seite 105

Aufgabe **1**

Der Text beschreibt, wie die gebürtige Japanerin Marie Kondo dazu gekommen ist, ein eigenes Ordnungssystem zu entwickeln. Schon seit frühester Kindheit ist Marie Kondo fasziniert davon, Ordnung zu halten und zu erproben, wie dies am besten gelingt. Folgerichtig entwickelt sie später ein eigenes Ordnungssystem, die KonMari-Methode. Durch ihr Buch „Magic Cleaning" und eine Netflix-Serie ist ihre Methode weltbekannt und hilft vielen Menschen dabei, Ordnung in die eigenen vier Wände zu bringen. Der Text setzt sich mit den Inhalten der Methode und mit ihrer Nachhaltigkeit auseinander.

Seite 106
Aufgabe 2

Bereits in ihrer Kindheit war Marie Kondo fasziniert davon, Ordnung zu schaffen und zu erhalten. Später testete sie verschiedene Ordnungssysteme auf ihre Funktionalität und arbeitete als Aufräumberaterin. In ihrem Buch „Magic Cleaning" stellte sie schließlich ihr eigenes Ordnungssystem vor, das in ihren Augen am besten funktioniert, um nachhaltig Ordnung zu schaffen.

Aufgabe 3

	Trifft zu	Trifft nicht zu
In ihrer Kindheit fand Marie Kondo Aufräumen fürchterlich.		X
Während ihres Studiums arbeitete Marie Kondo als Kellnerin.		X
Marie Kondo ist der Meinung, alles, was wir besitzen, sollte entweder nützlich sein oder uns glücklich machen.	X	
Viele Menschen sind durch die Konsumvielfalt heutzutage überfordert.	X	
Das Buch „Magic Cleaning" ist ein weltweiter Bestseller.	X	
Alle Menschen können mit der KonMari-Methode etwas anfangen.		X

Aufgabe 4

Pro: Das System macht deshalb glücklich, weil eine ordentliche Wohnung die meisten Menschen glücklich macht und einige Menschen es vielleicht ohne die Struktur von Marie Kondo nicht geschafft hätten.

Kontra: Jeder lernt von klein auf, wie man Ordnung hält, und entwickelt sein eigenes System. Ich kann mir vorstellen, dass das System von einer fremden Person eher verwirrt und diese Verwirrtheit letztlich die eigene Ordnung und das eigene Glück stört.

Aufgabe 5

Mir persönlich würde die KonMari-Methode nicht weiterhelfen. Bis jetzt habe ich nur mein Zimmer, in dem ich aufräumen muss. Einmal im Jahr sortieren meine Mutter und ich sowieso aus, was nicht mehr zu mir passt. Deshalb sind in meinem Zimmer nicht so viele Gegenstände, die nach einem bestimmten System geordnet werden müssten. Ich kann mir vorstellen, dass diese Methode erst dann funktioniert, wenn man wirklich viel besitzt und nicht gewohnt ist, auch mal Dinge wegzuwerfen.

D 2   Prüfungsbeispiel: Monarchie

Seite 109
Aufgabe 1

Der Artikel beschreibt die Reaktionen in Großbritannien und der Welt auf den Tod der englischen Königin Elisabeth II. und versucht, Erklärungen für die enorme Anteilnahme zu finden.
Da die Queen so lange auf dem Thron saß, verkörperte sie Stabilität und Sicherheit. Man hatte sich an sie gewöhnt.
Sie hat einerseits die Berichterstattung über die Medien ermöglicht, etwa mit der Übertragung ihrer Krönung in alle Welt, aber andererseits so viel Distanz bewahrt, dass das Königshaus immer etwas Besonderes und Geheimnisvolles behalten hat.

Aufgabe 2

Queen verkörperte ...	Beispiele aus dem Text incl. Zeilenangabe
Dauer, Ewigkeit	Elisabeth II. schien ewig zu sein, eine Konstante des Lebens, verlässlich und präsent. (Z. 5 f.)
Pflichtbewusstsein	Auf die Königin und ihr Pflichtbewusstsein konnte man sich verlassen. (Z. 25 f.)
Sicherheit	Ihre pastellfarbene Erscheinung garantierte Sicherheit. Alles änderte sich – die Queen nicht. (Z. 26 f.)
Beständigkeit	Sie verkörperte eine Beständigkeit, die es außerhalb ihrer Welt nicht mehr gab. (Z. 24 f.)
eine altmodische/ untergegangene Zeit	Damit war sie tatsächlich unzeitgemäß, passte nicht in eine Zeit, die Distanzen verringern und zwischenmenschliche Gefühle sprechen lassen möchte. (Z. 49 ff.)
Distanz, Diskretion	Zugleich aber hielt die Queen auf Abstand. Sie ließ die Nation nur begrenzt an ihren Gefühlen teilhaben, wahrte Diskretion. (Z. 44 f.)

Seite 110
Aufgabe 3

[...]
<u>Barbados hat im vergangenen Jahr den Anfang gemacht und ist zu einer Republik geworden.</u> In Antigua und Barbuda gibt es jetzt eine ähnliche Debatte. Aber Australien, Neuseeland oder auch Kanada – das sind ja regelrechte Schwergewichte, was ihre Größe und Bevölkerungszahl angeht. In Australien und Neuseeland ist Charles jetzt offiziell zum Monarchen erklärt worden: Es gab am Wochenende entsprechende Zeremonien in den Hauptstädten, mit Salutschüssen und den Traditionen, wie wir sie aus dem Mutterland kennen.
[...] <u>Könnte der Staatenverband nun zerfallen?</u> Die Flag-

gen wehen auch in Neuseeland und Australien auf Halbmast, es wird dort am 22. September einen Feiertag zu
Ehren der Queen geben, kurz nach ihrer Beerdigung. [...]
Die Australier haben gesagt: „Die Queen mögen wir, sie
ist als Person bewundernswert, sie hat uns durch unsere
Nachkriegszeit begleitet – aber jetzt hat eine andere Zeitrechnung begonnen." [...] Viele sehen die Notwendigkeit,
eine Republik zu werden; sie hatten die Füße in dieser
Frage zu Lebzeiten Königin Elisabeths stillgehalten, doch
unmittelbar nach deren Tod ging es los: Der Grüne Adam
Bandt twitterte sinngemäß: „Herzliches Beileid, aaaaber
wir müssen nach vorne blicken!" Seine Parteikollegin
Mehreen Faruqi wurde noch deutlicher und sagte: „Ich
kann nicht die Führerin eines rassistischen Reiches
betrauern, das auf gestohlenen Leben und gestohlenem
Land errichtet wurde und auf dem Wohlergehen kolonialisierter Menschen." [...]
Im Nachbarland Neuseeland mit seinen fünf Millionen
Einwohnern kündigte Premierministerin Jacinda Ardern
„eine Ära der Veränderung" an: Charles habe zuverlässig
seine tiefe Zuneigung zu ihrer Nation demonstriert, und
diese Beziehung werde auch sehr wertgeschätzt von
ihrem Volk. Sie habe keinen Zweifel daran, dass diese
Beziehung sich noch vertiefen werde. [...]
Trotzdem sagen einige Politiker, dass die Debatte darüber, ob Neuseeland eine Republik wird, jetzt deutlich an
Fahrt aufnehme. Denn ein wichtiger Punkt ist für viele
eine gesteigerte Verbitterung und auch Kränkung darüber, wie die Briten als Kolonialherren mit der indigenen
Bevölkerung umgegangen sind. Das ist übrigens ein
Punkt, der sowohl in Neuseeland für die Maori als auch
in Australien für die Aboriginal Australians gilt. [...] Unter
den Pazifikinseln haben nur noch Tuvalu und die Salomonen den britischen Monarchen als Staatsoberhaupt. Auf
den Salomonen hieß die Queen „Fau Ni Qweraasi", das
bedeutet so viel wie „eine Beschützerin der Menschen" –
und so wurde sie auch jetzt wieder liebevoll bezeichnet.
[...] Aber auch dort, auf Vanuatu, Samoa oder Fidschi, ist
oft das Thema Kolonialismus vorherrschend: Die Briten
hatten oft die Inseln für die Krone proklamiert, Bodenschätze und sonstige Reichtümer für sich beansprucht,
ausgelaugt und dann zurückgelassen. Gerade die jüngere
Generation hat darum keine starke Bindung an das Königshaus, sondern steht ihm gleichgültig bis ablehnend
gegenüber. Sie alle haben mit den Auswirkungen der Klimakrise zu kämpfen, die ihre Heimat bedroht – da fühlen
sie sich eher allein gelassen. [...]

Aufgabe **4**

1. Beispiel Pazifikinseln: Dass die Queen dort Staatsoberhaupt gewesen ist, hat für die Jugend keine besondere
Bedeutung. Für sie zählen die Taten der Briten während
des Kolonialismus, z.B. die Beanspruchung aller Bodenschätze. Heute fühlen sie sich alleingelassen mit den
Problemen des Klimawandels.
2. Beispiel: Die Maori in Neuseeland und die Aboriginals
Australians wurden von den Kolonialherren, d.h. den
Briten, schlecht behandelt und ausgebeutet. Dieser Umgang mit den Menschen ist noch immer allgegenwärtig
und kann dazu führen, dass beide Länder zu Republiken
werden.

Seite 112
Möglicher Schülertext zum Wahlteil A:

Was passiert mit der Monarchie (und dem Commonwealth) ohne die Queen?

Queen Elizabeth II. ist im Alter von 96 Jahren und nach 70
Dienstjahren verstorben. In der Presse überschlägt sich
die Berichterstattung, Menschen aus der ganzen Welt äußern sich und auch mich haben die Fragen gepackt, was
mit der Monarchie in Großbritannien nun passieren und
welche Folgen dieses Ereignis im Commonwealth haben
wird. Aus diesem Grund habe ich recherchiert und möchte euch in diesem Artikel meine Ergebnisse erläutern.
Die Queen war eine Institution und für fast alle Menschen
auf der Welt war sie – gefühlt – immer da. Generationen
sind mit ihr groß geworden – sie bildete eine Konstante
in der hektischen und sich schnell wandelnden Zeit der
Gegenwart.
Was auch immer passierte, die Queen war da und blieb,
im Gegensatz z.B. zu den fünf Premierministern, die sie
in der Zeit von 2007 bis 2022 ernannte (Text 1, Z. 23).
Menschen konnten die Lebensereignisse der Queen, z.B.
ihre eigene Hochzeit, die ihrer Kinder und Enkelkinder,
Todesfälle usw. in den Ablauf der eigenen wichtigen Lebensdaten einordnen. Das verband die Menschen mit ihr,
obwohl sie sich zeitlebens distanziert verhalten hat.
Auch ihr Pflichtbewusstsein ist legendär; darauf konnte
man sich immer verlassen (Text 1, Z. 25). Das galt auch
für ihre Art, sich zu kleiden, z.B. mit pastellfarbenen
Mänteln und passend ausgesuchten Hüten. Auf ihre
Weise vermittelte sie Sicherheit in einer sich schnell
verändernden Welt – denn sie änderte sich nicht (Text 1,
Z. 21–27).
Manche haben ihr vorgeworfen, rückwärtsgewandt zu
sein. Sie hielten das Königshaus für verkrustet und alt-
modisch. Aber auch die Queen erkannte Chancen in der
modernen Welt und nutzte sie. Als sie gekrönt wurde, ließ
sie dieses Großereignis live per Fernsehen in alle Welt
übertragen. So konnten die Menschen im Commonwealth
daran teilhaben und sich mit ihr verbunden fühlen.
In 14 der insgesamt 56 Commonwealth-Staaten war die
Queen das Staatsoberhaupt; ihr Nachfolger ist jetzt ihr
Sohn als König Charles III. (Text 2, Z. 9). Zu diesen Staaten gehören u.a. Australien, Neuseeland, Kanada sowie
Inselstaaten wie Jamaika etc.
Die Queen bzw. die Treue zur englischen Krone haben
das Commonwealth verbunden. Die Pazifikinseln Tuvalu
und die Salomonen haben den britischen Monarchen
noch immer als Staatsoberhaupt. „Auf den Salomonen
hieß die Queen ‚Fau Ni Qweraasi', das bedeutet so viel
wie ‚eine Beschützerin der Menschen' – und so wurde sie
auch jetzt wieder liebevoll bezeichnet" (Text 2, Z. 51–53).
Die Queen war ein verbindendes Element nicht nur im
Commonwealth, sondern auch in der englischen Gesellschaft, die bis heute von unterschiedlichen Klassen
geprägt ist. In allen Klassen (oder auch Schichten) wurde
sie geliebt und war hoch angesehen für ihren immerwäh-
renden Einsatz im Dienst der Monarchie. Sie bewahrte sich dieses Bild einer stets präsenten Frau in einer
festgefügten Rolle zum Wohle des Landes, weil sie sich
öffentlich nie in irgendeiner Form politisch äußerte oder
eine eigene Meinung kundtat.

Kritik wurde ihr gegenüber eher selten laut, weder im Commonwealth noch in Großbritannien. Durch ihren Tod wird sich die Wahrnehmung des Königshauses verändern. Bei den jungen Briten sind z. B. die öffentlichen Streitereien der Royals nicht gut angesehen. Außerdem ist der oft zur Schau gestellte unermessliche Reichtum für viele, die sich nicht einmal etwas zu essen kaufen oder die Wohnung heizen können, nicht mehr tragbar. Aber auch die Geschichte von Großbritannien als Kolonialmacht und der damit verbundene Umgang mit den Kolonialstaaten bzw. den Menschen dort tragen zu einer negativen Betrachtung der Monarchie bei (Text 2, Z. 45 – 49). Die Stimmen, dass die Monarchie sich überholt hat, werden dadurch immer lauter. Einige Länder des Commonwealth haben das Staatsoberhaupt „Queen" schon „abgeschafft" und der Ruf nach weiteren Änderungen wird lauter. Diese Länder möchten zu einer Republik werden (Text 2, Z. 31 – 35). Hinzukommt, dass das Ansehen des englischen Königshauses bei vielen sinkt (Text 2, Z. 56 – 60). Es scheint fraglich, ob King Charles III. das Commonwealth zusammenhalten und in Großbritannien den Ruf der Monarchie bessern kann.

Persönlich bin ich der Ansicht, dass sich die Monarchie in Großbritannien (und im Commonwealth) dringend modernisieren sollte. Traditionen sind etwas Gutes, dürfen aber nicht von den Problemen der modernen Welt ablenken. Auch öffentliche Familienstreitereien oder der zur Schau gestellte Reichtum tragen nicht zu einem positiven Bild der Royals in der Öffentlichkeit bei.

Die Queen war eine Institution, die es nun nicht mehr gibt. Es ist eine Anpassung an die heutige Zeit nötig und das wird die Aufgabe von König Charles sein. Im Commonwealth leidet insbesondere die jüngere Generation heute unter den Folgen des Klimawandels und hat keine Bindung an die britische Monarchie mehr, sodass ein Zerfall durchaus denkbar ist. Auch die kritische Hinterfragung der Kolonialherrschaft wirkt auf die Akzeptanz der Monarchie bzw. des Königs als Staatsoberhaupt in diesen Ländern nicht unbedingt förderlich.

Seite 113
Möglicher Schülertext zum Wahlteil B:

Warum begeistern Royals heute noch so viele Menschen?

Liebe Mitschülerinnen und Mitschüler,
neulich begleitete ich meine Freundin zum Friseur. Mir fiel auf, wie begeistert sie dort die ausliegenden Zeitschriften durchblätterte und besonders die Fotos und Artikel zu den europäischen Königshäusern betrachtete und durchlas. Schon häufiger sind mir am Zeitungskiosk die vielen bunten Blätter aufgefallen, in denen über die Royals berichtet wird. Während ich auf meine Freundin wartete, nahm ich die Zeitschriften ebenfalls zur Hand und las über das Leben an den Königshäusern, über Schicksalsschläge und Skandale und darüber, was wer zu welchem Anlass gesagt oder getan hat oder welche Kleidung dabei getragen wurde. Ich erinnerte mich an den Tod der Queen im Jahr 2022, der eine wahre Flut von Berichten ausgelöst hatte. Es gab kein Medium – ob Zeitung, Fernsehen, Radio oder Internet –, das nicht darüber berichtet hatte. Viele verfolgten das Geschehen mit großem Interesse. Ich überlegte, warum die königlichen Hoheiten eine so

große Faszination auf die Menschen ausüben. Welche Rolle spielt die Monarchie heutzutage eigentlich noch in unseren demokratischen Ländern? Ich beschloss, dieser Frage auf den Grund zu gehen, und möchte euch mit diesem Blogbeitrag meine Ergebnisse mitteilen.

Ich habe herausgefunden, dass es in Europa insgesamt noch 12 Monarchien gibt; das britische Königshaus hat dabei eine besondere Bedeutung, weil es gleichzeitig das Oberhaupt für viele Staaten des Commonwealth stellt, aber es gibt u. a. auch in Schweden, Norwegen, Dänemark, Spanien oder Belgien noch amtierende Königinnen und Könige. Meist haben sie nur noch repräsentative Aufgaben. Die politische Macht liegt bei gewählten Parlamenten. Trotzdem sind die Monarchien bei vielen Menschen nach wie vor beliebt und geachtet.

So feiern die Niederländer beispielsweise jedes Jahr den sogenannten „Königstag". An diesem Tag wird der Geburtstag des derzeitigen Königs Willem Alexander gefeiert; während er verschiedene Landesteile besucht und sich dabei unter sein Volk mischt, ziehen die Menschen ausgelassen durch die Straßen und feiern. Diese Nähe macht ihn sympathisch und für sein Volk greifbar. Außerdem ist er, wie der schwedische König, mit einer sogenannten „Bürgerlichen" verheiratet, also mit einer Frau, die nicht aus einer Adelsfamilie stammt. Das verbindet ihn mit seinen Landsleuten und hilft den Menschen, sich mit den Royals zu identifizieren.

König Gustav aus Schweden hat sogar eine deutsche Frau geheiratet; kennengelernt hat er sie bei den Olympischen Spielen 1972 in München, wo sie als Hostess gearbeitet hat – und damit wurde ein Traum vieler junger Mädchen wahr. Eine junge Frau aus dem Volk gewinnt das Herz eines gutaussehenden Königs und wird Königin – genau wie im Märchen. Und mit Märchen sind die Menschen aufgewachsen. Wer kennt nicht das arme Aschenputtel, das durch die Liebe zu einem Königssohn zur Königin wird. Und sowohl in den Niederlanden als auch in Schweden ist das so geschehen. Beide Königinnen stammen aus bürgerlichen Familien, verliebten sich in einen Prinzen (und er sich in sie). Dann feierten sie eine prunkvolle Traumhochzeit, die vom Fernsehen übertragen und in der Presse ausführlich kommentiert wurde. Das gilt auch für die späteren Familienereignisse wie Geburten, Taufen und weitere Hochzeiten.

„Normale" Menschen haben über die Berichterstattung das Gefühl, dicht an den königlichen Familien dran zu sein, über sie Bescheid zu wissen. Sie können jahrhundertealte Zeremonien miterleben und staunen über den luxuriösen Lebensstil, den sie sich selbst niemals leisten könnten. All dies macht sicher einen Teil der Faszination aus, und zwar auf Menschen jeden Alters. Man kann sogar einen aktuellen Trend feststellen, dass sich immer mehr junge Menschen auf Instagram-Kanälen intensiv mit dem Leben der Royals beschäftigen und sich vor allem über Einblicke in deren private Umgebung freuen. Trotzdem muss man sich auch die Frage stellen, ob es heutzutage überhaupt noch einen König oder Königin geben sollte. Dazu gibt es unterschiedliche Meinungen. Betrachtet man beispielsweise die Commonwealth-Staaten, deren Staatsoberhaupt die Queen war, werden dort in einigen Ländern Stimmen laut, die wegen bitterer Erfahrungen während der britischen Kolonialzeit die Monarchie ablehnen und nach dem Tod der Queen kein königliches Oberhaupt mehr möchten. Zu erwähnen sind da z. B. Neuseeland und Australien, deren Ureinwohner besonders unter den Briten leiden mussten.

Die Jugendlichen vieler Pazifikinseln fühlen sich aufgrund der historischen Ereignisse sowie angesichts der heutigen Probleme (zu erwähnen ist beispielsweise der Klimawandel mit seinen Folgen für die Inselvölker) von der Monarchie im Stich gelassen. Sie identifizieren sich nicht mit ihr und möchten lieber in einer Republik ohne König oder Königin leben.

Auch in den europäischen Ländern flackern immer wieder Diskussionen um die Monarchien auf – insbesondere, wenn es um die Kosten geht, die diese verursachen, z. B. für die Erhaltung der Schlösser und die vielen Bediensteten, für Reisen und die privaten Bedürfnisse der Königsfamilien. Auch die teuren Feste, die in den Medien übertragen werden, kosten die Steuerzahler viel Geld, das sonst für anderes zur Verfügung stünde.

Da scheint es überraschend zu sein, dass trotz aller Kritik an den Monarchien letztendlich ein Verzicht auf sie doch für viele nicht in Frage kommt. Offenbar bringen Glanz und Gloria, die von den Königshäusern ausgehen, die Menschen zum Träumen und lenken von dem manchmal schwierigen Alltag ab. Außerdem bieten sie eine Möglichkeit zur Identifikation mit den königlichen Personen, mit den kulturellen und traditionellen Elementen, die sie verkörpern, und letztlich mit dem eigenen Land. Das hat durchaus eine einigende Wirkung.

Ich werde auch in Zukunft wohl keine bunten Blätter lesen. Aber ich kann die Faszination, die für andere Menschen von Königshäusern ausgeht, jetzt besser verstehen; einiges erinnert mich an den Fankult rund um Popstars oder Sportidole. Auch über sie wird viel Klatsch und Tratsch verbreitet, was viele amüsiert und interessiert lesen. Allerdings sollte man das nicht zu wichtig nehmen und nicht alles glauben.

Insgesamt empfinde ich die Monarchie als nicht mehr zeitgemäß, auch wenn sie einige wichtige Funktionen für ihr Land erfüllt, z. B. ein Zusammengehörigkeitsgefühl fördert. Sie sollte sich an die verändernden Zeiten anpassen und nicht um jeden Preis aufrechterhalten werden.

D 3   Prüfungsbeispiel: Work-Life-Balance

Seite 114
Aufgabe **1**

Stress ist eine körperliche Reaktion auf zu viel Belastung.

Work-Life-Balance ist der Versuch, Anspannung und Entspannung im Gleichgewicht zu halten, um gesund zu bleiben.

Seite 115
Aufgabe **2**

a) Ob wir Stress als positiv oder negativ – und damit eher belastend – erleben, hängt entscheidend von der emotionalen und gedanklichen Bewertung von Stressreaktionen ab. (Z. 13–15)

b) Positiv: Fußballtraining
Negativ: Lernen für eine Klassenarbeit

Seite 116
Aufgabe **3**

Zutreffende Aussagen:
- Jeder zehnte Jugendliche fühlt sich einsam.
- Ob der Jugendliche schwierige Phasen als Stress oder als Herausforderung wahrnimmt, hängt von ihm persönlich ab.
- Wenn sich jemand gestresst fühlt, zeigt er meistens mehrere Symptome.
- Schlaflosigkeit und Appetitlosigkeit können ein Zeichen von Stress sein.
- Der berühmte „Blackout" ist auch eine Stressreaktion.

Aufgabe **4**

Herausforderung
Spaß
Erfolg
Entspanntheit

Kopfschmerzen
Blackout
Misserfolg
Wut

Seite 117
Aufgabe **5**

Mit der Textstelle Z. 15 ist gemeint, dass Menschen selten mit dem zufrieden sind, was sie schon erreicht haben. Jeder meint, er müsse noch erfolgreicher, besser, schöner usw. sein. Darüber vergisst man das bereits Erreichte.

Möglicher Schülertext zum Wahlteil A
Liebe Mitschülerinnen und Mitschüler!

Wir alle sind gerade voll im Stress. Das ist ja auch völlig normal, schließlich stehen unsere Abschlussarbeiten an. Wir müssen in relativ kurzer Zeit viel leisten und manch einer von uns würde lieber andere Dinge tun, die mehr Spaß machen.

Ich weiß, dass viele von euch aufgeregt sind und nachts schlechter schlafen als sonst. Viele von uns haben auch Kopfschmerzen, viele sind blass und man merkt, dass es ihnen nicht gut geht. Gerade jetzt ist es wichtig, dass ihr darauf achtet, gesund zu bleiben.

Stellt euch mal vor, euer Kopf macht irgendwann total dicht und ihr könnt gar nicht mehr richtig denken. Das wäre nicht gut – vor allem nicht in der Abschlussarbeit. Außerdem lernen wir gerade erst, wie man richtig mit Stress umgeht. Wie wir es jetzt tun, so werden wir es vermutlich unser ganzes Leben lang machen. Also sollte man besser gleich eine Lösung finden. Schließlich ist es schöner, ohne Kopfschmerzen durch eine belastende Phase zu kommen.

Ich habe im Internet eine Grafik gefunden, die verschiedene Möglichkeiten aufzeigt, Stress abzubauen. Die für mich drei wichtigsten möchte ich euch an dieser Stelle vorstellen:

Zuerst einmal möchte ich die Ernährung nennen. Ich weiß, dass die Versuchung groß ist, Schokolade oder Döner zu essen, gerade wenn man gestresst ist. Wenn ihr euch gesund ernährt, hat euer Körper aber mehr Kraft zur Verfügung und macht nicht so schnell schlapp.

Dann solltet ihr unbedingt auch weiterhin Sport treiben. Manchmal bin ich zu müde und habe gar keine Lust mehr zum Fußballtraining. Ich merke aber, dass es mir guttut. Zum einen habe ich Spaß und komme auf andere Gedanken, zum anderen entspannt es meinen Körper und ich kann viel ruhiger schlafen.

Auch solltet ihr nicht vergessen, euch mit euren Freunden zu treffen. Wir sitzen alle gerade in einem Boot – und ihr wisst: Geteiltes Leid ist halbes Leid. Eure Freunde hören euch zu und sind für euch da. Sprecht mit ihnen, dann werden eure Sorgen weniger.

Ich wünsche allen von uns viel Erfolg bei den Abschlussarbeiten. Immerhin wollen wir ja im Anschluss richtig feiern. Also gebt euer Bestes – und das ist auch wirklich genug.

Seite 119

Möglicher Schülertext zum Wahlteil B

„Guten Tag, lieber kleiner Prinz. Ich habe gesehen, wie du die Züge und die Menschen in den Zügen beobachtet hast. Ich kann die Gedanken verstehen, die du dir machst. Gerne würde ich dir auch etwas erzählen.

Auf der Erde gibt es etwas, das heißt Stress. Es bedeutet, dass man so viele Dinge tun muss, die einem keinen Spaß machen, bis es einem schlecht geht. Das hört sich verrückt an, aber die meisten Menschen verhalten sich so. Das ist auch das, was du siehst, wenn du diese vielen Züge beobachtest.

Du erkennst Gestresste daran, dass sie ganz schnell ganz viele Dinge tun. Und manche davon machen nicht einmal Sinn. Oft sind diese Menschen blasser als andere. Das kommt davon, dass sie zu wenig schlafen und es ihnen nicht gut geht. Zudem greifen sie sich oft an den Kopf, denn eines der ersten Dinge, die passieren, ist, dass der Kopf bei Stress wehtut. Ich glaube, das ist so, weil man so viel nachdenken muss.

Du hast ja schon gesehen, dass sich die Kinder ein wenig anders verhalten. Sie sind noch nicht so gestresst, aber sie können es werden, wenn man nicht aufpasst. Die Eltern sollten ihren Kindern ein gutes Vorbild sein und ihnen zeigen, wie man mit Stress umgeht. Eltern sind sowieso ganz wichtig. Sie sollten auf ihre Kinder achten und ihnen zuhören. Und sie sollten natürlich auch Konsequenzen ziehen, wenn sie merken, dass ihr Kind gestresst ist. Vielleicht machen sie dann als Familie mehr schöne Dinge oder das Kind darf den Musikunterricht oder das Tennistraining auch einmal ausfallen lassen. Am besten wäre es, wenn die Eltern den Wochenplan gemeinsam mit den Kindern erstellen würden. Dann könnten die Kinder mitsprechen und zugleich lernen, wie man das vernünftig macht. Dann wären sie auch später als Erwachsene in der Lage, überlegt zu planen, und würden nicht so schnell in Stresssituationen geraten.

Du siehst, nicht alle Menschen müssen so schnell durch die Gegend rasen, wenn man nur achtsam ist."

„Dann kann man ja nur hoffen", antwortet mir der kleine Prinz, „dass viele Eltern aus den Zügen aussteigen, wenn sie Kinder bekommen."

E Original-Prüfungsaufgaben: Realschulabschluss Niedersachsen 2022

(Alle folgenden Lösungen sind nicht amtliche Lösungen.)

E 1 Hörverstehen

Seite 120

Aufgabe **1**

In dem Radiobeitrag wird Stefan Kölsch, ein Musikpsychologe und Hirnforscher, zum Thema „Die Kraft der Musik" interviewt. Er spricht mit dem Moderator über die Wirkung von Musik und deren Bedeutung für den Menschen. Stefan Kölsch sagt, dass Musik ein Zusammenleben von Menschen ermöglicht, weil sie ein Wir-Gefühl entstehen lässt. Die Grundlage dafür ist, dass alle Menschen, egal aus welchem Kulturkreis, sehr ähnlich auf Musik reagieren. Außerdem sprechen beide darüber, wie man ein guter Musiker oder eine gute Musikerin werden kann.

Aufgabe **2**

☐ Durch das Musikhören wird das Belohnungssystem im Gehirn aktiviert.

☒ Nur Fangesänge vor und in Stadien lösen regelmäßig Gänsehaut aus.

☐ Gemeinsames Musikhören und Singen verstärken das Wir-Gefühl.

☐ Je stärker das Belohnungssystem aktiviert wird, desto höher ist die Wahrscheinlichkeit von Gänsehaut.

☐ Der Zusammenhang zwischen Musik und Gänsehaut lässt noch viele Fragen offen.

☒ Die Schallwellen der Musik haben eine direkte Auswirkung auf Sinneszellen in der Haut.

Seite 121

Aufgabe **3**

Eigenschaften von Musik:

– gemeinschaftsstiftend
– verbindet stärker als alles andere
– kann starke Emotionen hervorrufen
– wirkt regenerativ und therapeutisch
– besteht aus einfachem Grundmaterial (Takt und Töne einer Tonleiter)
– aus dem Grundmaterial können komplexe Musikstücke komponiert werden
– …

Aufgabe **4**

Stefan Kölsch hat die Theorie aufgestellt, dass sich ohne die menschliche Fähigkeit, in Gruppen Musik zu machen, kein Zusammenleben von vielen Menschen entwickelt hätte. Diese Fähigkeit unterscheidet den Menschen von Tieren. Kooperativ in großen Gruppen gemeinsam zu musizieren stärkt den Zusammenhalt und war daher wichtig für die Entwicklung und das Überleben der Menschheit. Wer gemeinsam Musik macht, führt keinen Krieg gegeneinander.

Aufgabe **5**

– entscheidend ist es, außergewöhnlich viel zu üben: mindestens 15000 bis 20000 Stunden unter guter Anleitung

– erfolgreich auf einem Gebiet zu sein, ist nur in Verbindung mit harter Arbeit möglich
– neben Talent spielen Spaß und Freude am Musizieren eine Rolle

E 2 Basisteil und Wahlteile: Musik

Seite 124
Aufgabe 1

In dem Sachtext „Musik – Ausdruck des Menschseins", der auf der Grundlage von zwei Texten der Internetseiten www.spiegel.de und www.planet-wissen.de aus den Jahren 2017 und 2019 erarbeitet wurde, geht es um die historische Entwicklung und Bedeutung der Musik für die Menschheit. Er erläutert mögliche Ursprünge von Musik und ihrer Urform, dem Singen, sowie ihre emotionalen und körperlichen Wirkungen auf Menschen.

Aufgabe 2

Musik kommt, ebenso wie Sprache, ausnahmslos in allen menschlichen Kulturen vor. Musikalität scheint bei Menschen angeboren und im Gehirn verankert zu sein, da Aspekte von Musik universell von Menschen erkannt werden.
Musik ist durchaus als menschliche Kommunikationsform zu sehen, beispielsweise das Singen als besondere Sprache zwischen einer Mutter und ihrem Baby.

Aufgabe 3

Die Textstelle beinhaltet, dass Aspekte von Musik universell von Menschen erkannt werden. Dies bedeutet, dass Musik unabhängig von der jeweiligen Sprache oder dem Kulturkreis durch ihre Grundstimmung, das Tempo und die Tonart ähnliche Gefühle und körperliche Reaktionen bei Menschen auslösen kann, selbst wenn die Menschen diese Musik noch nie zuvor gehört haben.

Aufgabe 4

Der Begriff „Motherese" bezeichnet die besondere Sprache, mit der Eltern zu ihrem Baby sprechen, einen melodischen Singsang. In alter Zeit musste die Mutter ihr Kind bei der Arbeit manchmal ablegen. Der Singsang sollte verhindern, dass das Kind schrie und damit Raubtiere anlockte. Er diente zur Beruhigung des Kindes und wird bis heute dafür verwendet.
Zudem verstärkt „Motherese" die Bindung zwischen Mutter und Kind; so wird die Grundlage für Sicherheit und Urvertrauen in menschlichen Beziehungen gelegt.

Seite 126
Aufgabe 5

Musik stellt für den Sänger Nosliw einen wichtigen, nicht wegzudenkenden Lebensinhalt dar. Sie begleitet ihn in allen Lebensphasen.
Durch Musik kann er seine Gefühle ausdrücken. Sie gibt ihm Schutz und Halt, Aufmunterung und Kraft. Sie wirkt wie ein Bindeglied zwischen ihm und der Welt. Durch sie kann er seinen Horizont erweitern. Er ist dankbar, dass er selbst Musik machen kann.

Aufgabe 6

Text 1: Musik – Ausdruck des Menschseins	Text 2: Nosliw „Musik"
Aussage	Belegende Zitate
Musik ist gemeinschaftsfördernd.	– „Du bist das Bindeglied, das alle Welt vereint, (...)" (Z. 3) – ...
Musik stärkt die Gruppenzugehörigkeit.	– „Du bist ein Teil jeder Bewegung (...)" (Z. 28) – ...
Musik hebt die Stimmung/ Moral.	– „Du baust mich auf und du bringst mich durch" (Z. 7) – „Du nimmst mir das Gewicht in harten Zeiten, (...)" (Z. 21) – ...
Musik treibt an, motiviert.	– „Du lasst mich reisen, du lasst mich risen, yo, (...)" (Z. 19) – „(...) oder kickst mich wieder 'rauf." (Z. 24) – ...

Aufgabe 7
Individuelle Lösung

Wahlteil A – informierend-appellierender Blogeintrag
Seite 128
Möglicher Schülertext

Liebe Mitschülerinnen und Mitschüler,
uns allen stellt sich die Frage, ob die AG „Musik gegen Prüfungsstress" im nächsten Jahr fortgeführt werden soll oder nicht. Ich persönlich möchte mich ausdrücklich dafür aussprechen, damit auch im nächsten Schuljahr Schülerinnen und Schüler die Möglichkeit haben, diese Form der Stressminderung während der Prüfungsphase zu erfahren.
Bei meiner Recherche zum Thema bin ich auf die Kurzgeschichte „Ich singe gegen die Angst" von Jo Pestum aus dem Jahr 1986 gestoßen, in der es um die Verarbeitung von Stress und emotionalen Belastungen durch Musik geht.
Die Hauptfigur dieser Geschichte hat vor vielen Dingen Angst: zunächst vor dem Verlust seines Jobs. Er ist im dritten Lehrjahr und hat Angst, nicht übernommen zu werden. Auch eine mögliche Trennung von seiner Freundin bereitet ihm Kopfzerbrechen – meint sie es ernst oder spielt sie nur mit ihm? Zudem befürchtet er, dass sich seine familiäre Situation grundsätzlich noch mehr verschlechtern könnte: Sein Vater ist alkoholabhängig, seine Mutter ist erkrankt, er selber droht, in die Kriminalität abzurutschen.
Viele von uns kennen ebenfalls Ängste. Gerade in der Prüfungszeit bereitet es uns Sorgen, eventuell nicht so gute Noten zu schreiben, wie wir sie benötigen, um unseren Berufswunsch weiter verfolgen zu können. Wir haben unser zukünftiges Leben so vor Augen, wie es sein könnte und wir es uns wünschen, und bekommen Angst,

es nicht führen zu können, weil wir auf dem Weg dahin Fehler machen.

Vielleicht haben wir auch gar nicht in erster Linie Angst vor unserem eigenen Versagen, sondern davor, wie unsere Eltern oder unsere Freunde dieses bewerten. Lachen sie uns aus? Nehmen sie uns noch ernst? Oder erfahren manche von uns vielleicht sogar Gewalt, wenn das gewünschte Zwischenziel unseres Lebens nicht erreicht wird?

Die Hauptfigur in der Kurzgeschichte nutzt seine Gitarre, um seinen Ängsten Ausdruck zu verleihen, sie rauszulassen und zu verarbeiten. In den Zeilen 7 bis 18 wird deutlich, dass sich der Protagonist beim Gitarrespiel vor Augen führt, was ihm Angst macht. Er macht sich seine Ängste bewusst und traut sich, sich ihnen gedanklich zu stellen. Die Gitarre hilft ihm dabei, seine unterschiedlichen Gefühle und Gedanken in Musik auszudrücken.

In den Zeilen 47 bis 56 wird deutlich, wie sehr es ihn befreit, wenn er seine Ängste benennen und musikalisch ausdrücken kann. So werden sie sichtbar und lasten nicht mehr auf seiner Seele. Er kann aktiv etwas tun und findet damit seine innere Ruhe wieder.

Auch für uns wäre dieser Prozess in der Prüfungsphase sinnvoll und hilfreich. Wenn wir alle schon von klein auf Musik als Mittel der Beruhigung erfahren haben (denken wir z.B. an Schlaflieder), warum sollte dieses erfahrene Verhalten nicht auch in einer Ausnahmesituation wie der Prüfungsphase hilfreich und von Nutzen sein?

Dass Musik regenerativ und therapeutisch sein kann, erfahren wir alle, wenn wir uns aus der Welt ausblenden, um über Kopfhörer Musik zu hören, die uns in einen völlig veränderten Gemütszustand versetzen kann.

Wir haben an unserer Schule Expertinnen und Experten im Fach Musik, unsere Musiklehrkräfte. Wir sollten ihr musikalisches Wissen und Können nutzen, mit dem sie uns in der schwierigen Prüfungsphase unterstützen können. Wir würden alle davon profitieren, wenn wir stressfreier in die Prüfung gehen und auf diese Weise bessere Ergebnisse erzielen könnten.

Ich möchte euch darum dringend bitten, euch meine Argumente durch den Kopf gehen zu lassen und euch bei passender Gelegenheit für den Erhalt unserer AG „Musik gegen Prüfungsstress" einzusetzen. Sprecht auch mit euren Klassenkameradinnen und -kameraden darüber, damit möglichst viele die AG unterstützen. Ich danke euch!

Wahlteil B – informierend-appellierender Text
Seite 132
Möglicher Schülertext

Liebe Mitglieder der Schülervertretung,
wir alle wünschen uns dringend ein größeres und abwechslungsreiches Musikangebot an unserer Schule. Auf der nächsten Sitzung wollen wir darüber diskutieren. Deswegen habe ich im Internet recherchiert und bin auf einen interessanten Artikel und auf eine Broschüre zu einem Projekt namens „Klasse mit Musik" gestoßen. Beides könnte uns bei unserer Forderung unterstützen. Zuerst möchte ich euch kurz auf den Sachtext „Macht Musik!" von Sarah Schelp aus dem Jahr 2006 aufmerksam machen, der auf der Internetseite www.zeit.de veröffentlicht wurde. In diesem Text werden die Möglich-

keiten und Vorteile des Unterrichtsfaches Musik thematisiert und es wird aufgezeigt, mit welchen musikalischen Aspekten die Entwicklung der Schülerinnen und Schüler gefördert werden kann. Ein paar Beispiele für diese Entwicklungsförderung möchte ich an dieser Stelle anführen und benennen:

Der amerikanische Psychologe Howard Gardner vertritt die Meinung, dass musikalische Intelligenz eine der wichtigsten Teilintelligenzen des Menschen ist. Sie befähigt Menschen dazu, andere besser zu verstehen und sich ihnen mitzuteilen. Musizieren lässt die Verbindungen zwischen den Nervenzellen beider Gehirnhälften besser wachsen, sie fördert Konzentration und Kommunikation. Werden Kinder beim Musizieren selbst aktiv, steigert dies nicht nur ihre Intelligenz, sondern auch ihr räumliches Vorstellungsvermögen.

Zudem zeigt eine Studie mit Vorschulkindern, dass Musik viele persönliche Eigenschaften positiv beeinflusst: So sind musikalische Kinder aufnahmefähiger, sozial kompetenter und selbstbewusster als unmusikalische Gleichaltrige.

Und nicht zuletzt macht Musik durch Stimulanz des Körpers durch bestimmte Tonfrequenzen einfach glücklich. Man sieht: Für eine ganzheitliche, gesunde Entwicklung kommt man an der Musik nicht vorbei.

Problematisch ist, dass Musik an vielen Schulen einen geringen Stellenwert hat. Es gibt nicht genug ausgebildete Musiklehrkräfte, Stunden fallen darum oftmals aus oder der Unterricht entfällt in einem Schulhalbjahr völlig. An einigen Schulen ist sogar üblich, dass der Engpass an Fachlehrkräften durch Hilfskräfte oder Eltern abgedeckt wird, die keine musikalische Ausbildung haben und nicht gezielt fördern können.

Auch an unserer Schule ist dieses Problem bekannt. Musik wird mit Kunst im Halbjahreswechsel unterrichtet – wenn überhaupt. Es gibt nur drei Musiklehrkräfte und zwei Musikräume für über 700 Schülerinnen und Schüler. Darum bekommen die Klassen viel zu wenig Unterrichtsstunden in Musik. Einige beliebte zusätzliche Arbeitsgemeinschaften wie das Musical oder Tanzen, die in der Vergangenheit heiß begehrt waren, konnten durch die schwierige (Corona-)Situation der letzten Jahre nicht mehr durchgeführt werden. Kurz: Musik fehlt uns!

Das Projekt „Klasse mit Musik" nun stößt genau in diese Lücke. Die Zielsetzung des Projektes ist komplex und reicht von Instrumentenklassen (Keyboardklasse, Bläserklasse, ...) bis zu neuen Ansätzen und Konzepten für einen anderen Musikunterricht.

Dies klingt vielversprechend, allerdings müssen natürlich auch ein paar Voraussetzungen erfüllt werden. Zunächst einmal müssen von unseren drei Musiklehrkräften zwei ihre Bereitschaft signalisieren, das Projekt mit uns umzusetzen und dafür eine mehrtägige Fortbildung zu besuchen. Natürlich reicht es nicht, wenn nur die Lehrerschaft bereit ist – auch wir Schülerinnen und Schüler müssen es wollen und uns einbringen. Da die Schule ein langfristiges Klassenmusizierkonzept braucht, um an diesem Projekt teilzunehmen, müssen wir auch ein Gespräch mit der Schulleitung führen. Es wird nötig sein, eine eigene Arbeitsgruppe zu gründen, die die Kooperation mit außerschulischen Partnern ermöglicht, um das Projekt langfristig umsetzen zu können. Wir hätten also eine Menge Arbeit vor uns.

Allerdings denke ich, dass sich diese Arbeit auch lohnen wird. Wir haben die Möglichkeit, unsere Schule nachhaltig zu prägen. Wir verändern unsere Schule und den Schulalltag für unsere Mitschülerinnen und Mitschüler in musikalischer Hinsicht, indem wir ihnen eine Menge Freude und das Lernen von neuen Kompetenzen ermöglichen. Gerade unsere Schule hat es aus meiner Sicht nötig, in Sachen Musikunterricht aufzuholen.
Ich würde mich freuen, wenn ihr ebenso wie ich darauf brennt, das Ganze umzusetzen und gemeinsam mit mir anzugehen!

Operatorenliste

Operator	Was ist zu tun?
nennen, beschreiben, wiedergeben, zusammenfassen, darstellen	Hier musst du einen Zusammenhang/ein Ergebnis/eine Problemstellung/den Inhalt eines Textes sachlich und geordnet in eigenen Worten sinnvoll formulieren. Dabei sind nur die wichtigsten Fakten zu nennen. Deine Meinung/dein Kommentar ist nicht gefragt.
erklären, erläutern	Hier müssen die Textaussagen/die Inhalte durch zusätzliche Informationen/Beispiele veranschaulicht und/oder durch andere Kenntnisse belegt werden.
vergleichen	Hier müssen vorgegebene Materialien unter besonderen Bedingungen verglichen werden, d. h., es müssen Gemeinsamkeiten, Unterschiede und Abweichungen ermittelt werden.
deuten	Hier musst du sprachliche Mittel/formale Mittel in literarischen Texten beschreiben, ihre Bedeutung verstehen und wiedergeben.
einordnen	Hier muss eine Aussage/ein Problem/ein Sachverhalt in einem vorgegebenen oder selbst gewählten Zusammenhang dargestellt werden.
untersuchen	Hier werden ein Text/ein Sachverhalt/verschiedene Materialien unter einer bestimmten Fragestellung bearbeitet (z. B.: Welche Absicht verfolgt eine Hauptperson mit ihrem Verhalten?).
überprüfen, prüfen	Hier soll mit dem vorhandenen Wissen zu einem Text festgestellt werden, ob Aussagen/Inhalte logisch und sinnvoll sind.
nachweisen	Hier sollst du bestimmte Merkmale oder Inhalte eines Textes (Sachtext oder literarischer Text) aufzeigen/beschreiben können.
gegenüberstellen	Hier sollst du vorgegebene Materialien nach bestimmten Gesichtspunkten untersuchen und Gemeinsamkeiten, Unterschiede sowie Ähnlichkeiten ermitteln.
bewerten, beurteilen	Hier sollst du mithilfe verschiedener Zusatzmaterialien (Diagramme, Karikaturen usw.) ein begründetes Urteil fällen/deine eigene Meinung untermauern.
erörtern	Hier sollst du zu einem bestehenden Problem aus verschiedenen Sichtweisen Stellung nehmen, d. h., positive und negative Argumente müssen gegeneinander abgewogen werden. Am Ende muss eine eigene Stellungnahme erfolgen.
interpretieren	Hier soll die Bedeutung/die Aussage eines literarischen Textes durch das Stellen von verschiedenen Fragen (W-Fragen) herausgearbeitet werden. Häufig ist dies die Grundlage für eine sinnvolle Weiterarbeit an diesem Text.
begründen	Hier sollst du eine eigene Einschätzung/Meinung sachlich und fachlich belegen.
kritisch Stellung nehmen	Hier sollst du nach einer eingehenden Auseinandersetzung mit einem Sachverhalt eine eigene Einschätzung des Problems verfassen. Dabei kann auch eine Argumentation entwickelt werden, die zu einem logischen Schluss führt.
auseinandersetzen mit	Hier sollst du dich mit verschiedenen Gesichtspunkten eines Sachverhalts/eines Textes/einer Problemstellung befassen und schriftlich zu einem eigenen Ergebnis gelangen.
verfassen	Hier soll ein eigener Text unter Berücksichtigung der geforderten Textmerkmale (Interpretation, Erörterung …) verfasst werden.

westermann

FiNALE
Prüfungstraining

Niedersachsen

Abschluss 10. Klasse
Realschule
Deutsch

2024

Martina Hartwig
Melanie Priesnitz

Mit Beiträgen von
Walburga Böker

FiNALEonline.de

Liebe Schülerin, lieber Schüler,

sobald die Original-Prüfungsaufgaben zur Veröffentlichung freigegeben sind, können sie unter **www.finaleonline.de** zusammen mit ausführlichen Lösungen kostenlos heruntergeladen werden. Gib dazu einfach diesen Code ein:

DE3b2Zt

Einfach mal reinschauen: www.finaleonline.de

© 2023 Westermann Lernwelten GmbH, Georg-Westermann-Allee 66, 38104 Braunschweig
www.westermann.de

Druck A[1] / Jahr 2023
Alle Drucke der Serie A sind im Unterricht parallel verwendbar.

Redaktion: Marion Clausen, Berlin
Kontakt: finale@westermanngruppe.de
Layout: LIO Design GmbH, Braunschweig
Umschlaggestaltung: Gingco.Net, Braunschweig
Umschlagfoto: Peter Wirtz, Dormagen
Druck und Bindung: Westermann Druck GmbH, Georg-Westermann-Allee 66, 38104 Braunschweig

ISBN 978-3-07-**172426**-6

Inhaltsverzeichnis

Was erwartet dich in diesem Arbeitsbuch?

Du bist in der 10. Klasse und vor dir liegt die Abschlussprüfung, das große „Finale". Darauf will dich dieses Arbeitsbuch vorbereiten. Es gibt dir die Möglichkeit,
1. dich in verschiedene Themenbereiche einzuarbeiten,
2. dich mit den Prüfungsaufgaben und ihren Anforderungen vertraut zu machen.

Im **Teil A** erhältst du Hinweise, wie du dich zweckmäßig auf die Prüfung vorbereiten kannst. An Beispielen lernst du Prüfungsaufgaben und ihre Bewertung kennen.

Im **Teil B** wiederholst du wichtige Arbeitstechniken und Strategien. Zu jedem Arbeitsschritt – von der ersten Orientierung bis zum Überarbeiten deines Textes – bekommst du wichtige Informationen und hilfreiche Tipps. Außerdem enthält Teil B einen Text, mit dessen Hilfe du den Umgang mit Hörverstehensaufgaben einüben kannst.

Im **Teil C** findest du Prüfungsbeispiele, in denen du dein Wissen gezielt anwenden kannst. Auch hier arbeitest du nicht allein. Du erhältst wichtige Lösungshilfen, die dir sagen, worauf du bei der Erschließung der Texte und bei der Anlage deines Schreibplans achten musst.

Teil D und **Teil E** enthalten weitere Prüfungsbeispiele sowie die Original-Prüfungsaufgaben aus dem Jahr 2022, die du jetzt ohne Hilfen bearbeiten kannst. Sobald die Original-Prüfungsaufgaben aus dem Jahr 2023 zur Veröffentlichung freigegeben worden sind, kannst du sie unter **www.finaleonline.de** zusammen mit ausführlichen Lösungen kostenlos mit dem Codewort **DE3b2Zt** herunterladen.

Mit dem **Glossar** schließt dieses Arbeitsbuch zur Abschlussprüfung. Hier kannst du wichtige Grundbegriffe zur Erschließung von literarischen Texten und Sachtexten nachschlagen.

Und natürlich gibt es ein **Lösungsheft**, in dem du die Richtigkeit jedes Arbeitsschrittes überprüfen kannst. Außerdem findest du dort zu jedem Prüfungsbeispiel sowie zu den Original-Prüfungsaufgaben eine mögliche Musterlösung, sodass du nachlesen kannst, was von dir erwartet wird. Auf der letzten Seite im Lösungsheft sind schließlich alle wichtigen Operatoren (Hinweiswörter aus den Aufgaben) aufgelistet.

In diesem Arbeitsbuch findest du Schreibraum für wichtige vorbereitende Notizen.
Deinen Text zur Schreibaufgabe musst du allerdings auf einem gesonderten Blatt anfertigen.

Damit du ein Gefühl für die **Zeit** bekommst, kannst du bei den Aufgaben aus den Original-Prüfungen mit einer Uhr überprüfen, wie lange du brauchst.

Wir hoffen, dass du dich nach der Bearbeitung dieses Buches sicher für das „Finale" fühlst.

Wir wünschen dir für die Prüfung toi, toi, toi.
Das Autorenteam

TIPP

Hast du noch Lücken aus den vorherigen Schuljahren? Dann empfehlen wir dir das „FiNALE Grundlagentraining Deutsch" (ISBN 978-3-7426-1890-0). Es bietet prüfungsrelevantes Grundlagenwissen zum Nachschlagen und Üben. Ergänzend dazu findest du unter *www.finaleonline.de/ grundlagentraining* ein kostenloses Online-Training bestehend aus interaktiven Übungsaufgaben und Arbeitsblättern zum Ausdrucken.

A Vorbereitung auf die Abschlussprüfung

A 1 Methoden der Prüfungsvorbereitung

Das Wort „Abschlussprüfung" klingt für manche furchterregend. Im Grunde ist sie jedoch nur die letzte Klassenarbeit, die du an deiner Schule schreiben wirst. Und Erfahrungen mit Klassenarbeiten hast du doch bereits! Eine gute Vorbereitung hilft dir aber, dich optimal auf diese letzte Hürde einzustellen.

Wovon kannst du ausgehen?

Der **Termin für die Abschlussprüfung** steht bereits seit Langem fest. Er wird dir sehr frühzeitig von deiner Lehrerin bzw. deinem Lehrer mitgeteilt. Im Vorfeld der Abschlussprüfung erarbeitest du im Unterricht verschiedene **Texte und Textsorten**, die dir bei der inhaltlichen Vorbereitung helfen. Du wirst auch eine Klassenarbeit in der Jahrgangsstufe 10 unter den Bedingungen der Abschlussprüfung schreiben, sodass dir der **Ablauf der Prüfung** bereits bekannt ist und du dich gut darauf einstellen kannst.
Im Folgenden erhältst du Anregungen für die Vorbereitung und wichtige Hinweise auf die Prüfung.

Lernprotokolle anlegen

In der Abschlussprüfung kannst du zwischen verschiedenen thematischen Schwerpunkten wählen, die auf der Grundlage mehrerer (auch unterschiedlicher) Textsorten bearbeitet werden. So kannst du dich gründlich auf beide Aufgabentypen vorbereiten:

Im Unterricht	Mit FiNALE
• Sachtexte zu verschiedenen Themen bearbeiten • verschiedene literarische (erzählende) Texte bearbeiten	• Strategien für die Bearbeitung von Prüfungsvorlagen erarbeiten und in Beispielen anwenden

1 Welche Themen und Texte habt ihr bis jetzt im Unterricht besprochen? Liste sie auf.

Folgende Texte haben wir im Unterricht schon behandelt:

Erschließen von Sachtexten / Erörtern / Argumentieren

Erschließen von literarischen Texten / Interpretieren / Vergleichen

Hörtexte

2 Lege für Texte, die du schon bearbeitet hast, ein Lernprotokoll mit Stichpunkten zum Text und zur Textsorte sowie deinem Übungsbedarf an und sammle diese in einem Portfolio.

Die Zeitvorgaben in der Prüfung

INFO

Die schriftliche Abschlussprüfung in Deutsch dauert insgesamt 195 Minuten.
Sie beginnt zwischen 8.00 und 8.15 Uhr. Der genaue Zeitpunkt wird von deiner Schule festgelegt.
Die Abschlussprüfung besteht aus zwei Abschnitten:

I. Entscheidung für eine Prüfungsaufgabe

Du erhältst eine Prüfungsvorlage mit verschiedenen Materialtexten, und zwar den Basisteil mit verschiedenen Aufgaben und zwei Wahlteile (Wahlteil A und Wahlteil B), die jeweils eine längere Schreibaufgabe beinhalten.
Die Aufgaben im Basisteil musst du bearbeiten, zwischen den Wahlteilen A und B kannst du selbst entscheiden.

I. Prüfungsaufgabe auswählen

15 min

Die Aufgabenstellungen der Wahlteile können unterschiedliche inhaltliche Schwerpunkte haben (zum Beispiel Schwerpunkt „Literarische Texte" oder Schwerpunkt „Sachtexte") und unterschiedliche Schreibaufgaben beinhalten (z.B. Verfassen einer Stellungnahme, Schreiben eines Briefes oder eines inneren Monologs).

Innerhalb von 15 Minuten musst du dich für einen Wahlteil entscheiden.
Den Wahlteil, den du nicht bearbeiten willst, musst du durchstreichen.

II. Bearbeitung der Prüfungsaufgaben

<u>Hauptteil 1: Hörverstehen</u>: (ca. 20 Minuten)
Ein Text wird zweimal vorgelesen. Währenddessen darfst du dir Notizen machen und die entsprechenden Aufgaben bearbeiten. Fragen zum Text dürfen nicht gestellt werden.

II. Prüfungsaufgabe bearbeiten

180 min

<u>Basisteil und Wahlteil</u>: Bearbeiten der Prüfungsaufgabe (ca. 160 Minuten)
Zuerst musst du die Aufgaben des Basisteils bearbeiten. Dazu musst du beispielsweise den Materialtexten Informationen entnehmen und diese zusammenfassen, Diagramme auswerten usw.

Im von dir ausgewählten Wahlteil (A oder B) wird dir eine Schreibaufgabe gestellt, die du in einem zusammenhängenden Text beantworten musst. Die Aufgaben im Basisteil können dir helfen, diese längere Schreibaufgabe zu verfassen.

Für diese beiden Prüfungsteile hast du insgesamt 180 Minuten Zeit.

---

1 Trage auf diesem Zeitstrahl ein, wie viel Zeit für die einzelnen Prüfungsteile zur Verfügung steht.

8.00	8.30	9.00	9.30	10.00	10.30	11.00	11.30	12.00

Erfahrungen auswerten: Zeitplanung und Zeitkontrolle

1 Für die Bearbeitung der schriftlichen Prüfung hast du insgesamt 180 Minuten Zeit.
Für die Bearbeitung des Hauptteils 1 (Hörverstehen) musst du ungefähr 20 Minuten einplanen.
Für die Schreibaufgabe bleiben dir dann noch ungefähr 160 Minuten. Es ist daher wichtig, dass du ein Gefühl für die Zeit bekommst.
Bearbeite die Prüfungsbeispiele in den Teilen C bis E deshalb immer mit einer Uhr.
Halte fest, wie viel Zeit du für die einzelnen Arbeitsschritte einplanst und wie viel Zeit du tatsächlich benötigst.

	geplante Zeit	benötigte Zeit
1. Texte lesen und erfassen		
2. Text untersuchen und auswerten		
3. Aufgaben des Basisteils bearbeiten		
4. Aufgabenstellung des Wahlteils genau erfassen		
5. Deinen Text planen und gliedern		
6. Deinen Text schreiben und überarbeiten		
	Zusammen 160 Minuten	

Prüfungsbeispiel _____

	geplante Zeit	benötigte Zeit
1. Texte lesen und erfassen		
2. Text untersuchen und auswerten		
3. Aufgaben des Basisteils bearbeiten		
4. Aufgabenstellung des Wahlteils genau erfassen		
5. Deinen Text planen und gliedern		
6. Deinen Text schreiben und überarbeiten		
	Zusammen 160 Minuten	

Prüfungsbeispiel _____

	geplante Zeit	benötigte Zeit
1. Texte lesen und erfassen		
2. Text untersuchen und auswerten		
3. Aufgaben des Basisteils bearbeiten		
4. Aufgabenstellung des Wahlteils genau erfassen		
5. Deinen Text planen und gliedern		
6. Deinen Text schreiben und überarbeiten		
	Zusammen 160 Minuten	

Prüfungsbeispiel _____

2 Notiere: Wo gab es Abweichungen von deiner Planung? Welche Schlüsse ziehst du daraus?

_____

_____

9

A 2 Was wird bei den Aufgabenstellungen erwartet?

Alle Aufgabenstellungen (Aufgaben im Basisteil und in den Wahlteilen) enthalten Hinweiswörter (Operatoren), die dir nicht nur helfen, die Aufgaben zu verstehen, sondern auch aufzeigen, welche Schwierigkeitsstufe eine Aufgabe hat.

Alle folgenden Aufgabenstellungen könnten aus Prüfungsarbeiten stammen. Lies die Aufgaben genau. (ACHTUNG: Der zugehörige Text ist hier nicht abgedruckt.)

1 In der Aufgabenstellung **1** unten ist durch Unterstreichen hervorgehoben worden, was von dir erwartet wird. Unterstreiche auch in den weiteren Teilaufgaben (**2** bis **6**), was du tun sollst. Die Verben in den Info-Kästen geben dir Hinweise.

Schwierigkeitsstufe 1: Hier musst du Wissen wiedergeben.

1 <u>Fasse</u> die Kurzgeschichte „Die Nacht im Hotel" von Siegfried Lenz (Text 1) in nicht mehr als sieben Sätzen <u>zusammen</u>.

2 Beschreibe den Fremden.

3 Stelle dar, wie der Vater seinen Sohn sieht.

Schwierigkeitsstufe 2: Hier musst du Fragen und Probleme selbstständig erfassen. Fertigkeiten, die du hast, sollen in einem neuen Zusammenhang angewendet werden.

> **INFO** zu Stufe 1
>
> *nennen, beschreiben, benennen, wiedergeben, zusammenfassen, darstellen:*
> Hier musst du den Sachverhalt/den Inhalt/die Textaussage/den Zusammenhang in eigenen Worten strukturiert wiedergeben.
> Dabei sind nur die wichtigsten Fakten zu nennen.
> Deine eigene Meinung/dein Kommentar ist nicht gefragt.

4 Vergleiche die in Text 3 dargestellte Definition von Betrug mit der Aussage des Fremden.

5 Benenne die sprachlichen Mittel, die Lenz einsetzt, um die Entwicklung der Hauptpersonen deutlich zu machen. Erläutere zwei sprachliche Mittel.

> **INFO** zu Stufe 2
>
> *erklären, erläutern:*
> Hier müssen die Textaussagen/die Inhalte durch zusätzliche Informationen und Beispiele veranschaulicht und/oder durch Kenntnisse belegt werden.
> *nachweisen:*
> Hier sollst du bestimmte Merkmale oder Inhalte eines Textes (Sachtext/Literarischer Text) aufzeigen bzw. beschreiben.
> *vergleichen:*
> Hier sollst du Informationen aus den Materialien unter bestimmten Bedingungen vergleichen, indem du Gemeinsamkeiten, Unterschiede oder Abweichungen herausarbeitest.

Schwierigkeitsstufe 3: Hier musst du eigene Lösungsansätze finden. Du sollst also Probleme und Themen reflektieren und/oder bewerten.

6 Die Texte 1 – 4 beziehen sich auf das Thema „Menschlichkeit und Behinderungen". Beurteile die unterschiedlichen Verhaltensweisen der vorgestellten Menschen. Nimm Stellung zu den vorgeschlagenen Ideen.

INFO zu Stufe 3

beurteilen:
Hier musst du, manchmal auch mithilfe verschiedener Zusatzmaterialien (Diagramm, Karikatur ...), ein begründetes Urteil fällen.
Stellung nehmen, auseinandersetzen mit:
Hier soll, nach einer eingehenden Auseinandersetzung mit einem Sachverhalt, eine eigene Einschätzung des Problems verfasst werden. Dabei kann auch eine Argumentationskette entwickelt werden, die zu einem logischen Schluss führt.
begründen:
Hier sollst du eine Einschätzung/eine eigene Meinung sachlich und fachlich korrekt belegen.
verfassen:
Hier soll ein Text unter Berücksichtigung der geforderten Textmerkmale (Interpretation, Erörterung ...) verfasst werden.

---

2 Im Wahlteil findest du zwei umfangreiche Schreibaufgaben. Diese könnten aussehen wie das folgende Beispiel. Unterstreiche auch in dieser Aufgabe, was du tun sollst. Die Verben in den Info-Kästen geben dir auch hier Hinweise.

Du arbeitest in der Schülervertretung der Schule mit. Für eure nächste Sitzung verfasst du einen Text darüber, wie sich Menschen mit und ohne Behinderungen in verschiedenen Situationen verhalten und wie sich durch das Verhalten der Umgang miteinander problematisch oder unproblematisch gestalten kann.

Bearbeite hierfür die folgenden Aufgaben in einem zusammenhängenden Text.
Beachte dabei auch die Überleitungen.

AUFGABENSTELLUNG

a) Alle Texte befassen sich mit dem Thema „Menschlichkeit und Behinderungen". Fasse die einzelnen Aussagen der Texte kurz zusammen.
b) Vergleiche, welche Rolle die unterschiedlichen Verhaltens- und Umgangsarten auf die Entwicklung der Personen spielen.
c) Beurteile das Verhalten des Fremden und die Reaktion des Jungen sowie deren Entwicklung. Nutze Beispiele aus den anderen Texten, um deine Aussagen zu stützen.
d) Erörtere, welche Rolle die Nacht im Hotel (Schauplatz) bei der Entwicklung spielt.
e) Begründe, warum der Wendepunkt im Verhalten der Personen auch mit der Hotelnacht zusammenhängt.

TIPP

Im Internet findest du unter **www.finaleonline.de** eine ergänzende Liste zu allen Hinweiswörtern (Operatoren), außerdem auf der letzten Seite des Lösungsheftes.

A 3 Wie entscheide ich mich für die Prüfungsaufgabe?

Die erste Orientierung erhältst du durch den Hinweis, der sich vor den Materialtexten befindet. Die Beispiele auf dieser Doppelseite könnten auch in der Prüfung vor den verschiedenen Materialtexten stehen. (ACHTUNG: Die Texte und Materialien sind hier nicht abgedruckt.)

INFO

Du erhältst eine Prüfungsvorlage mit unterschiedlichen Materialtexten. Daran schließen sich Aufgaben im Basisteil an, die du bearbeiten musst. Danach musst du dich für eine Schreibaufgabe im Wahlteil A oder B entscheiden. Du musst dich innerhalb von 15 Minuten entscheiden, welche Schreibaufgabe du bearbeiten willst.

Gehe so vor:

Verschaffe dir einen ersten Überblick durch das Lesen des ersten Hinweises (Thema, evtl. Textarten).

Verschaffe dir durch überfliegendes Lesen der Texte (siehe B 4, Seite 35) einen genaueren Überblick. Überfliegendes Lesen ist wichtig, weil du zum genauen Lesen der Texte zu wenig Zeit hast.

Lies dir die beiden Schreibaufgaben dann genau durch (siehe TIPP zu **3**, Seite 13).

1 Lies den folgenden Hinweis genau. Unterstreiche, was von dir erwartet wird. Unterstreiche außerdem das Thema, mit dem du dich beschäftigen musst, und die einzelnen Teile der Aufgabenstellung, die du bearbeiten sollst.

Beispiel:

Die folgenden Texte, das Diagramm und das Foto befassen sich aus unterschiedlichen Perspektiven mit dem Thema „Herbst". Lies alles aufmerksam, markiere die für dich wichtigen Stellen und bearbeite dann zuerst die sich anschließenden Aufgaben im Basisteil.

Im Anschluss daran musst du dich entscheiden, ob du die Schreibaufgabe im Wahlteil A oder B bearbeitest.

2 Unterstreiche in den Aufgaben des Basisteils, die du bearbeiten musst, alle Operatoren (siehe Seite 10/11).

TIPP zu **2**

Überlege nun:

Was wird in den einzelnen Aufgaben von dir verlangt?

Was bedeuten die verschiedenen Operatoren (siehe Seite 10/11)?

Beispiel:

a) Fasse Text 1 in nicht mehr als vier Sätzen zusammen.

b) Vergleiche die im Diagramm dargestellten Ergebnisse mit den in Text 2 genannten Erwartungen der Menschen.

c) Stelle mithilfe eines Beispiels dar, wie sich die Befragten das Voranschreiten der Klimaerwärmung vorstellen.

d) Benenne in jedem der drei Gedichte zwei sprachliche Mittel, die die Autoren einsetzen. Erkläre deren Bedeutung.

e) Die Texte 2 – 4 beziehen sich auf das Thema „Herbst". Verdeutliche in jeweils einem Satz ihre zentrale Aussage. Im Anschluss daran musst du dich entscheiden, ob du die Schreibaufgabe im Wahlteil A oder B bearbeitest.

3 Unterstreiche nun, was in den Wahlteilen A und B von dir verlangt wird.

Beispiel:

Wahlteil A

Du bist Mitarbeiterin bzw. Mitarbeiter der AG „Schul-Homepage". Immer zu Beginn eines neuen Schuljahres bekommt eine/einer den Auftrag, ein passendes Gedicht für die Startseite auszusuchen. Diesmal bist du an der Reihe. Für die nächste Redaktionssitzung sollst du begründen, für welches Gedicht du dich entschieden hast.
Bearbeite dazu die folgenden Aufgaben in einem zusammenhängenden Text. Beachte auch die Überleitungen.

AUFGABENSTELLUNG Wahlteil A

a) Stelle einleitend die drei Gedichte vor, die du zur Auswahl hast.
b) Erläutere kurz die Gemeinsamkeiten, aber auch die Unterschiede zwischen den einzelnen Gedichten.
c) Formuliere drei Gründe, die für das Gedicht deiner Wahl sprechen. Gehe dazu auf die unterschiedlichen Inhalte und die eingesetzten sprachlichen Mittel ein.

TIPP zu 3

Überlege:
Welche Textsorten bearbeite ich gerne?
- Kann ich gut Gedichte interpretieren?
- Komme ich mit Kurzgeschichten gut klar?
- Bevorzuge ich Sachtexte?
- Fällt es mir leicht, Diagramme zu erlesen?

Welche Texte verfasse ich selbst gerne?
- Bevorzuge ich informierende Texte?
- Schreibe ich gerne Texte, die argumentativ Probleme gegenüberstellen und in denen ich meine eigene Meinung deutlich machen kann?
- Bevorzuge ich persönliches Schreiben (Briefe)?

Was verlangt die Schreibaufgabe genau von mir?
- Welches ist der Anlass für meine Schreibaufgabe?
- Welches Anliegen hat mein Schreiben?
- Wer sind meine Adressaten?
- Mit welchen Operatoren, die in der Schreibaufgabe vorkommen, kann ich gut umgehen?

Wahlteil B

Im Erdkundeunterricht behandelt ihr das Thema „Klimaveränderung". Für eine Wandzeitung zu diesem Thema sollst du einen informierenden Text zur Klimaveränderung in Deutschland am Beispiel der Jahreszeit Herbst verfassen.
Bearbeite dazu die folgenden Aufgaben in einem zusammenhängenden Text.
Beachte auch die Überleitungen.

AUFGABENSTELLUNG Wahlteil B

a) Verfasse zunächst eine Einleitung, in der du deine Mitschülerinnen und Mitschüler auf das Thema einstimmst.
b) Beschreibe, welche positiven bzw. negativen Auswirkungen die Jahreszeit Herbst auf die Menschen haben kann. Zeige dies mithilfe von je zwei Beispielen aus den drei Gedichten.
c) Erläutere, welche Klimaveränderungen laut Forschung in der Jahreszeit Herbst erwartet werden.
d) Erkläre und begründe anhand von zwei Beispielen, welche Maßnahmen die Menschen gegen die Klimaveränderung ergreifen können.

TIPP

Wichtig:
- Nutze die 15 Minuten der Auswahlzeit voll aus.
- Konzentriere dich auf deine Stärken.
- Achte nicht auf die Länge der einzelnen Materialtexte.

A 4 Die Prüfungsarbeit: Ein Beispiel

Die Prüfung enthält mehrere Texte und verschiedene Aufgaben zu einem thematischen Schwerpunkt. In unserem Beispiel sind es Materialien zum Thema „Sport im Alltag Jugendlicher".
Deine schriftliche Abschlussarbeit im Fach Deutsch beginnt, indem die Lehrerin oder der Lehrer dir die Unterlagen für den Basisteil und die Wahlaufgaben aushändigt. Du hast nun 15 Minuten Zeit, dich für den Wahlteil A oder den Wahlteil B zu entscheiden. Den von dir nicht gewählten Wahlteil streichst du verbindlich durch.

Deine Bearbeitungszeit beginnt mit dem Hörverstehenstest. Dieser Teil der Prüfung besteht aus einer Hörverstehensaufgabe. Hier ist ein Beispieltext abgedruckt, der zeigt, wie so ein Text und die Fragen dazu inhaltlich aussehen könnten.
ACHTUNG: In der Prüfung bekommst du den Text nur zweimal vorgespielt, du bekommst ihn nicht schriftlich ausgehändigt!

1 Die folgende Prüfungsvorlage wurde zum Teil bereits bearbeitet. Jedoch ist sich der Schüler unsicher, immerhin geht es hier um die Abschlussarbeit. Hilf ihm, indem du seine Lösungen mit den Aufgabenstellungen vergleichst und die Antworten gegebenenfalls ergänzt oder verbesserst.

Hörverstehenstest

Ich pumpe, also bin ich

Simon, Samim und Tamim schwitzen fast täglich im Fitnessstudio. Sie wollen „den Körper ausdefinieren", sagen sie, haben einen strengen Ernährungsplan. 900.000 Jugendliche gehen zum Krafttraining. Ist das noch Hobby-Sport – oder ungesunder Körperwahn?

5 „Es ist viel Aufwand", sagt Simon, 15. Der Gymnasiast aus Hamburg geht seit einem halben Jahr ins Fitnessstudio, um Muskeln aufzubauen und Fett abzubauen. Sechsmal pro Woche trainiert er gemeinsam mit seinem Freund Luc nach dem Unterricht. Noch vor kurzem hat Simon morgens gar nichts gegessen, heute steht er zeitiger auf, um sich Eier zu kochen. Genau 150 Gramm Eiweiß

10 soll er laut Ernährungsplan zu sich nehmen. Außerdem schmiert er sich Brote, denn das Mittagessen in der Schule passt nicht in den Ernährungsplan. „Es ist aber auch ein Gefühl von Genugtuung, wenn man sieht, wie andere in unserem Alter schon die Form verlieren, während wir uns gerade ausdefinieren", sagt Simon.

15 Simon gehört zu einer steigenden Zahl von Jugendlichen, die in Fitnesscentern versuchen, ihren Körper einer ästhetischen Norm anzupassen. Etwa 900.000 unter 20-Jährige gehen regelmäßig in deutsche Kraftstudios. Sie wollen schön sein, muskulös und fit.
Für Michael Sauer hat diese Sportbegeisterung nicht nur positive Seiten. Der

20 Dopingexperte vom Manfred-Donike-Institut in Köln möchte verhindern, dass Jugendliche dem Muskelaufbau mit Pulvern und Tabletten nachhelfen. [...] Michael Sauer macht Präventionsunterricht an Schulen, aber er ist kein Mann, der mit erhobenem Zeigefinger kommt. Er sagt: „Wenn wir mit den Kids über Medikamentenmissbrauch sprechen, können wir nicht sagen: Von Anabolika

25 kannst du sterben. Denn dann hört mir keiner mehr zu. Wir versuchen zu sagen: Wenn du die Mechanismen des Körpers nutzt, dann brauchst du auch keine Zusatzmittel zu nehmen, um dein Ziel zu erreichen."

Die Zwillinge Samim und Tamim, 16, gehen stets mit ihrem Freund Michael, 16, ins Fitnessstudio. Im Wollpulli auf der Straße sehen die drei Schüler eines Wirtschaftsgymnasiums in Hamburg noch aus wie Teenager, doch im Mus- 30 kelshirt auf der Hantelbank wirken sie mit den muskulösen Armen und dem definierten Bauch zehn Jahre älter. Früher machten die Jungen Kickboxen oder spielten Handball. Seit fünf Monaten gehen sie lieber ins Fitnessstudio, manchmal viermal die Woche.

Sie fühlen sich wohl in ihrem Körper, posieren vor der Kamera, leicht verlegen, 35 aber doch stolz. „Beim Sport können wir super abschalten, außerdem bleiben wir fit und sehen dabei noch gut aus", sagt Tamim. [...]

Dass immer mehr Jugendliche aller Bildungsniveaus in die Studios strömen, beobachtet auch Mischa Kläber, Ressortleiter „Präventionspolitik und Gesundheitsmanagement" beim Deutschen Olympischen Sportbund.   40

In der Muckibude entwickele sich jedoch unter den Jugendlichen schnell eine „Zweck-Mittel-Mentalität", meint Kläber. Um weniger zu essen, greife man zu Diätdrinks oder Pillen. Möchte man auch für den nächsten Tag wieder fit sein im Training, helfe Kreatin weiter. „Ich verteufele nicht die Nahrungsergänzungsmittel schlechthin. Ein Eiweißshake macht mehr Sinn als vier Liter 45 Milch am Tag zu trinken, wie es noch in alten Bodybuilding-Handbüchern steht", sagt Kläber. Gefährlich sei es dann, wenn die frei zugänglichen Mittel nicht mehr wirkten und man zu stärkeren Mitteln greife.

Fitness für gutes Aussehen ist für die Jugendlichen auch Identitätsarbeit. „Sie versuchen ihre Rolle als Sportler auszufüllen, verbringen viel Zeit im Studio 50 und mit der Zubereitung von Essen, ihre Sozialkontakte beschränken sich zunehmend auf Personen mit ähnlichen Interessen. Je intensiver sich ein Athlet über seine Körperoptik definiert, desto schwieriger wird es, den Pfad wieder zu verlassen", sagt Kläber. Jugendliche, die muskulös aussehen wollen, haben meist keine Ahnung, wie sie das schaffen sollen. „Sie holen sich ihr Wissen 55 von Freunden, aus dem Internet oder von Leuten in ihrer Muckibude. Wir wissen aber nicht, was die ihnen empfehlen – dort liegt die Schwachstelle", meint Michael Sauer.

Im Fitnessstudio von Samim und Tamim, Simon und Luc gibt es einen Automaten mit Nahrungsergänzungsmitteln. Ob sich die Jungs so etwas auch 60 manchmal gönnen? „Wir geben hier kein Geld für die Shakes aus, sondern machen die zu Hause aus Quark und Wasser", erklärt Samim. In der Werbebroschüre für die Nahrungsergänzungsmittel steht neben Krea-Genic „Nicht für Kinder oder Jugendliche geeignet!" Davor hat Simon Respekt. Aber er sagt auch: „Wenn wir alt genug sind und Kreatin keine gesundheitlichen Risiken 65 hat, dann nehmen wir das auch zur Hilfe."

Quelle: Maria Timtschenko: Ich pumpe, also bin ich. SPIEGELonline, Hamburg, 09.12.2013. http:// www.spiegel.de/lebenundlernen/schule/jugendliche-im-fitnessstudio-hobby-sport-oder-koerperwahn- a-919483.html (aufgerufen am 11.01.2023)

AUFGABENSTELLUNG Hörverstehen

1 Fasse kurz den Inhalt des Artikels zusammen.

In dem Text geht es um Jugendliche, die in einem Fitnessstudio trainieren, bzw. „pumpen", um besser

auszusehen. Durch Muskeltraining versuchen sie, ihre Körper auszudefinieren, um sich darin wohler

zu fühlen. Dieser Trend nimmt unter den Jugendlichen immer stärker zu.

Doch dabei lauern auch Gefahren: Oft ist den Jugendlichen ihr Aussehen wichtiger als ihre Gesund-

heit. Es ist schwer umzudenken, wenn man sich erst einmal dem „Körperkult" hingegeben hat.

2 Welchen Gefahren sind Jugendliche ausgesetzt, wenn sie übertriebenes Fitnesstraining betreiben?
Gib zwei Beispiele an, die auch im Artikel genannt werden.

Es kann sein, dass Jugendliche falsch trainieren oder sich ungesund ernähren, weil sie Menschen

fragen, die sich nicht auskennen, oder weil sie sich im Internet selber informieren. Zudem gibt es

Jugendliche, die ihre Grenzen nicht kennen. Sie wollen immer muskulöser werden und laufen Gefahr,

auch zu ungesunden Substanzen oder sogar Anabolika zu greifen, um dieses Ziel zu erreichen.

3 Welche der folgenden Aussagen bezüglich des Körperkultes bei Jugendlichen stammen sinngemäß
aus dem Text? Kreuze an:

Aussage	richtig	falsch
Die Zahl der Jugendlichen, die in Fitnessstudios trainieren, steigt stetig an.	X	☐
Nahrungsergänzungsmittel sind für Jugendliche oft leicht zugänglich.	X	☐
Die Jungen gehen außerdem noch zum Kickboxen und zum Handball.	☐	X
Das Interesse für Körperoptik ist meistens nur von kurzer Dauer.	☐	X

4 In dem Artikel heißt es, Fitness für gutes Aussehen sei für die Jugendlichen auch „Identitätsarbeit"
(Zeile 49). Erkläre mit eigenen Worten, was damit gemeint ist.

Jugendliche müssen ihre Rolle im Leben und in der Gemeinschaft noch finden. Alle versuchen

dabei, ein Bild von sich nach außen zu zeigen, das den eigenen Wünschen und Träumen entspricht.

Diese Jugendlichen hier wollen sich als Sportler präsentieren. So erfahren sie Anerkennung für ihr

Aussehen und für ihr Durchhaltevermögen. Andere Menschen bewundern sie dafür. Das gibt ihnen

das Gefühl, etwas gut gemacht zu haben und in etwas „Experte" zu sein. Darauf sind sie stolz und

ihr Selbstbewusstsein wächst.

5 Glaubst du, die Jugendlichen aus dem Artikel werden später zu Nahrungsergänzungsmitteln greifen? Begründe deine Antwort.

Ja, das denke ich. Den Jugendlichen scheint ihr Aussehen sehr wichtig zu sein und und ich habe

nicht den Eindruck, dass sie es schlimm fänden, diese Mittel zu nehmen, wenn sie erwachsen sind.

Einer der Jungen sagt ja sogar, dass er nur deshalb auf Kreatin verzichtet, weil es nicht für Kinder

und Jugendliche geeignet ist.

Basisteil

TEXT 1   Was ist eSport?

Der Begriff „eSport" ist die Abkürzung für „elektronischer Sport" und bezeichnet das wettbewerbsmäßige Spielen von Computer- und Videospielen. Unwichtig für die Definition sind das Genre und die Plattform eines Titels. Egal ob PC oder Konsole, Renn- oder Actionspiel: Wer den geregelten Wettkampf gegen andere Zocker ausübt, betreibt eSport.   5
Zu den beliebtesten eSport-Titeln gehören „Counter-Strike – Global Offensive" und „League of Legends". [...] Jahr für Jahr schütten diverse Veranstalter Preisgelder in Millionenhöhe bei Turnieren für beide Games aus. [...] Etwa der eSports World Championship (ESWC): Der ESWC gilt als die Weltmeisterschaft des eSports, jedes Spiel ist eine Disziplin. An den hoch dotierten[1] Wettbewerben   10 nehmen vor allem Zocker teil, die vom eSport leben. Diese Profis heißen im Szene-Jargon „Progamer". Einer der bekanntesten ist der ehemalige „Quake 3"-Profi Jonathan Wendel: Fatal1ty, der Spielname des US-Amerikaners, ziert sogar noch heute, Jahre nach seinem Karriereende, Headsets und Soundkarten des Herstellers Creative.   15
Für besonders große und wichtige Veranstaltungen wie den ESWC versammeln sich die Spieler und tragen ihre Partien im lokalen Netzwerk aus. Doch der Großteil des eSportler-Alltags findet im Internet statt: Im Netz halten Progamer und Hobbyspieler ihr Training ab, treten in Online-Ligen an und treffen sich zum Diskutieren auf Szene-Seiten. Dabei ist die ESL[2] mit mehr   20 als 3 Millionen registrierten Benutzern Dreh- und Angelpunkt: Die Webseite der ESL fungiert als Plattform, die Matches zwischen Spielern vermittelt. Eine Rangliste zeigt dann, wer am besten daddelt. Das klingt nach einer einsamen Angelegenheit, ist es aber nicht: Die meisten eSportler organisieren sich in Clans. [...] Das sind Spielervereinigungen, die Sportvereinen ähneln. Man   25 verabredet sich zum Training, zu Wettkämpfen oder auch mal außerhalb der virtuellen Welt zum Feiern. Einige Clans sind eingetragene Vereine oder gar Unternehmen, die meisten existieren jedoch als lose Zusammenschlüsse von Gleichgesinnten. [...]
In Titeln wie „Counter-Strike – Global Offensive" kommen sie ohne Mitspie-   30 ler und gemeinsame Trainingseinheiten auch nicht weit: Wettbewerbe im Valve[3]-Ballerspiel finden meistens im Modus 5 gegen 5 statt. Dann ist neben einer guten Hand-Auge-Koordination und blitzschnellen Reflexen auch eine gehörige Portion Taktik gefragt.

TEXT 1

35 Diese Anforderungen sind es auch, die Befürworter wie der Verband Deutscher eSport-Bund (ESBD) als Argumente für eine Anerkennung des eSports als Sportart in die Waagschale werfen. Falls Sie dem Gedanken skeptisch gegenüber stehen, der Zockerei Sportstatus zu gewähren, dann geht es Ihnen wie dem Deutschen Olympischen Sportbund (DOSB), der für die Anerkennung

40 maßgeblich ist: Dessen Definition verlangt eine „eigene, sportartbestimmende motorische Aktivität". Die liegt beim eSport nicht vor. Anerkennung vom DOSB hin oder her: Unter dem Strich zeichnet sich der eSport durch den Spaß am Zocken, am Wettbewerb und die Leidenschaft der Beteiligten aus. Viele Fans, Organisatoren und Spieler opfern ihre komplette

45 Freizeit für das Hobby. Der eSport hat Suchtpotenzial – seien Sie sich dessen bewusst, wenn Sie einen Ausflug in die Szene starten.

> 1 **hoch dotiert:** eine sehr gute Bezahlung aufweisend
>
> 2 **ESL:** Electronic Sports League
>
> 3 **Valve:** Entwicklerfirma (z. B. von „Counter Strike")
>
> **Quelle:** Rüdiger Kopp, Oliver Sprung: Was ist eSport? Computerbild digital, Hamburg 04.03.2018. http://www.computerbild.de/artikel/cbs-News-Spiele-eSport-Begriffserklaerung-Definition-6148676. html (verändert; aufgerufen am 11.01.2023)

AUFGABENSTELLUNG Basisteil

1 Fasse in nicht mehr als vier Sätzen zusammen, worum es in dem Text geht.

Der Artikel aus der Computerbild beschreibt das Phänomen des eSports. Es wird erklärt, wie

Spieler diesen „Sport" ausüben und was sie darin sehen. ESport ist jedoch nach wie vor umstritten.

Während die einen es als echten Sport sehen, fehlt dem Deutschen Olympischen Sportbund die

eigene motorische Aktivität, also ein besonderer Bewegungsablauf.

2 In dem Text wird für Begriffe, die mit dem Bereich des eSports zu tun haben, eine eigene Sprache genutzt.
  a) Suche die folgenden drei speziellen Vokabeln im Text und erkläre sie aus dem Textzusammenhang heraus mit deinen eigenen Worten.

Vokabel	Erklärung
eSport	_Sport, der virtuell betrieben wird (Computerspiele)_
Progamer	_Spieler von Computerspielen, die Geld mit dem Spielen verdienen; professionelle Spieler_
Clans	_Zusammenschlüsse von Spielern, die eine Interessengemeinschaft bilden_

  b) Begründe, warum „Gamer" eigene Vokabeln für ihre Freizeitbeschäftigung erfinden.

Immer wenn Menschen sich in Gruppen zusammentun, entwickeln sie ihr eigenes Vokabular. Das

passiert ganz automatisch, wenn man Zeit miteinander verbringt, und schweißt die Gruppe stärker

zusammen. Im Bereich „Gaming" kommt hinzu, dass es für vieles einfach noch keine passenden

Wörter gab, also musste man sie erfinden.

3 Nenne stichpunktartig drei Aspekte, warum „Gamer" davon überzeugt sind, einen Sport auszuüben.

– *Die Spieler treten gegeneinander an.*

– *Es gibt eine Rangliste. / Es besteht ein Wettkampf.*

– *Es geht um taktisches Vorgehen und Reflexe.*

GRAFIK **Knapp jeder zweite Deutsche ist ein Gamer**

Mehr als 34 Millionen Deutsche sind Gamer

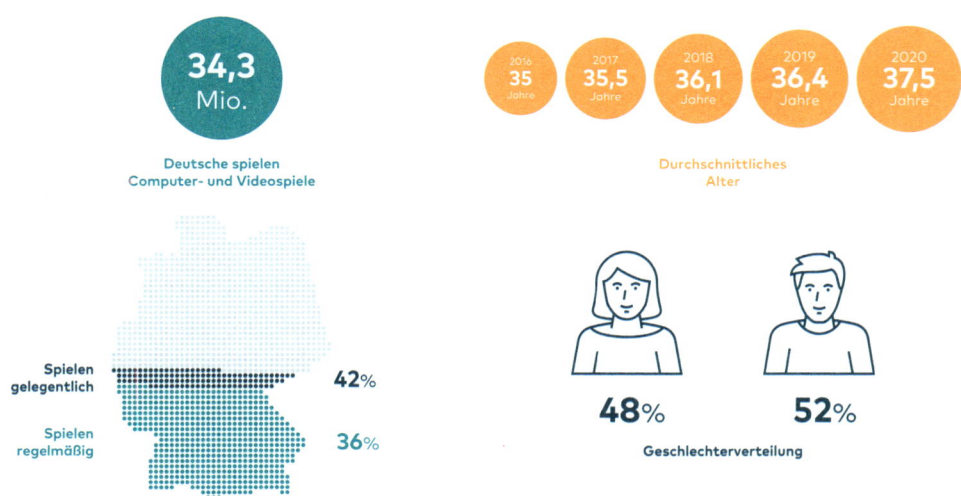

Quelle: © game – Verband der deutschen Games-Branche e.V., Berlin

4 Erkläre das Thema der Grafik in eigenen Worten.

Die Grafik gibt an, wie viele Menschen in Deutschland im Januar 2020 gelegentlich oder regelmäßig

Computer- und Videospiele gespielt haben. Außerdem gibt sie Auskunft über das Durchschnitts-

alter und die Geschlechterverteilung der Spielenden.

5 Beschreibe kurz die in der Grafik enthaltenen Informationen.

Das Durchschnittsalter der befragten Menschen, die sich in Deutschland gelegentlich oder regel-

mäßig mit Computer- und Videospielen beschäftigen, stieg von 35 Jahren im Jahr 2016 auf über

37 Jahre im Jahr 2020 an. Dabei spielen 42 % der Befragten gelegentlich, 36 % dagegen

regelmäßig. 48 % der Spielenden sind weiblich und 52 % männlich.

6 Stelle einen Zusammenhang her zwischen den Inhalten der Grafik und dem Phänomen des eSports.

Die Grafik zeigt, dass viele Menschen in Deutschland Computer- und Videospiele spielen. Fast jeder

Zweite beschäftigt sich damit. Für immer mehr Menschen gehören Computer- und Videospiele also

zum Alltag, 36 Prozent spielen sogar regelmäßig. Beschäftigt man sich mit einer Sache intensiv,

entsteht schnell das Bedürfnis, sich mit anderen zu vergleichen. Die Spieler sind stolz auf ihr Können

und auf das, was sie „ingame", also im Spiel, erreicht haben. Somit steigt das Bedürfnis, sich neue

Herausforderungen zu suchen, indem man mit anderen in den Wettstreit tritt. Wenn man das

Durchschnittsalter der Spielenden betrachtet, lässt sich vermuten, dass es sich beim eSport nicht

nur um ein Phänomen unter Jugendlichen handelt.

Wahlteil A

Du betreibst leidenschaftlich eSport. Aber schon seit längerer Zeit besteht ein Konflikt zwischen dir und deinen Eltern, weil diese sich wünschen, dass du einen „richtigen" Sport ausübst. Du stößt auf eine Infobroschüre, die dich darüber informiert, dass in deiner Stadt ein Kurs angeboten wird, der nach den Lehren von Ido Portal unterrichtet wird. Du bist begeistert und versuchst, deine Eltern davon zu überzeugen, dass „Movement Culture" genau das richtige Hobby für dich wäre.

TEXT 2A **Movement Culture:**
Die Wiederentdeckung des Körpers

Fitness boomt wie nie zuvor. Deutsche Fitnessstudios liegen laut dem Deutschen Sportstudio Verband mit weit über neun Millionen Mitgliedern quantitativ sogar vor Fußballvereinen. Noch nie war der Fitnessgedanke so selbstverständlich in den gesellschaftlichen Alltag integriert – die Yogastunde vor Arbeitsbeginn,
5 das 20-Minuten Workout in der Mittagspause, Cardiotraining am Abend. Und immer mehr Apps und Geräte begleiten uns dabei. Der Fitness-Tracker[1] am Arm weiß, wie viele Schritte man am Tag bereits zurückgelegt hat, die Apple Watch, wie viel Workout noch ansteht.
Trends wie Bodybuilding und Aerobic legten schon in den 80er-Jahren den
10 Grundstein für die heutige Studio-Kultur. Arnold Schwarzenegger lockte die Massen an die Hanteln, und Jane Fondas Aerobic-Videos begeisterten kurz darauf auch immer mehr Frauen für Fitnessstudios. So avancierte das Workout zum zentralen Element einer gemeinsamen Körpererlebniskultur.
Heute finden wir uns in einer Welt mit einem schier endlosen Angebot wieder –
15 von Discount-Fitnessstudios, die für wenige Euro im Monat das Studioworkout ermöglichen, bis zu Exklusiv-Fitness, bei der Training, Yogakurs und Wellness zum Erlebnis verschmelzen. Denn der sportliche Lebensstil hört nicht an der Hantelbank auf: Proteinshakes, Magazine, Sportbekleidung, Youtube-Sportfreaks, Aktivurlaube – Fitness ist in allen gesellschaftlichen Bereichen
20 angekommen und regelmäßiges Training alltäglich geworden.
Doch das Prinzip Fitnessstudio hat eine Kehrseite: Sport dient hier primär dem Erlangen einer bestimmten Ästhetik, der Fokus liegt auf Muskelpartien oder sogenannten Problemzonen. Oft werden spezielle Muskeln überstrapaziert, Dehnungen vernachlässigt, Geräte falsch benutzt. Die Folgen können

ein unnatürlicher Aufbau der Muskeln, Bewegungseinschränkungen oder 25
sogar langwierige Schädigungen sein. Was bei diesen durchstrukturierten,
methodischen Trainingsplänen zu kurz kommt, ist das Körperbewusstsein.
Das Gefühl für Bewegung.

Immer mehr Menschen reicht das bloße Pumpen nicht mehr. Sie suchen die
Wiedererkennung des eigenen Körpers und Bewegung als kreatives Erlebnis. 30
Aus diesem Bedürfnis heraus formiert sich zurzeit die Trendbewegung der
„Movement Culture". Ihre zentralen Fragen lauten: Wieso bewegen wir uns?
Zu welchen komplexen Formen und Abläufen ist der menschliche Körper in
der Lage? Wie fühlt sich der eigene Körper in der Bewegung an?

Movement Culture zielt darauf, das riesige Bewegungspotenzial des Menschen 35
voll auszunutzen. Als Visionär der Bewegung gilt der israelische Sportler Ido
Portal, der einen dezidiert[2] körperlichen Lebensstil lehrt und praktiziert. Für
ihn ist der Körper ein Feld des lebenslangen Lernens und der Weiterentwicklung. Portal nutzt dabei Trainingsformen aus unterschiedlichsten Sportarten –
etwa Capoeira[3], Tanz, Kampfsport, Parkour oder Turnen –, um den Körper 40
neu kennenzulernen. Ästhetik wird in der Movement Culture nicht als Zweck
behandelt, sondern als eine natürliche Begleiterscheinung.

Warum ist das Gehirn eines Tänzers kognitiv fitter als das eines gleichaltrigen
„Normalsportlers"? Weil es mit jeder neuen Choreografie Bewegungen neu
erlernt. Die Vielseitigkeit fördert die Wahrnehmung von Körperbewegung 45
und -lage im Raum, die Stellung einzelner Körperteile zueinander. Ido Portal
geht es nicht darum, Beweglichkeit künstlich in unseren Lebensstil zu integrieren – denn Beweglichkeit ist unser Leben.

Dieses neue Bedürfnis nach Körperlichkeit verändert auch den Fitness-Markt.
Studios wie der Brooklyn Zoo in New York könnten das bisherige Fitnesssystem 50
revolutionieren: Eine 10.000 Quadratmeter große Fläche, die ausschließlich dem
freien Training des Körpers gewidmet ist. Parkour-Elemente, Kletterstangen
und -seile sowie Federböden sollen Anfänger und Fortgeschrittene auf dem
Weg zur vollen Ausschöpfung ihrer Bewegungspotenziale unterstützen.

So stellen immer mehr Menschen fest, dass dem „normalen" Fitness-Workout 55
etwas fehlt. Sie entdecken den Körper neu – und tragen dazu bei, dass sich
ein achtsameres Verhältnis zu Bewegung in der Gesellschaft verbreitet.

1 **der Fitness-Tracker:** Tragbares Gerät, welches Schritte zählt und Körperdaten auswertet (Herzschlag, Puls)

2 **dezidiert:** *hier:* entschlossen gelebt

3 **die Capoeira:** Brasilianischer Kampftanz

Quelle: Yvonne Winnefeld: Movement Culture: Die Wiederentdeckung des Körpers. https://www.
zukunftsinstitut.de/artikel/sport/movement-culture-die-wiederentdeckung-des-koerpers/; Zukunfts-
institut GmbH, Frankfurt/Main 2020 (aufgerufen am 11.01.2023)

Neue Bewegungen trainieren
mit Capoeira-Figuren.

Quelle Foto: Adobe Stock /
Scott Griessel

AUFGABENSTELLUNG Wahlteil A

1 Du arbeitest einen informierenden Vortrag aus, mit dem du deine Eltern überzeugen willst.
Gehe folgendermaßen vor:

a) Beginne mit der Beschreibung deines Anliegens.

b) Erkläre deinen Eltern, wie dein sportlicher Alltag bis jetzt ausgesehen hat. Beziehe dabei die Informationen aus Text 1 ein.

c) Erläutere ihnen ausführlich, was „Movement Culture" ist. Nutze die Informationen aus Text 2A.

d) Führe drei Gründe an, warum es für dich langfristig von Vorteil wäre, diese Art von Sport zu machen.

e) Schließe mit einem Appell an deine Eltern.

Möglicher Schülertext:

*Mama und Papa, ich möchte mit euch über etwas reden. Und zwar haben
wir doch schon lange darüber diskutiert, dass ich mich mehr bewegen und
deshalb eine neue Sportart anfangen soll. Bis jetzt konnten wir uns aber nie
auf eine Sportart einigen, denn irgendwie hatten wir immer unterschiedliche*
5 *Vorstellungen davon, was ein gutes Hobby für mich wäre.
Natürlich ist es so, dass viele Jugendliche, was Bewegung angeht, ziemlich
faul sind. Auch ich bin diesbezüglich nicht immer motiviert. Und dann macht
man eben das, was jeder macht. Alle in meiner Klasse, und natürlich auch
ich, spielen zum Beispiel Computerspiele. Auch wenn ihr das nicht verstehen*
10 *könnt, sind Computerspiele für viele Jungen und Mädchen in meinem Alter,
mich eingeschlossen, nämlich auch eine Art Sport. Viele Jugendliche versuchen, in „ihrem" Spiel immer besser zu werden, bis sie schließlich in der Lage
sind, in richtigen Wettkämpfen gegeneinander anzutreten. Wie das Training
in einem Fußball- oder Schwimmverein kostet das viel Zeit und Energie —*
15 *mitunter ist man dann zu müde, um noch irgendetwas anderes an Sport zu
machen und sich auch einmal draußen zu bewegen. So geht es mir auch. Ihr
habt ja selber gemerkt, wie viel Zeit ich in meinem Zimmer vor dem Rechner
verbracht habe.
Jetzt allerdings habe ich eine Broschüre gefunden, in der über eine Sportart*
20 *berichtet wird, die mich wirklich interessiert. Der Kurs, der in unserer Stadt
neu angeboten wird, heißt „Movement Culture". Die Idee dazu hat ein israeli-
scher Sportler mit dem Namen Ido Portal entwickelt. Sein Gedanke ist es, den
Sport in den Alltag zu integrieren. Er ist der Meinung, dass jeder Mensch das
natürliche Bedürfnis hat, sich zu bewegen. Aufbauend auf diesem Gedanken*
25 *hat er sein Programm aus ganz vielen verschiedenen Sportarten zusammen-
gestellt, ein „Best off" sozusagen. Das tut er, weil er denkt, dass es für die
Kreativität und den Selbstausdruck der Menschen gut sei, immer neue Bewe-
gungsabläufe zu lernen und nicht einige wenige immer und immer wieder zu
wiederholen, wie es z. B. im Fitnessstudio oft der Fall ist. „Movement Culture"*
30 *sorgt also nicht nur für einen fitten Körper, sondern auch für einen fitten
Geist! Ich stelle mir das sehr interessant vor und würde deshalb sehr gerne an
diesem Kurs teilnehmen.
Im Grunde ist ein Kurs wie „Movement Culture" doch auch genau das, was
ihr für mich möchtet, denn ihr denkt ja, dass ich „keinen Bock hätte", mich*
35 *zu bewegen. Das stimmt ja oft auch. Da stelle ich es mir hilfreich vor, wenn
mir jemand eine andere Sicht auf den Körper und Bewegung vermittelt. Denn*

ganz ehrlich: Sonst macht man das, was man kennengelernt hat und was
man jeden Tag sieht. Und meine Freunde zocken nun einmal und ab und an
geht einer ins Fitnessstudio und stemmt ein paar Hanteln. Das war es dann
auch schon. Und wenn ich mithilfe von Movement Culture auch meine kog- 40
nitiven Fähigkeiten noch verbessern könnte, so wie Ido Portal es verspricht,
dann wäre es doch ein toller Nebeneffekt. Dann würde ich nicht nur lauter
spannende Trainingsformen aus unterschiedlichen Sportarten kennen lernen,
sondern dabei auch noch mein Gehirn trainieren. Vielleicht fällt mir dann ja
sogar die Schule leichter, wer weiß? 45
Zuletzt möchte ich noch sagen, dass in meinem Alter jeder Jugendliche auch
irgendwie „seinen Weg" gehen möchte. Jeder möchte etwas Besonderes sein
oder machen. Für mein Selbstbewusstsein wäre es bestimmt richtig gut,
wenn ich mich an etwas herantraue, was kein anderer aus meiner Clique
macht, vor allem, wenn ich darin auch noch richtig gut werden könnte. 50
Ihr seht, ich habe mich schon richtig intensiv mit dem Thema „Movement Cul-
ture" beschäftigt. Ich habe mich auch schon darüber informiert, was so ein
Kurs kosten würde, und er ist gar nicht so teuer, wie man es vielleicht vermu-
ten würde. Natürlich würde ich mich auch an der Kursgebühr beteiligen, ich
habe ja noch das Geburtstagsgeld von den Großeltern. Ich bitte euch deshalb 55
darum, mir zu erlauben, mich für „Movement Culture" anzumelden.

Wahlteil B

Deine Schule hat es geschafft und ist als „Sportfreundliche Schule" vom Land Niedersachsen ausgezeichnet worden. Es gibt eine große Feierstunde deswegen. Nach der Veranstaltung sprechen dich als Schulsprecher vermehrt Schüler und Schülerinnen an, die finden, wenn die Schule sportfreundlich sei, müsse sie auch eine AG im Bereich des eSports anbieten. Für die nächste Besprechung mit der Schulleitung bereitest du eine entsprechende Stellungnahme vor.

`TEXT 2B` Sportfreundliche Schule

Mit der Landesauszeichnung „Sportfreundliche Schule" sollen Schulen motiviert werden, Sport und Fitness in ihr Schulprogramm aufzunehmen und mit
vielfältigen Bewegungsangeboten und gesunder Ernährung die Entwicklung
von Kindern und Jugendlichen zu fördern. Ferner möchten das Niedersächsische Kultusministerium und der Landessportbund Niedersachsen für ein 5
sportfreundliches Klima an den Schulen werben und die Arbeit der Schulleitung, der Lehrkräfte sowie aller Personen würdigen, die sich in einer Schule
für Sportlichkeit und Fitness der Kinder und Jugendlichen einsetzen.
Alle allgemein bildenden und berufsbildenden Schulen Niedersachsens können
sich um die Landesauszeichnung „Sportfreundliche Schule" bewerben. 10

Quelle: Niedersächsisches Kultusministerium, Hannover; https://www.mk.niedersachsen.de/startseite/
schule/schuelerinnen_und_schueler_eltern/schulsport/projekte_aktionen_initiativen/fitnesslandkarte/
sportfreundliche_schule/sportfreundliche-schule-154569.html (aufgerufen am 11.01.2023)

`TEXT 3B` Warum ist Schach eigentlich Sport?

Viele Menschen fragen sich, warum Schach ein Sport ist. Beide Spieler sitzen
sich ja bloß gegenüber und bewegen sich nicht selbst. In der Tat kann man

TEXT 3B

grübeln, ob Schach ein Sport sein soll. Es gibt aber gute Gründe dafür. Schach ist ein Denksport. Der Sieg hängt nicht vom Glück oder vom Zufall ab, son-
5 dern vom Können. Deshalb gilt das Glücksspiel Poker etwa nicht als Sport. Schach wird auf der ganzen Welt nach klaren Regeln gespielt. Es gibt Turniere, Einzel- und Teamwettkämpfe, sogar Schach-Olympiaden. Die Leistung eines Spielers lässt sich dabei genau messen. Schach bringt Menschen zusammen und hat auch einen erzieherischen Wert: Man lernt verlieren. All das zählt
10 bei der Frage, ob etwas ein Sport ist. Klar, ein wichtiges Kriterium fehlt: die körperliche Aktivität. Aber über die lässt sich auch in anderen Sportarten streiten, etwa im Motorsport.

Quelle: Andreas Strepenick, Alexander Preker: Warum ist Schach eigentlich Sport? Badische Zeitung, 08.11.2013. http://www.badische-zeitung.de/schach-x1x/warum-ist-schach-eigentlich-ein-sport--76946348.html (aufgerufen am 11.01.2023)

Quelle Foto: Shutterstock / Irina Boldina

AUFGABENSTELLUNG Wahlteil B

1 Bearbeite die folgenden Aufgaben in einem zusammenhängenden Text. Gehe folgendermaßen vor:

a) Beginne mit einer kurzen Einleitung, in der du ins Thema einführst und erklärst, was „eSport" ist.

b) Benenne drei Gründe, warum es „eSport" als AG an eurer Schule geben sollte.

c) Begründe, warum „eSport" sehr wohl ins Konzept einer „sportfreundlichen Schule" passen könnte. Nutze dazu deine Erkenntnisse aus den Texten 2B und 3B.

d) Formuliere einen Vorschlag, wie eure Schule in Zukunft mit dem Thema „eSport" umgehen sollte.

Möglicher Schülertext:

Vor Kurzem wurde unsere Schule vom Land Niedersachsen als „Sportfreund-liche Schule" ausgezeichnet. Danach sind einige Personen auf mich zugekom-men, weil sie der Meinung sind, dass eine Schule auch den eSport fördern muss, wenn sie sich auf die Fahnen schreibt, sportfreundlich zu sein.

eSport bedeutet, dass Schülerinnen und Schüler nicht wie sonst auf dem   5
Sportplatz oder in der Turnhalle, sondern innerhalb eines Computerspiels gegeneinander antreten. Auch wenn es durchaus umstritten ist, ob es sich beim
eSport wirklich um Sport handelt, gehört er für uns Jugendliche mittlerweile
zum Alltag. Daher möchte ich den Vorschlag einbringen, neben den altbe-
kannten Sportarten auch den eSport an unserer Schule zu fördern, indem   10
eine entsprechende AG gegründet wird.
In meiner Klasse z. B. spielt eigentlich jeder Computer- oder Videospiele, sei es
auf dem PC, an Konsolen oder einfach nur auf dem Smartphone. Aber Computerspiele sind nicht nur bei Jugendlichen beliebt. Der Verband der deutschen
Games-Branche hat in einer Umfrage herausgefunden, dass im letzten Jahr   15
42 Prozent der Deutschen gelegentlich und 36 Prozent sogar regelmäßig
Computerspiele spielen. Computerspiele sind also schon längst keine flüchti-
ge Modeerscheinung mehr – und natürlich sollte auch unsere Schule diesbezüglich mit der Zeit gehen.
Darüber hinaus braucht man, um ein Computerspiel erfolgreich spielen zu   20
können, eine gute Hand-Augen-Koordination, gute Reflexe und muss dazu in
der Lage sein, immer wieder neue Taktiken zu entwickeln. Gerade in Grup-
penspielen muss man viel darüber nachdenken, wer wann etwas tut. Zudem
gibt es schon richtige Organisationen, die Turniere organisieren. Große Hallen
werden gemietet und die Spielenden „zocken" da zusammen. Mit Sicherheit   25
wäre es für unsere Schülerschaft ein ganz besonderes Erlebnis, ein solches
Turnier z. B. in unserer Turnhalle durchführen zu dürfen. Und natürlich wäre
diese Veranstaltung ein Wettstreit der oben genannten Kompetenzen.
In der Beschreibung der Idee der „Sportfreundlichen Schule" steht, dass es
unter anderem um Bewegung und Fitness geht. Die Frage, die man sich im   30
Zusammenhang mit dem Thema eSport grundsätzlich stellen muss, ist: Sind
diese beiden Begriffe immer nur körperlich zu verstehen oder geht es auch
um geistige Beweglichkeit und Fitness im Kopf? Auch Schach ist ein Sport,
genauer gesagt ein Denksport, und niemand würde das in Frage stellen. Das
Entscheidende ist nämlich, dass Schach nach klaren Regeln gespielt wird und   35
das Können über Sieg und Niederlage entscheidet – genau wie beim eSport.
Und über die fehlende körperliche Aktivität lässt sich schließlich auch bei
anderen Sportarten streiten, wie z. B. beim Motorsport. Warum also sollten
wir an unserer Schule nicht auch dem modernen Denksport, dem eSport,
Rechnung tragen?   40
Nun, sicherlich stellt man sich die Frage: Wie sollen wir den eSport in unser
Schulleben integrieren? Diese Frage kann ich noch nicht abschließend beantworten, da in diesem Zusammenhang viele Punkte diskutiert und geklärt werden müssen. Zuerst einmal würde ich mir aber Offenheit von den Lehrkräften
und der Schulleitung wünschen. Gerne würden wir innerhalb der Schülerver-   45
tretung eine Arbeitsgruppe bilden, die entsprechende sinnvolle Vorschläge
erarbeitet. Schön wäre es, wenn die Schulleitung Entgegenkommen zeigen
und auf der nächsten Dienstversammlung dieses Thema vorstellen würde.
Vielleicht findet sich dann die ein oder andere Lehrkraft, die uns dabei hilft,
den eSport so ins Schulleben einzubinden, dass er eine Bereicherung für unse-   50
re Schule ist.

Wonach richtet sich die Note?

Beurteile die Schülerleistung anhand des Bewertungsbogens.

Teilaufgabe	Anforderung	erfüllt	teilweise erfüllt	nicht erfüllt
	Basisteil			
1	Der Schüler hat Text 1 wie gefordert zusammengefasst.			
2	a) Der Schüler hat die genannten Begriffe treffend erklärt. b) Der Schüler hat sinnvoll begründet, warum „Gamer" eigene Begrifflichkeiten für ihre Freizeitbeschäftigung erfunden haben.			
3	Der Schüler hat drei richtige Aspekte genannt.			
4	Der Schüler hat das Thema der Grafik in eigenen Worten wiedergegeben.			
5	Der Schüler hat wie gefordert die in der Grafik enthaltenen Informationen beschrieben.			
6	Dem Schüler ist es gelungen, einen Zusammenhang zwischen dem Inhalt der Grafik und dem Thema „eSport" herzustellen.			
	Zusammenhängender Text zum Wahlteil A			
1	Der Schüler hat … • in der Ich-Form geschrieben. • in der Einleitung den Eltern kurz sein Anliegen erklärt. • den eigenen Alltag als eSportler wiedergegeben. • unter Zuhilfenahme des Textes 2A erläutert, was „Movement Culture" genau ist. • drei Gründe benannt, warum er diesen Sport ausüben möchte. • abschließend einen Appell an die Eltern gerichtet.			
	Zusammenhängender Text zum Wahlteil B			
1	Der Schüler hat … • in der Einleitung ins Thema eingeführt und erklärt, was „eSport" ist. • drei Gründe genannt, die für eSport als AG sprechen. • begründet, warum sich „eSport" sehr wohl in das Konzept der „Sportfreundlichen Schule" integrieren lässt. • einen angemessenen Vorschlag gemacht, wie in Zukunft weiter mit dem Thema „eSport" verfahren werden soll.			

B Arbeitstechniken und Strategien der Aufgabenbearbeitung

B 1 Arbeitstechnik: Hörverstehen üben

Die Prüfungsaufgaben enthalten einen Hörtext, der dir vorgespielt wird. In der Regel handelt es sich um einen Sachtext. Teile des Inhalts können in Form eines Dialogs oder eines Interviews darge- boten werden. Deine Aufgabe ist es, wesentliche Teile des gehörten Textes zu erfassen und wieder- zugeben. Dazu musst du verschiedene Aufgaben bearbeiten.

Erster Schritt: Sich orientieren

Auch wenn du während des **ersten** Zuhörens bereits schrei- ben darfst, macht es Sinn, beim ersten Vortrag erst einmal nur konzentriert zuzuhören. Nach dem ersten Hören solltest du wissen, um was es in dem Text geht: Wird ein Sachverhalt erklärt? Wird eine Problemfrage erörtert?
Formuliere im Kopf einen Satz dazu.
In dem Text geht es um …

TIPP zum ersten Schritt

1. Schließe die Augen und höre kon- zentriert zu.
2. Achte auf Fragewörter und auf struk- turierende Wörter im Text (*erstens, zweitens, zum Schluss, zusammen- fassend, abschließend …*).
3. Grübele nicht über ein unverstande- nes Wort nach.

Zweiter Schritt: Inhalt sichern

Beim **zweiten** Hören solltest du nicht versuchen, alles mitzu- schreiben. Folge dem Verlauf des Textes und notiere dir nach Möglichkeit nur wichtige Stichpunkte. Notiere dir keine gan- zen Sätze.

TIPP zum zweiten Schritt

– Gibt es Schlüsselwörter, Fachbegriffe, Fremdwörter?
– Werden Jahreszahlen genannt oder andere Zahlenangaben gemacht?
– Denke daran, dass man Verbindun- gen von Begriffen mit Strichen, Pfeilen oder anderen Zeichen darstellen kann.

Dritter Schritt: Aufgaben beantworten

Halte dich nicht zu lange mit dem zweiten Schritt auf, denn sonst fehlt dir die Zeit zur Beantwortung der Aufgaben.
Es gibt verschiedene Arten von Aufgaben, die möglich sind.

1 Zusammenfassen des Textes oder von Textabschnitten.
Fasse den Inhalt des Textes kurz zusammen.

_____

_____

_____

2 Ankreuzen der richtigen Antwort/Antworten unter mehreren Vorgaben:
Kreuze die richtigen Antworten an.

Der Begriff „regional" ist gesetzlich geschützt. ☐
Verbraucherzentralen stehen den „Frei von"-Labels kritisch gegenüber. ☐
Strichcodes auf Lebensmittelverpackungen enthalten keine Informationen für den Verbraucher. ☐

3 Fragen zu inhaltlichen Begründungen und Zusammenhängen:
a) Nenne drei Kennzeichen, die auf jeder Lebensmittelverpackung sein müssen.

_____

b) Erkläre, was man unter dem Begriff „clean labels" versteht.

_____

27

Hier liegt ein Hörtext in gedruckter Form vor. Lass ihn dir zweimal in einem normalen Sprechtempo vorlesen, um die Prüfungssituation zu simulieren. Decke ihn ab, wenn du die dazugehörigen Aufgaben bearbeitest. Die Vorlesezeit beträgt ca. drei bis vier Minuten für einmaliges Lesen.

Wer soll das noch alles verstehen?

Verpackte Lebensmittel, die man kaufen kann, müssen in bestimmter Weise gekennzeichnet sein. Diese Kennzeichnung mit dem Namen und der genauen Beschreibung des Lebensmittels, mit der Zutatenliste und dem Hinweis auf eventuell Allergien auslösende Stoffe, der Nährwerttabelle, dem Mindesthaltbarkeits- oder Verfallsdatum, der Füllmenge, der
5   Firmenangabe mit Adresse und dem Preis soll Verbraucher/-innen gegenüber Transparenz schaffen. So soll die Kundschaft die verschiedenen Lebensmittel vergleichen und nach den jeweiligen Bedürfnissen auswählen können. Zusätzlich gehört auf die Verpackungen aller Lebensmittel der maschinenlesbare Strichcode. Die dazugehörige Zahlenkombination ist nichts weiter als eine Artikelnummer, die von den Scannerkassen erfasst werden kann. Der
10 Code enthält keine Informationen für Verbraucher/-innen.
Außerdem muss sich auf verpackten tierischen Lebensmitteln, also auf Produkten aus Fleisch, Milch, Ei oder Fisch, das Identitätskennzeichen befinden. Auch diese Pflichtkennzeichnung ist keine Verbraucherinformation, sondern dient der Lebensmittelüberwachung, denn anhand dieses Zeichens können Produkte zurückverfolgt werden.
15 In den letzten Jahren sind verschiedene Label oder Siegel dazugekommen, die deutlich machen, dass sich ein Nahrungsmittel zum Beispiel „regional" nennen darf. Dieser Begriff ist jedoch gesetzlich nicht geschützt. Beim Einkauf regionaler Lebensmittel ist es deshalb ratsam, immer genau zu fragen, wofür die Angabe „regional" genau steht. Man sollte sich dabei nicht von Begriffen wie „aus der Region" oder „von hier" täuschen lassen. Oft ist
20 die Region nämlich nicht klar beschrieben. Auch bei der Verwendung des Labels „Bio" ist Vorsicht geboten, denn allein im Bereich der Bio-Lebensmittel gibt es über 50 verschiedene Etiketten.
Neuerdings werden immer mehr sogenannte „clean labels" verwendet. Dabei handelt es sich um einen Hinweis auf das Nichtvorhandensein oder die Nichtverwendung von bestimmten
25 Lebensmittelzutaten oder Stoffen. Zu den „clean labels" gehören Kennzeichnungen wie „ohne Gentechnik", „laktosefrei", „glutenfrei" oder Angaben wie „ohne Zuckerzusatz".
Doch für wen hat das alles eine Bedeutung? Die deutschen Verbraucherzentralen haben Befragungen mit Kundinnen und Kunden durchgeführt, in denen es darum ging, was diese mit den vielen unterschiedlichen Informationen auf den Verpackungen von Lebensmitteln
30 anfangen können. Das Ergebnis lautete zusammengefasst: eigentlich nichts!
Gerade die vielen „Frei von"-Labels erwecken den Eindruck, als ob der nicht enthaltene Bestandteil sehr gefährlich oder total ungesund sei. Dabei sind Gluten und Laktose nur für Personen gefährlich, die an einer Gluten- oder an einer Milchzucker-Unverträglichkeit leiden. Aus Sicht der Verbraucherzentralen sind gerade die „clean labels" oftmals überflüssig
35 und erfüllen nicht den Zweck, den sie eigentlich haben sollten, nämlich die Käuferschaft klar zu informieren.
Schon seit Jahren wird von Verbraucherschützern gefordert, eine Ampelkennzeichnung auf Lebensmitteln einzuführen. Durch diese soll der jeweilige Gehalt eines Lebensmittels an Fett, Salz, Zucker und gesättigten Fettsäuren farblich ausgewiesen werden: Grün steht
40 dabei für einen niedrigen, Gelb für einen mittleren und Rot für einen hohen Gehalt. Aber die Gesetzgebung konnte sich auf diese einfache Kennzeichnung noch nicht einigen.

Autorentext

B 2 Arbeitstechnik: Schaubilder und Karikaturen auswerten

Häufig findest du in Prüfungsaufgaben auch Schaubilder wie Diagramme und Tabellen. Diese enthalten Zusammenfassungen von Daten, die nach bestimmten Gesichtspunkten geordnet sind.

Folgende Aufgabenstellungen sind bei Schaubildern möglich:
- Du musst überprüfen, ob die vorgegebenen Aussagen zu einem Schaubild richtig sind oder nicht.
- Du musst feststellen, ob die Informationen eines Schaubildes die Aussagen eines Textes bestätigen, ergänzen oder widerlegen. Dazu musst du ein Schaubild richtig lesen und verstehen.

Schaubilder auswerten

1 Werte Schaubild A (Seite 30) nach folgenden Schritten aus:

Erster Schritt: Sich orientieren

a) Worum geht es in dem Schaubild A? Notiere stichpunktartig.

Thema: _____

Zahlenangaben: _____

orangefarbene Balken: _____

grüne Balken: _____

Vergleiche zwischen: _____

TIPP zum ersten Schritt

Lies die Überschriften und Erläuterungen.
- Um welches Thema geht es?
- Welche Zahlenangaben werden gemacht? Werden sie in Prozent, Promille oder in absoluten Zahlen (z. B. Tausend) angegeben?
- Worauf beziehen sich diese Angaben?
- Was wird miteinander verglichen?

Zweiter Schritt: Den Inhalt des Schaubildes erfassen und stichpunktartig aufschreiben

b) Schreibe die Informationen auf, die du dem Schaubild entnehmen kannst.

_____

_____

_____

_____

TIPP zum zweiten Schritt

Sieh dir das Schaubild genauer an.
- Worauf bezieht sich der größte Wert?
- Worauf bezieht sich der niedrigste Wert?
- Gibt es Auffälligkeiten?

Dritter Schritt: Aufgabenstellung beantworten und Ergebnisse aufschreiben

c) Beantworte die Aufgaben zu Schaubild A. Achte genau auf die Aufgabenstellung.

_____

_____

_____

_____

TIPP zum dritten Schritt

- Formuliere in ganzen Sätzen.
- Verwende folgende Formulierungen:
  es gibt weniger als …
  mehr als bei … / seit ….
  genauso oft …
  seltener …
  auffällig ist, dass …

2 Bearbeite in gleicher Weise die Schaubilder B und C. Schreibe auf gesonderte Blätter.

Schaubild A: Balkendiagramm Heimtiere in Deutschland

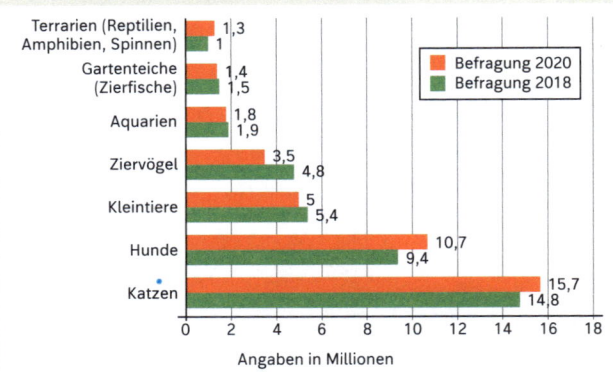

Quelle der Daten: Industrieverband Heimtierbedarf e.V. (IVH) / Zentralverband Zoologischer Fachbetriebe Deutschlands e.V. (ZZF) 2019 und 2021 (jeweils Befragung von 7.000 Haushalten)

AUFGABENSTELLUNG

1 Welche Haustiere sind in Deutschland die beiden beliebtesten?

2 Bei welchen Haustieren hat sich der Bestand seit 2018 vergrößert?

Schaubild B: Kreisdiagramm Stromverbrauch in Privathaushalten

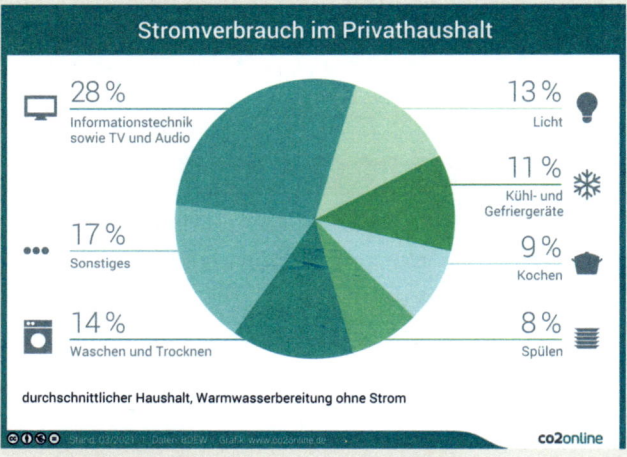

Quelle: www.co2online.de, Berlin

AUFGABENSTELLUNG

1 Wie viel Prozent des Stroms werden für Haushaltstätigkeiten verbraucht?

2 Vergleiche die gefundene Zahl mit dem Stromverbrauch für „Informationstechnik sowie Audio und TV." Wie bewertest du das Ergebnis?

Schaubild C: Verlaufsdiagramm Anteil der Raucher (12- bis 17-Jährige)

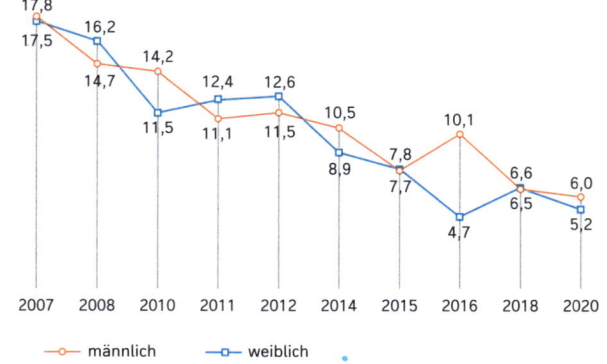

Quelle der Daten: Bundeszentrale für gesundheitliche Aufklärung (BZgA), Köln

AUFGABENSTELLUNG

1 Welche Entwicklung ist seit 2007 zu erkennen?

2 Zu welcher Zeit ist der größte Unterschied zwischen den Geschlechtern zu erkennen?

Karikaturen auswerten

> **INFO**
>
> Eine Karikatur ist eine Zeichnung, die durch übertriebene Darstellung einen Sachverhalt kritisiert. Es ist wichtig, drei Dinge herauszufinden:
> - Was sehe ich auf dem Bild?
> - Was bedeutet das, was ich sehe?
> - Was will die Zeichnerin oder der Zeichner damit aussagen?

Karikatur

Quelle: © Michael Hüter, Bochum / Stiftung Jugend und Bildung

1 Werte die Karikatur nach folgenden Schritten aus und notiere deine Antworten stichpunktartig.

Erster Schritt: Sich orientieren – Was sehe ich?

a) Was siehst du auf dem Bild?

_____

_____

Zweiter Schritt: Was bedeutet das, was ich sehe?

b) Welche Szene ist auf dem Bild dargestellt?

_____

_____

Dritter Schritt: Was will der Zeichner damit aussagen?

c) Worauf spielt der Zeichner an? Was will er kritisieren?

_____

_____

2 Fasse die gefundenen Informationen zu der Karikatur auf einem gesonderten Blatt in höchstens fünf Sätzen zusammen.

B 3 Arbeitstechnik: Argumente aufbauen

Wenn du jemanden von deinem Standpunkt überzeugen willst, brauchst du gute Argumente.
Niemand glaubt dir „einfach so" – du musst deine Meinung klar belegen und damit deine Zuhörerinnen und Zuhörer zum Nachdenken bringen.

INFO zur Bildung von Argumenten

Ein **Argument** besteht in der Regel aus drei Teilen:
- **Behauptung:** In einem kurzen Satz wird auf den Punkt gebracht, was du aussagen möchtest. (z. B.: „Hausaufgaben sind sinnvoll.")
- **Begründung:** Du erklärst deine Behauptung so, dass jeder versteht, was genau du damit meinst. (z. B.: „Bei der Anfertigung der Hausaufgaben haben Schülerinnen und Schüler die Möglichkeit, den Lernstoff zu wiederholen. Sie finden heraus, was sie schon können und was nicht.")
- **Beispiel:** Das Beispiel ist ein Beweis für die Richtigkeit deiner Behauptung. Es sollte etwas sein, was du selbst erlebt oder gelesen hast, ein Textzitat oder eine genaue Erklärung zu einem Teilaspekt. (z. B.: „Wenn ich in Mathematik nicht regelmäßig meine Hausaufgaben gemacht hätte, wäre es mir nie gelungen, in der letzten Arbeit des Halbjahres endlich eine Drei zu schreiben. Weil ich durch die Erledigung der Hausaufgaben den Stoff wiederholt und an meinen Schwächen gearbeitet habe, habe ich keine Fünf im Zeugnis bekommen und meine Versetzung war nicht gefährdet.")

1 Ergänze die folgenden Behauptungen zu aussagekräftigen Argumenten.

Behauptung	*Eine Klarnamenpflicht im Internet ist sinnvoll.*
Begründung	*Im Schutz der Anonymität überschreiten viele Internetuser immer wieder moralische Grenzen. So kann man in vielen sozialen Netzwerken erleben, dass …*
Beispiel	*Ich habe selbst schon negative Erfahrungen gemacht: …*
Behauptung	*Haustiere sind wichtig für Kinder.*
Begründung	*…*
Beispiel	*…*

2 Es ist wichtig, Argumente aus dem eigenen Erfahrungsschatz heraus formulieren zu können. Dann fällt es dir auch leichter, Argumente in anderen Texten zu erkennen. Unterstreiche in der folgenden Meinungsäußerung die Behauptung, die Begründung und das Beispiel mit unterschiedlichen Farben.

TIPP zu **2**

Es ist wichtig, dass du lernst, Behauptungen, Begründungen und Beispiele zu unterscheiden und in Texten zu erkennen. Nur wenn du das sicher kannst, ist es dir möglich, deine eigenen Gedanken und Argumente zu ergänzen und Textpassagen teilweise zu übernehmen und in deine eigene Argumentation einzubauen. Es ist dann trotzdem dein Text und wirkt nicht einfach abgeschrieben.

Bücher sollten an Schulen durch Tablets ersetzt werden. Heutzutage besitzt schon fast jeder Haushalt ein Tablet. Man kann Apps darauf laden, die es ermöglichen, das Tablet auf unterschiedlichste Weise zu nutzen. Über Schreibprogramme kann man seine Mappen virtuell führen, außerdem bieten mittlerweile auch viele Schulbuchverlage Programme an, die das Schulbuch 1:1 auf dem Tablet als Digitalversion abbilden. Ein gutes Beispiel ist meine eigene Schule. Dort wurde im letzten Jahr entschieden, die Bücher nur noch via Tablet zur Verfügung zu stellen. Dies hat zur Folge, dass ich nicht mehr jeden Tag sechs verschiedene Bücher einpacken muss. Zudem kann ich in den Büchern auf dem Tablet direkt unterstreichen und markieren, was eine enorme Arbeitserleichterung ist.

3 Deine Schule plant eine Projektwoche. Für die inhaltliche Gestaltung sollen die Schülerinnen und Schüler Vorschläge machen. Deine Klasse befürwortet das Thema „Unsere Klasse wird ein Team". Du als Klassensprecherin hast deine Klassenkameraden darum gebeten, dir kurz aufzuschreiben, warum das Thema für sie wichtig ist. Du möchtest diese Notizen als Hilfestellung nutzen, um die Schulleitung von eurem Vorschlag zu überzeugen.
Es erreichen dich folgende Zettel. Unterstreiche die Stellen, die dir helfen können, gute Argumente zu formulieren.

A *Das ist deshalb wichtig, weil viele von uns den Tag hauptsächlich vor dem Computer verbringen. Kommunikation findet nur noch über das Handy oder soziale Netzwerke statt. Wir unternehmen gar nichts miteinander.*

B *Ein Beispiel dafür, dass eine Klasse als Team gut ist, ist unsere letzte Klassenfahrt. Wir haben in den Tagen viel zusammen gemacht und uns besser kennengelernt. Ich habe viele neue Kartenspiele gelernt, die auch später in meinem Freundeskreis gut ankamen.*

C *In unserer Klasse gibt es oft Streit und die Stimmung ist schlecht. Irgendwie will jeder besser sein als der andere und gönnt dem anderen nichts. Marie hat Marc neulich andauernd geärgert, nur weil der eine bessere Note als sie in der Mathearbeit geschrieben hat.*

D *Mobbing ist ja wohl überall ein Problem, deshalb ist das Thema wichtig. Auch in unserer Klasse gibt es Schülerinnen und Schüler, die oft ausgelacht und gehänselt werden. Ich nenne jetzt keine Namen, aber du weißt, wen ich meine.*

4 Warum ist das Thema „Unsere Klasse wird ein Team" eine gute Idee für die Projektwoche?
Formuliere drei vollständige Argumente, die du im Gespräch mit der Schulleitung vorbringen willst.

TIPP zu **4**

Denke daran, dass die Notizen deiner Klassenkameraden nur Hilfestellungen sind. Du kannst die Argumente um Behauptungen, Begründungen und Beispiele aus deinem eigenen Erfahrungsschatz ergänzen oder komplett selbstständig formulieren.

Behauptung	*Es herrscht Streit in den Klassen.*
Begründung	*Schülerinnen und Schüler werden geärgert, oft aus Gründen, für die sie nichts können und die kein Anlass sind, jemanden zu beleidigen.*
Beispiel	*In unserer Klasse …*
Behauptung	
Begründung	
Beispiel	
Behauptung	
Begründung	
Beispiel	

B 4 Arbeitstechnik: Überfliegendes Lesen

Auch wenn du alle Tipps zur Entscheidung für eine Prüfungsaufgabe beachtest (siehe A 3, Seite 12), bist du in den 15 Minuten, die dir zur Verfügung stehen, um dir einen Überblick über die Aufgaben zu verschaffen, unter starkem Zeitdruck. Du musst alle Texte und die Aufgabenstellungen lesen und verstehen. Dabei hilft dir die Strategie des **überfliegenden Lesens**.

INFO zur Technik des überfliegenden Lesens

Beim **überfliegenden Lesen** geht es darum, sich einen ersten Eindruck über die vorhandenen Materialien und Aufgabenstellungen zu verschaffen. Hierbei gleiten deine Augen nur oberflächlich über den Text – du liest nicht jede einzelne Silbe oder jedes einzelne Wort. Vielmehr „scannen" deine Augen den Text ab und bleiben dabei an Schlüsselbegriffen hängen.
Das Markieren einiger dieser besonders wichtigen Stellen kann später hilfreich sein.
Um Zeit zu sparen, lässt du unwichtigere Stellen erst einmal aus.
Später, wenn du dich für eine Aufgabe entschieden hast, musst du natürlich alle für dich wichtigen Textinhalte gründlich lesen.

---

1 Hier findest du einen **Sachtext**, in dem bereits einige Kernaussagen markiert sind. Du hast zwei Minuten Zeit, den Text zu überfliegen und weitere Kernaussagen zu markieren.

TIPP zu **1** und **2**

Zuerst liest du immer die Überschrift des Textes. Beim weiteren „Scannen" achte besonders auf die Stellen im Text, die auf die **W-Fragen** antworten:
• Worum geht es?
• Wo und wann spielt die Handlung?
• Welche Personen handeln?
• Wer erzählt?
• Was wird ausgesagt?

Was fällt auf bei der Ernährung der Jugendlichen?

Um das Essverhalten von 6- bis 17-Jährigen zu untersuchen, wurden im Auftrag des Robert-Koch-Instituts zwischen 2015 und 2017 2.644 Kinder und Jugendliche an 170 Orten, verteilt auf ganz Deutschland, befragt. Die Ergebnisse legten die Forscher in den sogenannten „EsKiMo-Studien I und II" vor. Bei den jüngeren Kindern füllten ihre Eltern Ernährungsprotokolle für einen mehrtägigen Untersuchungszeitraum aus. Jugendliche zwischen 12 und 17 Jahren beantworteten selbst in Interviews detaillierte Fragen zu den Speisen, die sie normalerweise essen.
Dabei zeigten sich für die Gruppe der Jugendlichen zwei besonders auffällige 10 Aspekte: Zum einen stehen die jungen Menschen heutzutage unter einem erheblichen Schlankheitsdruck. Ein Drittel der eigentlich normalgewichtigen Jugendlichen unter den Studienteilnehmern fühlt sich deutlich zu dick und 40 Prozent der untergewichtigen schätzt ihr geringes Gewicht als „genau richtig" ein. Dementsprechend hat schon jeder fünfte Befragte in dieser Altersklasse 15 bereits eine längere Diät hinter sich – wobei der Prozentsatz bei den Mädchen noch einmal deutlich höher ist als bei den Jungen. Viele Jugendliche achten sogar ständig darauf, nicht zu viel zu essen, und zählen bei jeder Mahlzeit die Kalorien aus Sorge, sie könnten zunehmen.
Zum anderen fiel auf, dass jeder sechste der befragten Jugendlichen in den 20 vergangenen vier Wochen Nahrungsergänzungsmittel geschluckt hatte. Vor allem Jugendliche, die viel Sport machen und normalgewichtig sind, greifen öfter zu Nahrungsergänzungsmitteln als andere. Auch unter Vegetariern war der Anteil auffallend hoch, in dieser Gruppe nahmen fast 30 Prozent Pulver und Kapseln. Der Großteil gab an, mit den Mineralstoffen oder Vitaminen 25

seine Gesundheit verbessern zu wollen. Ein Fünftel sagte, sie würden die Mittel auf Anraten ihres Arztes nehmen.

Außerdem zeigt die Studie, dass der Anteil der Vegetarier unter den Jugendlichen zunimmt. Fünf Prozent der befragten 12- bis 17-Jährigen ernährt sich
30 aktuell vegetarisch, bei den Mädchen sind es sogar 8,1 Prozent. Diese Zahlen liegen deutlich über dem Bundesdurchschnitt von 4,3 Prozent bei Erwachsenen. Dabei könnte nicht nur das Tierwohl eine Rolle spielen, sondern der Verzicht auf Fleisch ist auch beim Klimaschutz wichtig.

Autorentext

2 Überfliege diesen Textauszug aus einer Kurzgeschichte und markiere die Kernaussagen. Dazu hast du zwei Minuten Zeit.

TIPP zu **1** und **2**

Achte darauf, dass du wirklich nur einzelne Wörter bzw. Wortgruppen und nur in Ausnahmefällen einen Satz unterstreichst. Du wirst merken, dass es dir dann viel leichter fällt, die Übersicht zu behalten!

Clown

Seit vier Jahren arbeitete er nun schon als Clown. Obwohl – eigentlich nicht wirklich. Im richtigen Leben, fernab der Zirkuswelt, war er der Inhaber
5 eines kleinen Buchgeschäftes.

„Junge", hatte sein Vater ihn gewarnt, „Junge, das wird nichts. Mach dich nicht lächerlich. Warum wirst du nicht Tischler, so wie ich? Handwerk, weißt du, Handwerk hat goldenen Boden."

Seine Mutter, die hatte zu ihm gehalten, so lange er denken konnte. Sie glaubte
10 an ihn. Stets und immer hatte sie allen wieder und wieder gesagt, dass sie an ihren Jungen glaube, an ihn und an seinen Traum von einem eigenen, gut besuchten Buchladen. [...]

„Spot an!" Die klassische Zirkusmusik ertönte, während er mit seinen Kollegen in die Manege einmarschierte. Er winkte, sah kleine Kinder auf sich zeigen.
15 Es war so einfach: Er stolperte, oder besser gesagt, er tat so und die Kinder im Publikum jauchzten und klatschten vor Begeisterung.

Nach der Pause hatten viele dieser Kinder kleine Luftballontiere im Arm, die er in der Pause an sie zu verschenken pflegte. Mittlerweile war er gut darin, konnte blitzschnell die verschiedensten Tiere formen.
20 „Hund!", „Giraffe!", „Katze!", brüllten sie begeistert – und er gab ihnen, was immer sie sich wünschten.

Bis hierhin war es okay für ihn. Was er hasste, war der Teil, in dem er mit einem anderen Clown zusammen als eigene Zirkusnummer auftrat. Er fragte sich, wie man sich als erwachsener Mann dermaßen der Lächerlichkeit preisgeben konnte. [...]

Autorentext

B 5 Arbeitstechnik: Texte erschließen und zusammenfassen

Bevor du dich mit der Aussage eines Textes auseinandersetzen kannst, musst du ihn zunächst genau lesen, um seinen Inhalt zu verstehen. Dabei helfen dir unterschiedliche Lesestrategien. Einige kannst du bereits **vor dem Lesen** anwenden, auf andere kannst du **während des Lesens** zurückgreifen.

Nach dem Lesen helfen dir weitere Lesestrategien dabei, dein Textverständnis noch einmal zu überprüfen. Die folgenden Textbeispiele stammen aus dem Text *„Was ist ein Blog und was macht ein Blogger eigentlich genau?"* (siehe Seite 38/39).

Erster Schritt: Vor dem Lesen → Sich orientieren

„Was ist ein Blog und was macht ein Blogger eigentlich genau?"

1 Notiere stichpunktartig, was dir zum Titel einfällt.

Es geht um das Schreiben und Veröffentlichen von Texten.

2 Stelle anhand des Titels Fragen an den Text oder äußere Vermutungen zu seinem Inhalt.

Welche Geschichte hat der Weblog?
Wie kann man selbst einen Blog erstellen?

> **TIPP** zum ersten Schritt
>
> Überlege:
> • Was weißt du bereits über das Thema?
> • Geht der Text kritisch mit einem Thema um?

Zweiter Schritt: Während des Lesens → Markieren

> **TIPP** zum zweiten Schritt
>
> • Lies immer „mit dem Stift". Es kann hilfreich sein, verschiedene Farben zu benutzen.
> • Manche Unklarheiten kann man auch mithilfe des Textes, der unmittelbar vor oder hinter dem unbekannten Wort steht, klären.

3 Markiere unverständliche Textstellen und kläre sie z. B. durch Nachschlagen im Wörterbuch.

4 Mache dir Randnotizen. Dafür gibt es verschiedene Möglichkeiten.
  a) Wichtige Aussagen unterstreichen und dazu Stichworte an den Rand schreiben.

> **TIPP** zu **3** und **4**
>
> Schau dir im Text auf Seite 38 die Unterstreichungen, Markierungen und Kommentare an und bearbeite den Rest des Textes in gleicher Weise.

Das Weblog, das Blog oder mittlerweile laut Duden auch der Blog ist aus dem Ursprung heraus nichts anderes als ein <u>Online-Tagebuch</u>. User, die das Internet früh für sich entdeckt hatten, stellten ihre <u>Lebensereignisse online</u>. Das Kunstwort Weblog als Kurzform für <u>World Wide Web & Logbuch</u> entstand und die ersten Web-Logger, also Blogger, waren geboren.

Online-Tagebuch

Definition

  b) Mit Symbolen (! !! ?) verdeutlichst du, welche Textstellen oder Abschnitte dir besonders wichtig erscheinen oder wo du noch Klärungsbedarf siehst.

Dank Kategorien und Schlagwörtern können Blogleser schnell und einfach durch den Blog navigieren.

??

5 Hilfreich ist es auch, Fragen oder Kommentare zum Gelesenen am Rand zu notieren. So verschaffst du dir einen intensiveren Zugriff auf den Text.

Sind kostenfreie Blogging-Dienste genauso gut wie kostenpflichtige?

Möchte man einen eigenen Blog erstellen, findet man im Netz kostenlose Blogging-Dienste und kann so ohne finanziellen Aufwand und mit wenigen Klicks sofort loslegen. Für eine einfache und schnelle Einrichtung ist in der Regel keine Registrierung vonnöten, es reicht, einen Nickname sowie eine Mailadresse anzugeben.

AUFGABENSTELLUNG

1 Lies zunächst den folgenden Textausschnitt und bearbeite ihn danach, indem du die TIPPs zu **6** und **7** zur Texterschließung benutzt (siehe Seite 39).

Was ist ein Blog und was macht ein Blogger eigentlich genau?

Für die meisten Menschen ist ein Blog oder das Bloggen so selbstverständlich wie die Luft zum Atmen. Es gibt jedoch auch viele, vor allem viele ältere Menschen, die nicht wissen, was ein Blog ist und was ein Blogger eigentlich macht. [...]
Das Weblog, das Blog oder mittlerweile laut Duden auch der Blog ist aus dem

Online-Tagebuch

5 Ursprung heraus nichts anderes als ein <u>Online-Tagebuch</u>. User, die das Internet früh für sich entdeckt hatten, stellten ihre Lebensereignisse online. [...] Wofür einst das gute alte Tagebuch aus Papier herhalten durfte, wurde nun das

Definition

World Wide Web als Medium genutzt. Das <u>Kunstwort Weblog als Kurzform für World Wide Web & Logbuch</u> entstand und die ersten Web-Logger, also
10 Blogger, waren geboren.
Mittlerweile ist das Medium Blog den Kinderschuhen entwachsen und schon lange kein reines Tagebuch mehr für persönliche Gedanken und Träume. Blogs entstehen aus den unterschiedlichsten Gründen, Zielsetzungen und mit den vielfältigsten Themen.
15 Der Unterschied zwischen teilweise überladenen Webseiten und Blogs ist der einfache und schlichte Aufbau. [...] Reine Blogs bieten dem Leser eine sauber strukturierte Informationsquelle ohne viel Drumherum. In der Regel sind Blogbeiträge absteigend nach Datum aufgelistet und geben dem Blogleser eine genaue Übersicht über die Aktualität eines Beitrags.

??

20 Dank Kategorien und Schlagwörtern können Blogleser schnell und einfach durch den Blog <u>navigieren</u>. Die entsprechende interne Verlinkung und Auflistungen aller Artikel, die einer Kategorie oder einem Schlagwort zugeordnet sind, tragen erheblich zur Nutzerfreundlichkeit bei. [...] Die Faszination Blog hat weltweit mittlerweile viele Millionen Anhänger und täglich werden es
25 mehr. Das Tolle an einem Blog ist, dass ein Blog dank der Kommentarfunktion ganz einfach zu einem regen Gedankenaustausch von Gleichgesinnten beitragen kann. [...] Möchte man einen eigenen Blog erstellen, findet man im Netz

Sind kostenfreie Blogging-Dienste genauso gut wie kostenpflichtige?

kostenlose Blogging-Dienste und kann so ohne finanziellen Aufwand und mit wenigen Klicks sofort loslegen. Für eine einfache und schnelle Einrichtung ist
30 in der Regel keine Registrierung vonnöten, es reicht, einen Nickname sowie eine Mailadresse anzugeben. [...]
Egal, ob jemand aus Spaß an der Freude im Hobbybereich oder seinen Lebensunterhalt mit dem Bloggen bestreiten möchte, inzwischen ist alles möglich.

Dabei gibt es zahlreiche unterschiedliche Blogthemen, wie Fashion-Blogs, Kunstblogs, News-Blogs, Mikroblogs (Bsp. Twitter), Wissenschafts-Blogs und 35 viele mehr. Die Liste lässt sich endlos verlängern. [...] Vom Einzelkämpfer bis zu ganzen Gruppen gibt es Blogger, die einzelne Blogs oder gar Blognetzwerke betreiben. Der Blog ist global betrachtet weitaus mehr als nur ein Tagebuch oder eine Website, sondern ein Medium, das mitunter eine sehr große Meinungsmacht mit sich bringt. [...] 40 Von professionellen Journalisten werden Blogger oft fachlich nicht ernst genommen, sei es wegen der fehlenden journalistischen Ausbildung oder einfach, weil man die neue Konkurrenz fürchtet. [...] Zudem sind Blogger oftmals schneller und damit aktueller in ihrer Berichterstattung.

Quelle: Andreas Meyhöfer (Bremen): Blog, Bloggen? Was ist ein Blog und was macht ein Blogger eigentlich genau? https://blogsheet.info/blog-blogger-genau-erklaert-18677 (verändert; aufgerufen am 11.01.2023)

6 Teile den Text in sinnvolle Abschnitte, damit er für die Weiterarbeit übersichtlicher wird. Trenne dabei die Abschnitte durch Querstriche und fasse den jeweiligen Inhalt in einem Satz zusammen.

7 Schlüsselwörter sind die wichtigen Wörter in einem Abschnitt, da sie dessen Kerngedanken tragen. Unterstreiche in jedem Abschnitt die Schlüsselwörter.

> **TIPP zu 6 und 7**
>
> Unterteile den Text in nicht zu viele kleine Abschnitte. Unterstreiche möglichst nur ein Schlüsselwort pro Abschnitt. Deine Vorlage wird sonst leicht zu unübersichtlich.

Dritter Schritt: Nach dem Lesen → Notieren

8 Inhaltliche Zusammenfassung
a) Diese kannst du mithilfe von Markierungen, Stichpunkten und Randnotizen vorbereiten.
Fasse den Text kurz zusammen und beachte dabei folgende Punkte:
– Um welches Thema geht es?
– Wer berichtet über das Thema?
– Warum wird über das Thema berichtet?
– Gibt es wichtige Zitate?
– Um welche Textsorte handelt es sich?
– Mit welcher Absicht wurde der Text verfasst? (Will der Autor unterhalten, informieren, kritisieren ...)

> **TIPP zum dritten Schritt**
>
> Wenn du vor dem Lesen anhand des Titels Fragen oder Vermutungen an den Text gestellt hast, solltest du nun dein Wissen dahingehend überprüfen:
> • Welche Antworten hast du im Text auf deine Fragen gefunden?
> • Haben sich deine Vermutungen bestätigt?
> • Welche Erkenntnisse hat dir der Text darüber hinaus gebracht?

b) Du kannst außerdem ein Cluster oder eine Mindmap anlegen. Dazu schreibst du das zentrale Thema des Textes in die Mitte eines Blattes Papier. Darum herum notierst du die im Text genannten verschiedenen thematischen Aspekte, Inhalte oder Personen. Du kannst auch weitere Aspekte hinzufügen bzw. hast die Möglichkeit, besonders wichtige Details durch Farben oder Ähnliches hervorzuheben.

Warum?
– ...

Wer berichtet?
– ...

BLOG / BLOGGER

Absicht?
– ...

Wichtige Zitate, Erklärungen?
– ...

B 6 Arbeitstechnik: Einen informierenden Text in sechs Schritten erarbeiten

Auf den folgenden Seiten lernst du die wichtigsten Arbeitsschritte zur Erarbeitung einer Prüfungsvorlage mit informierendem Text kennen. Dieses Kapitel stellt eine Art Grundkurs dar. Es enthält Aufgabenstellungen, wie sie auch in der Prüfung vorkommen können.

Zielsetzung: Du sollst dich mit einem Sachtext und einer Tabelle zum Thema „Doping im Sport" auseinandersetzen und am Ende einen informierenden Text verfassen.
Lies den vorliegenden Text. Du kannst wesentliche Aussagen markieren.

Material 1　Pillenkick – Schmerzmittelmissbrauch im Fußball

Zusammenbrüche auf dem Spielfeld, Blut spuckende Spieler, Nierentransplantationen, lebenslange gesundheitliche Folgen: Der Fußball hat ein erhebliches Problem mit Schmerzmitteln, aber nur wenige sprechen öffentlich darüber. Uns gegenüber haben sich rund 150
5　Fußballer, Trainer, Ärzte und Wissenschaftler über das Ausmaß des Schmerzmittelmissbrauchs im Profifußball geäußert. Wir zeigen, wie auch der Amateurfußball betroffen ist. **In einer Umfrage mit mehr als 1.100 Spielern berichten Amateure, wie sie ihren Körper regelmäßig mit Schmerzpillen betäuben. Die #PILLENKICK-Recherche offenbart**
10　**ein System, in dem Gesundheit nicht viel zählt.**

Der Fußball-Weltverband Fifa begann 2002, zu Schmerzmitteln im Fußball zu forschen. Die Fifa-Experten konnten bald belegen, dass Schmerzmittel bei Weltmeisterschaften zum Alltag gehören. 2018 nahm in Russland jeder vierte Spieler schmerzstillende Medikamente vor jedem Spiel, dabei griff ein Spieler
15　sogar zu drei verschiedenen Schmerzmitteln.
Auch die Erkenntnisse zu den U17-Weltmeisterschaften in den Jahren 2005 und 2007 schockierten: Knapp die Hälfte der Spieler nahm im Laufe des Turniers Schmerzmittel. Bei der deutschen Nationalmannschaft konsumierte während der WM 2006 vor dem Achtelfinale gegen Schweden immerhin fast
20　ein Drittel der Spieler Schmerzmittel. Das zeigt eine CORRECTIV und der ARD-Dopingredaktion vorliegende Abschrift eines Dokuments, das für jeden Spieler die eingenommenen Medikamente ausweist. Seitdem werden immer mehr Spiele und Wettbewerbe ausgetragen, stellen die Spieler vor zusätzliche Herausforderungen. Das Problem verschärft sich.
25　Es gibt Menschen aus dem Fußballbusiness, die die Verwendung von Schmerzmitteln reguliert sehen wollen. Jiri Dvorak, über zwei Jahrzehnte Medizin-Chef des Weltfußballverbandes Fifa, ist einer von ihnen. Er fordert heute uns gegenüber: „Schmerzmittel sollten verboten werden, wenn sie nicht medizinisch indiziert[1] sind".
30　Anders als Dopingmittel sind Medikamente gegen Schmerzen und Entzündungen im Leistungssport in der Regel legal[2]. Was mancher Insider[3] für falsch hält. „Man kann mit Schmerzmitteln einfach eine bessere Leistung bringen", sagt etwa der Kölner Dopingforscher Hans Geyer. Der Wissenschaftler fordert, Schmerzmittel als Dopingmittel einzustufen. „Schmerzmittel", sagt Geyer, „sind stark
35　gesundheitsschädigend." Laut der Definition der Welt-Anti-Doping-Agentur (WADA) muss eine Substanz in die Verbotsliste aufgenommen werden, wenn sie zwei von insgesamt drei Doping-Kriterien erfüllt – bei Schmerzmitteln

wäre dies durch die Leistungssteigerung und Gesundheitsschädigung gegeben. So sieht es Dopingforscher Geyer. 40

Unsere Recherche begann mit dem Ziel, Medikamentenmissbrauch im Fußball zu finden. Dafür schlossen sich CORRECTIV und die ARD-Dopingredaktion zusammen. Schon bald war klar: Neben Doping 45 ist der Missbrauch von Schmerzmitteln ebenso ein Problem. Wahrscheinlich ist es sogar das größere.

Quelle Foto: Adobe Stock / Dziurek

In einer Umfrage haben uns 1.142 Amateurfußballer von ihren Erfahrungen mit 50 Schmerzmitteln und Doping berichtet. Über 100 Profifußballer haben wir zudem interviewt, die meisten aus der Bundesliga. Sie haben in den Neunziger- und Nullerjahren oder auch erst vor Kurzem ihre Karrieren beendet. Drei von ihnen stehen aktuell noch auf dem Platz. All diese Profis berichteten uns von ihren Erfahrungen. Einer von ihnen 55 ist Jonas Hummels, der jüngere Bruder des Nationalspielers Mats Hummels. Im Dezember 2015, neun Tage vor Weihnachten, kämpft Jonas Hummels mit starken Schmerzen. Seit Monaten plagt ihn sein Knie. Bevor er trainiert, nimmt er das Schmerzmittel Arcoxia. Als er lossprintet und dann plötzlich abstoppt, schreit er auf. Die Kniescheibe drückt auf den Nerv. Aufspringen 60 und Landen nach einem Kopfball sind zu diesem Zeitpunkt schon gar nicht mehr möglich.

„Du konntest mir neun Mal sagen, du nimmst zu viel Schmerzmittel. Ich habe neun Mal weggehört", sagt Hummels heute. Die Folgen des Missbrauchs habe er damals ausgeblendet, erzählt er uns, als er sich weiter erinnert. [...] 65

Die Folgen, das können Muskelverletzungen sein, Schäden an Nieren und Leber und an Gelenken. Arthrose[4] im jungen Alter, aber auch ein höheres Risiko für Herzprobleme. Die Spieler setzen auf die kurzfristige Wirkung von Schmerzmitteln. Von möglichen langfristigen Folgen wissen sie manchmal gar nichts. [...] 70

Anders als Hummels möchten die meisten ehemaligen Profis nicht, dass ihre Leidensgeschichte bekannt wird. Sie wollen nicht einmal anonymisiert[5] zitiert werden. Eine Art „Harte-Jungs-Mentalität" zieht sich durch den Sport. Über Schwächen zu reden, das trauen sich auch nach der Karriere nur wenige. Ihre Geschichten zeigen, wie durch den Schmerzmittelmissbrauch seit Jahrzehnten 75 Fußballer krank werden. Versteifte Füße, frühe Arthrose, lebensbedrohliches Vorhofflimmern, mit diesen körperlichen Schicksalen müssen sie nun leben. [...]

1 **indiziert:** medizinisch ratsam

2 **legal:** gesetzlich erlaubt

3 **der Insider:** der Kenner, der Eingeweihte

4 **die Arthrose:** die Erkrankung eines Gelenks wegen Abnutzung

5 **anonymisiert:** ohne Angabe des Namen oder persönlicher Daten

Quelle: CORRECTIV – Recherchen für die Gesellschaft gemeinnützige GmbH, Essen, Beitrag auf diesem Blog vom 10.1.2022; https://correctiv.org/top-stories/2020/06/08/pillen kick/ (aufgerufen am 11.01.2023)

Material 2 Tabelle – Soll Doping erlaubt sein?

Pro-Argumente für eine Freigabe	Kontra-Argumente gegen eine Freigabe
• Alkohol und Zigaretten sind auch erlaubt, deshalb können auch Dopingmittel erlaubt sein. • Jeder Mensch soll frei darüber entscheiden können. • Wenn die Einnahme von ärztlicher Seite begleitet wird, kann man ungewollten gesundheitlichen Schäden vorbeugen. • Keine Sportlerin und kein Sportler muss mehr lügen, das beendet die Verlogenheit im Leistungssport. • In anderen Bereichen werden ebenfalls leistungssteigernde Mittel eingenommen, z. B. Medikamente, um wach zu bleiben. • Das Verbot und die verbundenen Kontrollen haben den Missbrauch von Dopingmitteln nicht beendet.	• Dopingmittel sind ungesund. Die Nebenwirkungen sind schlecht berechenbar und gefährlich. • Es verzerrt den Wettbewerb, wenn einige Sportlerinnen und Sportler dopen und andere nicht. • Sportlerinnen und Sportler gelten oft als Vorbilder, das sollten sie auch beim Doping sein. • Wenn das Doping im Leistungssport erlaubt ist, wird sich das womöglich auch im Breiten- und Freizeitsport durchsetzen. • Bei Freigabe von Dopingmitteln gibt es keinen Anreiz mehr für andere Athleten, nicht zu dopen.

AUFGABENSTELLUNG

1 Fasse den Inhalt des Textes in nicht mehr als fünf Sätzen zusammen.

_____

_____

_____

_____

2 Welchen Personen sind folgende Textaussagen zuzuordnen?
Trage die entsprechenden Namen in die Tabelle ein.

Person	Aussage
	… sagt von sich: „Du konntest mir neun Mal sagen, du nimmst zu viel Schmerzmittel. Ich habe neun Mal weggehört."
	… fordert, Schmerzmittel als Dopingmittel einzustufen.
	… möchte die Verwendung von Schmerzmitteln reguliert sehen.

3 Erläutere drei Langzeitfolgen, die durch den Missbrauch von Schmerzmitteln im Sport entstehen könnten.

_____

_____

4 Erläutere, warum Schmerzmittel kein Doping sind, aber trotzdem als solches eingestuft werden könnten.

_____

_____

_____

_____

5 Verfasse einen informierenden Text zum Thema „Schmerzmittel im Sport" für ein Referat.

Gehe dabei so vor:

a) Finde eine passende Überschrift für deinen Text.
b) Beschreibe mithilfe der Informationen des Textes eine kurze Einleitung zum Thema.
c) Stelle dar, warum Schmerzmittelgebrauch im Fußball ein Problem darstellt.
d) Erläutere, was Doping ist und warum Schmerzmittelgebrauch im Moment nicht als solches eingestuft wird.
e) Verfasse begründet deine eigene Meinung zum Thema: Bist du für oder gegen die Freigabe des Dopings im Sport?
f) Beende deinen Text mit einer Antwort darauf, ob du selber Schmerzmittel als Dopingmittel bezeichnen würdest oder nicht.

Erster Schritt: Sich orientieren

TIPP zum ersten Schritt

Stürze dich nicht gleich in die Arbeit, sondern verschaffe dir eine erste Übersicht:
• Was verraten dir die Überschriften?
• Um welches Thema geht es in Text und Tabelle?
• Was verlangen die Aufgabenstellungen von dir? Besonders Aufgabe **5** ist für dich wichtig, um zu verstehen, worauf du eigentlich hinarbeiten musst.

1 Notiere stichpunktartig, was dir zum Thema Schmerzmittel einfällt. Hast du selber schon Erfahrungen damit?

_____

_____

_____

2 Lies die Aufgabenstellung zu Aufgabe **5** genau. Unterstreiche wichtige Arbeitsaufträge in der Aufgabenstellung. Gib dann in eigenen Worten wieder, was du tun sollst.

_____

_____

_____

_____

_____

Zweiter Schritt: Texte und Materialien erschließen und Inhalte erfassen

TIPP zum zweiten Schritt

- Lies den Text mehrmals, benutze dabei einen Stift zum Markieren.
- Unterstreiche alle Wörter oder Textstellen, die dir unbekannt sind, und kläre sie mithilfe eines Wörterbuches oder aus dem Sinnzusammenhang.
- Schreibe deine Erklärungen an den Textrand oder auf ein gesondertes Blatt.
- Kennzeichne wichtige, auffällige oder unklare Textstellen mit Zeichen wie ? oder !.
- Markiere in der Tabelle Argumente, die dir besonders wichtig erscheinen.

3 Schau dir im Text auf Seite 40 die Unterstreichungen und Markierungen an. Bearbeite in ähnlicher Weise die folgenden Absätze.

4 Lies die Tabelle mit den Pro- und Kontraargumenten.
   a) Markiere jedes Argument, dem du dich anschließt, mit einem Kreuz.
   b) Markiere dann die beiden Argumente, die du am schlüssigsten findest, mit einem Ausrufezeichen.

Dritter Schritt: Inhalt des Textes zusammenfassen

TIPP zum dritten Schritt

Mithilfe dieser Vorarbeiten kannst du die Aufgabe **1** auf Seite 42 leicht lösen.
- In welche Sinnabschnitte kann man den Text einteilen?
- Wie lassen sich die einzelnen Aufgabenstellungen in jeweils einem Satz zusammenfassen?
- Welche Informationen aus den einzelnen Abschnitten kannst du miteinander verknüpfen?

5 Unterteile den Text in sinnvolle Abschnitte, damit er für die Weiterarbeit übersichtlicher wird. Formuliere für die einzelnen Abschnitte sinnvolle Überschriften.

a) Zeile 1–24: Die Verwendung von Schmerzmitteln gehört im Fußball zum Alltag.

b) ...

_____

_____

_____

_____

_____

_____

_____

6 Schreibe eine kurze Inhaltsangabe zum Text von Material 1 (siehe Aufgabe **1**).

_____

_____

_____
_____
_____
_____
_____

TIPP zu **6**

- Im ersten Satz deiner Inhaltsangabe stellst du den Text kurz vor: Titel, Autor/-in, Textsorte, Thema.
- Dann fasst du die Überschriften der Sinnabschnitte zu ganzen Sätzen zusammen. Achte genau auf die Aufgabenstellung.

_____
_____
_____
_____
_____
_____
_____
_____

Vierter Schritt: Materialien genau untersuchen und auswerten

TIPP zum vierten Schritt

Was im Text und in der Tabelle dargestellt wird, hast du durch die Bearbeitung der Aufgaben **4**, **5** und **6** (Seite 44) bereits festgestellt. Nun musst du überprüfen, welche Informationen du für die Aufgaben **2**, **3** und **4** c und für den informierenden Text (Aufgabe **5** S. 43) nutzen kannst.
Lies dazu noch einmal genau die einzelnen Aufgabenstellungen durch.

7 Erkläre aus dem Textzusammenhang und mithilfe deines eigenen Wissens, was Doping ist.

_____
_____
_____
_____

8 Lies dir die Tabelle genau durch. Entscheide dich für eine Seite – Pro oder Kontra. Begründe deine Entscheidung kurz.

_____
_____
_____
_____
_____

Fünfter Schritt: Einen Schreibplan anlegen

Aufgabe **5** besteht darin, einen informierenden Text zusammenhängend zu schreiben. Stelle dazu Zusammenhänge zwischen den Informationen des Textes her und nutze die Erkenntnisse, die du beim Lösen der anderen Aufgaben gewonnen hast. Nutze die Aufgabenstellung und deren Unterpunkte für deine Gliederung. Bei der Erstellung des Schreibplans gehst du so vor:

1. Finde eine passende **Überschrift** und orientiere dich dabei an der Vorgabe des Themas. Achte auch darauf, dass die Überschrift neugierig macht und zum Lesen anregt.
2. In der **Einleitung** führst du in das Thema ein und weckst das Interesse deiner Leserinnen und Leser. Zuerst stellst du kurz den Text vor, machst Angaben zu Titel, Autor/-in oder Quelle, Textart und Erscheinungsjahr. Danach fasst du knapp zusammen, worum es allgemein in dem Text geht. Damit hast du die Aufgaben **5** a) und b) bearbeitet.
3. Im **Hauptteil** wendest du dich den Aufgaben **5** c) bis e) zu. Hier beschreibst du anhand der Materialien (Text und Tabelle) deine Erkenntnisse zum Thema.
4. Im **Schluss** formulierst du eine persönliche Stellungnahme zum Thema. Damit hast du die Aufgabe **5** f) bearbeitet.

9 In einem Schreibplan legst du die Abfolge deiner Gedanken in Stichpunkten fest. So fällt es dir leichter, deine Gedanken vollständig und zusammenhängend aufs Papier zu bringen. Vervollständige den folgenden Schreibplan als Grundlage für deinen Text.

Schreibplan

5 *a) Überschrift:* _____

Einleitung:

5 *b) Einleitung zum Thema mithilfe der Informationen des Textes:* _____

_____

Hauptteil:

5 *c) Warum ist Schmerzmittelgebrauch im Fußball ein Problem?* _____

_____

5 *d) Was ist Doping? Warum ist Schmerzmittelgebrauch kein Doping?* _____

_____

5 *e) Sollte Doping im Sport erlaubt sein?* _____

• _____

• _____

• _____

Schlussteil:

5 *f) Schmerzmittel = Doping?* _____

_____

Sechster Schritt: Eigenen Text schreiben und überarbeiten

TIPP zum sechsten Schritt

1. Schreibe deinen Text. Lass an der Seite deines Blattes und unten einen breiten **Rand**, damit du Platz für die Überarbeitung und Ergänzungen hast.
2. Finde eine **Überschrift**, die deine Leserinnen und Leser neugierig macht.
3. Bringe deine Ergebnisse aus der Vorarbeit in einen schlüssigen und zusammenhängenden Gedankengang. Orientiere dich an den **Aufgaben**. Setze nach jeder Aufgabe einen **Absatz**.
4. Schreibe sachlich, aber auch anschaulich und lebendig.
5. Halte dich an die dargestellten Fakten und Zahlen. Verwende Fachbegriffe, erkläre aber auch Begriffe und Namen, die in der Alltagssprache nicht häufig vorkommen.
6. Formuliere in eigenen Worten. Kennzeichne Zitate oder Belege durch Anführungszeichen und Angabe der Quelle.
7. Schreibe grundsätzlich im Präsens.

10 Verfasse deinen informierenden Text. Orientiere dich dazu an deinem Schreibplan. Beginne mit der <u>Einleitung</u>:

Schmerzmittel im Sport – ein Tabu?

Der Text „Pillenkick – Schmerzmittelmissbrauch im Fußball" vom 10.1.2022 stammt von dem Internet-Blog CORRECTIV und berichtet von einer Bestandsaufnahme des Schmerzmittelverbrauchs im Fußball. Vorbereitend auf eine Dokumentation der ARD wurde eine Umfrage sowie eine umfangreiche Recherche zum Thema „Schmerzmittelnutzung im Fußball" durchgeführt. Es hat sich herausgestellt, dass viele Sportler zu Schmerzmitteln greifen, um ihre Leistungsfähigkeit zu verbessern oder einen Spieleinsatz überhaupt möglich zu machen. Langzeitschäden werden dabei viel zu selten beachtet.

11 Fange nun einen neuen Absatz an, bevor du mit dem <u>Hauptteil</u> weitermachst:

Schmerzmittel im Fußball sind ein weitreichendes Problem. In jeder Hausapotheke findet man Schmerzmittel, die viele gegen Kopfschmerzen etc. nutzen. Dadurch kann der Eindruck entstehen, diese Mittel seien harmlos. Auch auf der Dopingliste stehen diese Mittel nicht, da sie nicht verschreibungspflichtig und frei zugänglich sind. Jeder kann sie also nutzen und die Hemmschwelle, sie „einfach so" zu nehmen, ist nicht hoch ...

Unter Doping versteht man ...

Schmerzmittel fallen nicht unter das Dopinggesetz, weil ...

Meiner Meinung nach ist Doping ein wirkliches Problem im Sport. Durch das Einnehmen von leistungssteigernden Substanzen gewinnen Sportler einen unfairen Vorteil gegenüber der Konkurrenz. Aus diesem Grund bin ich der Meinung, dass die Einnahme auf jeden Fall verboten sein sollte.
Zudem gibt es noch weitere wichtige Gründe, nämlich ...

12 Im Schlussteil beziehst du Stellung zum Thema und richtest einen Appell an deine Mitschülerinnen und Mitschüler.

Meiner Meinung nach sollten Schmerzmittel im Sport ...
Dafür sprechen aus meiner Sicht vor allem folgende Argumente ...
Auch wenn ... halte ich für wichtiger ....
Ich unterstütze daher die Forderung ...
Aber auch wir in unserer Klasse sollten uns überlegen, wie wir zu dem Thema „Doping im Sport" stehen und ...

13 Überarbeite deinen Text. Verwende dazu die Checkliste.

CHECKLISTE zur Überarbeitung von informierenden Texten

1. **Den Text inhaltlich überprüfen (Inhaltsleistung)**
   - ☑ Hast du in deinem Text alle Unterpunkte der Schreibaufgabe berücksichtigt?
   - ☑ Hast du den Text sinnvoll gegliedert? Ist er durch Absätze überschaubar gestaltet?
   - ☑ Sind die Informationen für die Leserinnen und Leser nachvollziehbar und interessant dargestellt?
   - ☑ Wurden die Informationen (Fakten, Zahlen) richtig aus den Materialien übernommen?
   - ☑ Hast du unterschiedliche Beobachtungen miteinander verknüpft und Zusammenhänge hergestellt?
   - ☑ Hast du deine Stellungnahme nachvollziehbar gestaltet und deine Meinung begründet?

2. **Den Text sprachlich überprüfen (Darstellungsleistung)**
   - ☑ Gibt es unnötige Wiederholungen?
   - ☑ Fallen dir unklare Formulierungen oder Begriffe auf, die du noch erklären musst?
   - ☑ Sind deine Sätze vollständig?
   - ☑ Kannst du komplizierte Sätze vereinfachen?
   - ☑ Hast du Zusammenhänge durch sinnvolle Satzverknüpfungen verdeutlicht?
   - ☑ Hast du Rechtschreibung, Zeichensetzung und Grammatik überprüft?

Alle wichtigen Rechtschreibregeln findest du auch im Internet auf **www.finaleonline.de**.
Einfach „Realschulabschluss" und dein Bundesland eingeben und das kostenlose „EXTRA-Training Rechtschreiben" herunterladen.

B 7 Arbeitstechnik: Einen erzählenden Text in sechs Schritten erarbeiten

Auf den nächsten Seiten werden die wichtigsten Arbeitsschritte für das Erarbeiten eines erzählenden Textes vorgestellt. Dieses Kapitel stellt eine Art Grundkurs dar. Es enthält dabei Aufgabenstellungen, wie sie auch in der Prüfung vorkommen können.

Du sollst dich mit einer Kurzgeschichte auseinandersetzen und eine Interpretation dazu verfassen. Lies den vorliegenden Text. Du kannst während des Lesens schon Aussagen und sprachliche Mittel markieren und Fragen am Rand notieren.

Tanzen gehen   *Nils Mohl*

Er steht im Badezimmer vor dem Spiegel, öffnet die oberen vier Knöpfe seines Hemdes, zieht den Kragen des T-Shirts nach unten und betrachtet die streichholzlange, strichartige Stelle zwischen Schlüsselbein und Brustwarze. Er berührt die Narbe und streicht mit den Fingern darüber hinweg. Die Narbe fühlt sich glatt an, ein bisschen wie Plastik. Wenn er dagegen drückt, verfärbt sie sich. 5
In ein paar Monaten wird er sie vermutlich kaum noch wahrnehmen. Er hat eine ganz ähnliche Narbe am Kinn, seit über fünfzig Jahren schon, und eine viel größere am Unterschenkel. Überhaupt ist sein Körper voll von Narben. Die meisten sind für ihn inzwischen unsichtbar. Er beugt sich vor, betrachtet seine Augen im Spiegel. Die Pupillen weiten sich ein Stück, dann ziehen sie 10 sich wieder zusammen. Er streicht den Kragen seines T-Shirts glatt, knöpft das Hemd zu, betätigt die Klospülung. Er hat die Toilette nicht benutzt. Die Klospülung betätigt er, weil er nicht möchte, dass seine Frau Verdacht schöpft. Gus schaltet das Licht aus und verlässt das Bad.
Er weiß an diesem Samstag wenig mit sich anzufangen. Er könnte im Garten 15 arbeiten, aber es nieselt draußen. Er könnte die Steuererklärung machen, er hat sich extra ein entsprechendes PC-Programm besorgt, und der Rechner läuft auch, doch er ist mit den Gedanken gerade woanders und biegt deshalb auch vom Flur nicht ins Arbeitszimmer ab, sondern landet im Wohnzimmer. Ob er wieder vor dem Spiegel gestanden habe? Das ist die Frage, die Gus von Ella, 20 seiner Frau, eigentlich erwartet, aber Ella sagt bloß: Hier, der Sportteil. Ella sitzt am Wohnzimmertisch, vor ihr ausgebreitet liegt die Zeitung: Geburtsanzeigen, Hochzeitsanzeigen, Todesanzeigen. Eine Liza mit Zett, murmelt Ella vor sich hin, seltsam sieht das geschrieben aus, ganz ungewohnt. Gus nimmt den Sportteil zur Hand, setzt sich Ella gegenüber in den Sessel, liest aber nicht. 25
Er blickt, die Zeitungsseiten auf den Knien, zu Ella und beobachtet, wie diese mit wachen Augen die Spalten mit den Geburts- und Hochzeitsanzeigen abfährt. Sie lacht des Öfteren leise auf oder quittiert hier und da einen ihrer Meinung nach allzu extravaganten Namen mit einem halb verblüfften, halb ironischen: Wie kann man das seinem Kind nur antun!, um dann nach kurzer 30 Pause meist auch noch ein Also wirklich! oder Ist das zu glauben? hinzuzufügen. Gus räuspert sich. Er sagt aber nichts. Ella blättert die Seite um. Das Zeitungspapier raschelt. Gus fragt: Warum schaust du dir das immer an? Ella ist bei der Seite mit den Todesanzeigen angekommen.
Was meinst du? Die Todesanzeigen? Überhaupt, sagt Gus, diese Anzeigen 35 eben. Kann ich nicht erklären, ich gucke, wie alt diese Leute geworden sind, ob man vielleicht jemanden davon gekannt hat … Ella macht eine Pause, dann sagt sie: Warum nicht? Sie schaut Gus an, zuckt mit den Schultern. Gus

??

!!

schaut zurück. Schon gut, nicht so wichtig, sagt er und blickt zum Fenster.
40 Er sagt: Ich wollte ja eigentlich noch in den Garten, aber … Gus beendet den
Satz nicht. Ella sagt: Morgen. Sie sagt: Vielleicht ist das Wetter morgen besser.
Dann blickt sie wieder auf die Zeitungsseiten, auf die vielen, unterschiedlich
großen, schwarzumrandeten Kästchen.
Gus erhebt sich vom Sessel. Er geht in Richtung Fenster, macht aber nach ein
45 paar Schritten vor dem Regal halt. Ella hat kürzlich die gerahmten Fotos, die
dort stehen, neu arrangiert. Gus betrachtet ein Porträt von sich, das er seit
Jahren nicht mehr betrachtet hat. Es zeigt ihn als Mann von knapp dreißig
Jahren. Hier, diese Anzeige zum Beispiel, sagt Ella, da ist eine Frau ums Leben
gekommen bei einem Unfall, mit 57. Gus starrt auf den Bilderrahmen, das Glas
50 spiegelt die Silhouette seines Kopfes. Gus lehnt sich mit dem Oberkörper ein
Stück zurück, neigt den Kopf, versucht seinen Schattenriss mit dem Umriss
des Porträts in Übereinstimmung zu bringen. Ella liest: Es war ein Leben,
ausgefüllt mit viel Arbeit, Freude und Erfüllung in 27 wunderbaren Ehejahren. Sie war ein wunderbarer Mensch. Sie war mein Leben. Gus nimmt den
55 Bilderrahmen vom Regal, dreht sich zu seiner Frau um. Ella schaut auf, sagt:
Ist das nicht schön? Gus antwortet nicht.
Dann, nachdem er den Rahmen zurück ins Regal gestellt hat, sagt er: Lass
uns tanzen gehen. Er steht mit dem Rücken zum Regal, hat den Kopf geneigt,
betrachtet die Armlehne des Sessels, das Teppichmuster, wirft dann einen Blick
60 zu Ella. Sie sitzt wie zuvor auf dem Sofa, schaut ihn an. Gus meint etwas wie
Traurigkeit oder vielleicht auch Mitleid in ihren Augen zu lesen. Er wendet
seinen Blick ab.
Tanzen gehen? Ella macht eine kurze Pause. Vor oder nach dem Essen?, fragt
sie dann. Gus tritt einen Schritt zur Seite, stockt in der Bewegung, verlagert
65 das Gewicht zurück auf das Standbein. Mach dich nur lustig, sagt er und ist
über die Schärfe seines Tons selbst ein wenig überrascht. Ruhiger setzt er deshalb noch hinzu: War nur ein Gedanke. Ella seufzt. Gus zieht die Mundwinkel
gequält nach oben, geht zum Wohnzimmerfenster. Er sagt: Ich wüsste, ehrlich
gesagt, gar nicht, keine Ahnung … Disco, Seniorentanz? Gus lacht kurz auf:
70 Wo geht man denn heute hin? Wo könnte man denn hingehen? Leute wie wir.
Ella faltet die Zeitung zusammen. Gus hört das Rascheln der Seiten, tritt dichter
ans Fenster, schiebt seine Lippen vor, haucht einen kräftigen Stoß Atem gegen
die Scheibe. Sie beschlägt. Er fragt: Soll ich Kartoffeln schälen? Du könntest
Musik auflegen, sagt Ella. Gus beobachtet das Verschwinden des Hauchflecks.
75 Er fragt: Musik zum Kartoffelschälen? Aber er weiß natürlich, was Ella meint.
Er hat sich zu ihr umgedreht. Sie sitzt nach wie vor auf dem Sofa, hat sich aber
jetzt gegen die Rückenpolster zurückgelehnt und die Hände im Schoß liegen.
Gus sagt: Komm her. Ella lächelt. Komm schon. Gus macht eine auffordernde
Bewegung mit dem Kopf. Ella erhebt sich vom Sofa. Gus geht auf sie zu. Er
80 winkelt seinen rechten Arm an, streckt seinen linken zur Seite hin aus. Ella
steht vor ihm und amüsiert sich. Gus sieht die Grübchen in ihren Wangen
tiefer werden, aber sie legt die eine Hand auf seine Schulter und greift mit der
anderen nach seiner Linken. So stehen sie da, in Tanzhaltung, und dann führt
Gus Ella rechtsherum und immer weiter im Eins-zwei-drei eines unhörbaren
85 Walzertakts, und weder er noch Ella sagen irgendetwas.
Schließlich streifen sie mit den Ellbogen leicht die Stehlampe, die bedenklich
kippelt, und Gus ruft ein Ups! und Ella ein Oh!, und beide haben Mühe, das
Gleichgewicht zu halten. Gus spürt seinen Puls schlagen. Ella wischt sich

eine Strähne aus dem Gesicht. Beide atmen sie flach. Gus bemerkt die klei-
nen Schweißperlen auf ihrer Oberlippe. Er drückt den Rücken durch, spannt 90
die Bauchmuskeln, zieht Ellas Körper dichter an seinen. Ob sie mit ihm ins
Schlafzimmer käme, jetzt? Gus nähert seinen Kopf Ellas Gesicht. Das Sofa.
Er fährt mit der einen Hand Ellas Rücken abwärts bis zur Hüfte, drängt seine
Frau dabei ein wenig plump, wie es ihm vorkommt, zurück in Richtung des
Platzes, an dem die Zeitung liegt. Ella fängt die Bewegung auf, wie selbstver- 95
ständlich, mit einem Schritt zur Seite. Sie bleiben stehen. Viel haben wir nicht
verlernt, was meinst du?, sagt Ella. Sie streichelt Gus über die Wange. Dann
legt sie ihm beide Hände, eine rechts, die andere links, auf die Schultern. Er
riecht ihren Schweiß, ganz leicht nur – atmet tief ein.
Erst als Ella dann längst in der Küche ist, fallen Gus ein paar Dinge ein, die 100
er gerne gesagt hätte. Nichts Großartiges, aber er formuliert es sogar im Kopf.
Er steht im Flur vor dem Garderobenspiegel, stopft sein Hemd zurück in den
Bund der Hose. Gus hört, wie Ella am Spülstein in der Küche hantiert. Sie
lässt Wasser in einen Topf fließen. Gus berührt einmal kurz durch die Kleidung hindurch die Stelle zwischen Brust und Schlüsselbein. Anschließend 105
lässt er die Hand sinken und betrachtet sich im Spiegel, sein Gesicht, schaut
sich in die Augen. Er beugt sich vor, bis seine Nase fast das Glas des Spiegels
berührt, blickt auf. Seine Pupillen weiten sich ein Stück, dann ziehen sie sich
wieder zusammen.

Quelle: Nils Mohl: Tanzen gehen: Kurzgeschichten, Literatur Quickie, Probsthayn, 2019. © Nils Mohl, Hamburg

AUFGABENSTELLUNG

1 Stelle das Thema der Kurzgeschichte in nicht mehr als vier Sätzen vor.

_____

_____

_____

_____

_____

_____

_____

2 Notiere Stichworte zum Inhalt der Kurzgeschichte.

_____

_____

_____

_____

_____

_____

_____

3 Weise für die Geschichte drei wichtige sprachliche Mittel nach, benenne sie und erkläre ihre Wirkung.

Zeile	Textstelle	Sprachliches Mittel und Wirkung

4 Untersuche den Satzbau. Nenne drei auffällige Beispiele, benenne und erkläre ihre Wirkung.

Zeile	Textstelle	Wirkung

5 Benenne vier Merkmale einer Kurzgeschichte und belege diese am Text.

Merkmal	Textbezug

6 Gus fordert Ella zum Tanz auf. Stelle Überlegungen an, warum Gus dies tut. Begründe.

_____

_____

_____

_____

_____

_____

_____

7 Schreibe nun deine Interpretation der Kurzgeschichte und gehe dabei folgendermaßen vor:

a) Verfasse eine Einleitung, in der du das Thema der Geschichte vorstellst und anschließend den Inhalt kurz zusammenfasst.

b) Deute mithilfe der sprachlichen Mittel das Thema der Kurzgeschichte. Berücksichtige dabei, was der Autor mit der Geschichte ausdrücken möchte.

c) Erläutere, warum der Tanz von Gus und Ella der Höhepunkt und gleichzeitig ein Wendepunkt der Geschichte ist.

d) Erkläre die Überschrift „Tanzen gehen" und ihren Bezug zur Aussage des Textes.

e) Äußere zum Schluss deine persönliche Meinung zu der Geschichte. Nimm begründet Stellung zur Textaussage und berücksichtige dabei eigene Erfahrungen.

Erster Schritt: Sich orientieren

TIPP zum ersten Schritt

Stürze dich nicht gleich in die Arbeit, sondern verschaffe dir eine erste Übersicht:
- Worum geht es im Text? Was verrät dir die Überschrift über den Inhalt?
- Lies die Aufgabenstellungen sorgfältig. Besonders Aufgabe **7** ist für dich wichtig, damit du weißt, worauf du hinarbeiten musst.

1 Notiere stichpunktartig, was dir zum Titel der Kurzgeschichte „Tanzen gehen" einfällt.

TIPP zur Aufgabe **1**

In der Einleitung wird der Text kurz vorgestellt: Titel, Autor, Entstehungsjahr, Textsorte, Thema.
Mithilfe der Ergebnisse aus den Aufgaben **1** und **2** kannst du die Kurzgeschichte kurz zusammenfassen.
Die Kurzgeschichte „Tanzen gehen" von Nils Mohl wurde 2019 veröffentlicht. Sie handelt von einem alten Ehepaar und einem üblichen Samstag in ihrem Leben. …

2 Lies die Schreibaufgabe **7** genau. Gib mit eigenen Worten wieder, was du tun sollst.

_____

_____

_____

_____

_____

Zweiter Schritt: Den Text lesen und das Thema erfassen

TIPP zum zweiten Schritt

- Lies den Text mehrmals. Unterstreiche alle unbekannten Wörter und Textstellen.
- Verwende ein Wörterbuch oder erschließe die Bedeutung aus dem Textzusammenhang. Schreibe die Erklärungen an den Rand oder auf ein extra Blatt.
- Kennzeichne wichtige, auffällige oder unklare Textstellen mit Zeichen (! ?), verdeutliche Verweise mit →, z. B. Wiederholungen.

3 Schau dir im Text auf Seite 49 die Unterstreichungen und Markierungen an. Bearbeite in gleicher Weise den ganzen Text.

4 Schreibe in Stichworten auf, um welche Probleme es in der Geschichte geht.

– *alltägliches Einerlei oder Routine eines alten Ehepaares*

– *fehlende Gespräche zwischen beiden Hauptpersonen*

– *Versuch, die Situation zu verändern, aber dieser scheitert*

– *…*

– *…*

5 Schreibe eine Einleitung (siehe Aufgabe **1**, Seite 51).

Dritter Schritt: Den Inhalt zusammenfassen

TIPP zum dritten Schritt

- Stelle W-Fragen an den Text und beantworte sie in Stichworten. Dadurch gewinnst du schnell einen Überblick über die Handlung und sammelst gleichzeitig Stichwörter für die Inhaltszusammenfassung.
- In welche Sinnabschnitte kann man den Text einteilen? Wie lassen sich einzelne Abschnitte jeweils in einem Satz zusammenfassen? Mithilfe dieser Informationen kannst du später die Inhaltsangabe schreiben.

6 Gliedere den Text in inhaltliche Abschnitte. Notiere dir auch die Zeilenangaben.

a) *Gus steht im Badezimmer und betrachtet seine Narben. (Z. 1 – 14)*
b) *Ella sitzt im Wohnzimmer und liest die Zeitung (vor allem die Geburts-, Heirats-, Todesanzeigen). Gus beobachtet sie.*
c) *Nach einer Weile wandert Gus durch das Wohnzimmer und …*
d) *…*
e) *…*
f) *…*

7 Verfasse nun die Inhaltsangabe (siehe Aufgabe **2** auf Seite 51).

Gus steht im Badezimmer und betrachtet seine Narben. Da er nicht weiß, was er tun soll, geht er ins Wohnzimmer, wo Ella sitzt und die Zeitung liest. Sie studiert vor allem die Geburts-, Heirats- und Todesanzeigen. Gus beobachtet sie eine Zeitlang und geht dann …

Vierter Schritt: Den Text untersuchen und die sprachlichen Merkmale erfassen

TIPP zum vierten Schritt

- Die Absicht und die Wirkung eines Textes auf die Leser werden durch sprachliche Mittel (→ Glossar) erreicht, z. B. durch sprachliche Bilder, Verwendung von Wörtern aus einem Themenfeld oder bestimmten Adjektiven, auffällige Wortwahl und auffälligen Satzbau.
- Die sprachlichen Mittel stehen immer in Beziehung zur Textaussage.
- In diesem Schritt werden die Aufgaben **3** bis **5** (Seite 52) bearbeitet.

8 Lies und bearbeite die Aufgabe **3** (Seite 52).

TIPP zur Aufgabe **3**

Das Glossar am Ende des Buches hilft dir, sprachliche Mittel im Text zu finden.

Zeile	Textstelle	Sprachliches Mittel und Erklärung
4 – 5	*Die Narbe fühlt sich glatt an, ein bisschen wie Plastik.*	*Vergleich; Hinweis für den Leser: Narbe ist verheilt. Hinweis auf sein Alter*
8	*Überhaupt ist sein Körper voll von Narben.*	*Narbe(n) = Symbol(e); stehen für sein Leben sowie die Vergangenheit*
74	*Gus beobachtet das Verschwinden des Hauchflecks.*	*Neologismus; erster Versuch eines Umbruchs in der täglichen Routine*

9 Lies und bearbeite die Aufgabe **4** (Seite 52).

TIPP zur Aufgabe **4**

Es gibt Sätze, die durch den gleichen Aufbau den eintönigen Alltag des Ehepaars widerspiegeln.

Zeile	Textstelle	Erklärung
49	*Gus starrt auf den Bilderrahmen, …*	*Parallelismus; die Anfänge spiegeln den monotonen, gleichförmigen Ablauf eines Tages*
55 – 56	*Ella schaut auf, sagt: Ist das nicht schön? Gus antwortet nicht.*	*Rhetorische Frage; erfordert keine Antwort; Ehepaar kennt sich gut nach so vielen Jahren, versteht sich ohne viele Worte.*
40 – 41	*Er sagt … Ella sagt … Sie sagt …*	…

10 Lies und bearbeite die Aufgabe **5** (Seite 52).

TIPP zur Aufgabe **5**

Du kannst die Merkmale einer Kurzgeschichte im Glossar nachlesen.

Merkmal	Textbezug
Begrenzte Anzahl von handelnden Personen	*Gus und Ella*
Alltagssituation	*Das Geschehen, die Situation, die Örtlichkeit, die Menschen sind alltäglich. Alles ist realistisch und auf den ersten Blick nicht außergewöhnlich.*

Merkmal	Textbezug
Das Problem wird nicht gelöst, daher bleibt das Ende der Geschichte offen.	*Der Leser wird mit Gus und der Betrachtung im Spiegel allein gelassen. Er wird „gezwungen", darüber nachzudenken, was weiter passieren könnte.*

11 Lies und bearbeite die Aufgabe **6** (Seite 52).

Als Ella Gus aus einer Todesanzeige vorliest, wird ihm klar, wie schnell das Leben vorbeigehen kann und dass er …

TIPP zur Aufgabe **6**

Kurzgeschichten haben oft einen Wendepunkt, an dem es im Leben eines Menschen eine Veränderung oder einen Einschnitt gibt.

Fünfter Schritt: Den Text interpretieren

TIPP zum fünften Schritt

Um dir zu erschließen, was eine Kurzgeschichte aussagen soll, stellst du dir selbstständig Fragen zum Text. Sie können sich beziehen auf auffällige Textstellen, Wörter, Verhaltensweisen der Personen, besondere Gegenstände, die Überschrift oder überraschende Handlungsschritte. Mithilfe der Fragen sollst du das Verhalten der Hauptpersonen darstellen und Begründungen dafür abgeben. Du kannst in Stichworten antworten.

12 Wie wird der Alltag des Ehepaares dargestellt? Suche entsprechende Textstellen.

_____

_____

_____

_____

13 Wieso ist die Unterhaltung zwischen Ella und Gus so verkürzt?

_____

_____

_____

_____

14 Wie fühlen sich Ella und Gus wohl vor dem Tanz, während des Tanzes und danach?

_____

_____

15 Wie beginnt und wie endet der Text? Was fällt dir auf? Was könnte der Grund dafür sein?

_____

_____

Sechster Schritt: Eigenen Text vorbereiten, schreiben und überarbeiten

TIPP zum sechsten Schritt

Lies nochmal genau die Aufgabe **7**. Du sollst die Aussage und die Absicht des Textes darstellen und gestalterische Mittel nennen, die die Zielsetzung des Autors unterstützen. In einer Stellungnahme sollst du deinen Standpunkt klar und eindeutig darstellen, nachvollziehbar begründen und durch anschauliche Beispiele erläutern. Dabei soll deine persönliche Position klar erkennbar werden.

16 Nun fertige in Stichworten einen Schreibplan an.

TIPP zum Schreibplan

Orientiere dich an den Aufgaben **1** bis **6**.

Schreibplan

Einleitung:

a) Vorstellung des Textes   }   *siehe Aufgabe* **1**

Hauptteil:

b) Zusammenfassung des Inhalts   }   *siehe Aufgabe* **2**

c) Analyse/Darstellung der sprachlichen Mittel   *Aufgaben* **3** – **6** *bereiten auf*

d) Wendepunkt   *Aufgabe* **7** *vor*

Schluss:

e) – Persönliche Meinung zu der Geschichte

    – Stellungnahme zur Textabsicht, eventuell anhand eigener Erfahrungen

17 Verfasse nun deinen Text (Bearbeitung der Aufgabe **7**). Schreibe in vollständigen Sätzen.

In der Kurzgeschichte „Tanzen gehen" von Nils Mohl, die 2019 veröffentlicht wurde, geht es um das Problem des eintönigen Alltags des lange verheirateten Ehepaares Gus und Ella.
Die Kurzgeschichte beginnt damit, dass Gus im Badezimmer steht und seine Narben im Spiegel betrachtet. Da er nicht weiß, was er tun soll, geht er ins Wohnzimmer, wo Ella sitzt und die Zeitung liest. Sie studiert vor allem die Geburts-, Heirats- und Todesanzeigen. …

18 So könnte dein Schlussteil (Aufgabe **7**) anfangen. Beginne mit einer persönlichen Stellungnahme.

TIPP zur Stellungnahme

Für deine persönliche Beurteilung kannst du folgende Formulierungen verwenden:
einerseits – andererseits, im Gegensatz zu, meiner Meinung nach, fest steht, dass …, ich denke, dass …, denn, aus diesem Grund, hinzu kommt, dass …, nicht zu vergessen ist, dass …, das bedeutet …, unbestritten ist, dass …

Ich finde die Geschichte sehr interessant. Besonders die Darstellung des monotonen Alltags eines Ehepaares wird durch die sprachliche Gestaltung widergespiegelt. …

19 Überarbeite zum Schluss deinen Text sorgfältig. Verwende dazu die Checkliste.

CHECKLISTE zur Überarbeitung des Textes

Text inhaltlich überprüfen
- ☑ Hast du in deinem Text alle Unterpunkte der Aufgabenstellung berücksichtigt?
- ☑ Wo könnten Absätze deinen Text besser gliedern?
- ☑ Wo willst du etwas ergänzen oder streichen?
- ☑ Hast du deine Aussagen am Text belegt?

Text sprachlich überarbeiten
- ☑ Hast du das Präsens verwendet und wörtliche Rede im Konjunktiv wiedergegeben?
- ☑ Hast du störende Wiederholungen vermieden?
- ☑ Sind deine Sätze vollständig?
- ☑ Hast du Satzgefüge verwendet? An welchen Stellen kannst du Sätze verbinden?
- ☑ Gibt es lange Sätze, die du auflösen solltest?

Text auf Rechtschreibung und Zeichensetzung überprüfen
- ☑ Entdeckst du Flüchtigkeitsfehler (unvollständige Wörter, falsche Groß- und Kleinschreibung)?
- ☑ Musst du Wörter nachschlagen?
- ☑ Stimmt die Zeichensetzung (Punkte, Fragezeichen, Kommas, Anführungsstriche)?

Alle wichtigen Rechtschreibregeln findest du auch im Internet auf **www.finaleonline.de**. Einfach „Realschulabschluss" und dein Bundesland eingeben und das kostenlose „EXTRA-Training Rechtschreibung" herunterladen.

B 8 Arbeitstechnik: Einen lyrischen Text in sechs Schritten erarbeiten

Im Folgenden werden die wichtigsten Arbeitsschritte für das Erarbeiten eines lyrischen Textes dargestellt. Ein lyrischer Text kann ein Gedicht, aber auch, wie in diesem Beispiel, ein Lied sein. Dieses Kapitel stellt eine Art Grundkurs da. Es enthält Aufgabenstellungen, wie sie auch in der Prüfung vorkommen können.

Du sollst dich mit einem Songtext als Beispiel für einen lyrischen Text auseinandersetzen, diesen interpretieren und anschließend eine Stellungnahme verfassen.
Lies den vorliegenden Liedtext. Du kannst dabei bereits Markierungen von wichtigen Textstellen oder sprachlichen Mitteln vornehmen.

Horizont (2020) *Johannes Oerding / Gentleman*

Oh

Wenn die Hoffnung fehlt und dein Horizont auch
Kannst du auf mich zählen, ja, dann hol ich dich raus

Wieder mal besorgt, weil du nicht rangehst
5 Kann dich schon seit Tagen nicht erreichen
Obwohl's mich eigentlich nichts angeht
Hilft es manchmal, wenn man nicht allein ist

Könn' uns, wenn du Zeit hast, ja mal sehen
Sag Bescheid, komm vorbei, meine Einladung steht, yeah
10 Kann auch was kochen, wenn du möchtest
Meine Dumplings sind köstlich

Ich bin da, für dich da
Auch wenn die Geister in dir mich nicht sehen wollen
Ich bin da, wieder da
15 Sag mir, wohin ich den Wind für dich drehen soll

Wenn die Hoffnung fehlt und dein Horizont auch
Kannst du auf mich zählen, ja, dann hol ich dich raus
Wenn du dir nicht traust und auf einmal glaubst, dass keiner dich vermisst, dann
Kannst du auf mich zählen, ja, dann hol ich dich raus

20 Deine Gedanken sind leise und deine Flügel schwer wie Blei
Du bist auf einsamer Reise, hast nur die Dunkelheit dabei
Ey, du weißt, Glück lasst sich teilen
Und das gilt auch für unsern Schmerz
Ich lass dich nicht alleine leiden
25 Wenn du durch die Hölle fährst

Ich bin da, ist doch klar
Auch wenn die Geister in dir mich nicht sehen wollen
Ich bin da, ist doch klar
Sag mir, wohin ich den Wind für dich drehen soll

30 Wenn die Hoffnung fehlt und dein Horizont auch
Kannst du auf mich zählen, ja, dann hol ich dich raus
Wenn du dir nicht traust und auf einmal glaubst, dass keiner dich vermisst, dann
Kannst du auf mich zählen, ja, dann hol ich dich raus

Kann dich verstehen, mir gehts genauso
35 (Steht der Herr dir bei, auch wenn es wieder mal schwer ist)
Wir schalten alles auf lautlos
(Trotz all den singenden Möwen und dem Rauschen des Meeres)

Kann dich verstehen, mir gehts genauso
(Auch wenn die Geister in dir mich nicht sehen wollen)
40 Wir schalten alles auf lautlos
Sag mir, wohin ich den Wind für dich drehen soll

Wenn die Hoffnung fehlt und dein Horizont auch
Kannst du auf mich zählen, ja, dann hol ich dich raus
Wenn du dir nicht traust und auf einmal glaubst, dass keiner dich vermisst, dann
45 Kannst du auf mich zählen, ja, dann hol ich dich raus

Quelle: Horizont. Liedtext von Leopold Schuhmann Ferdinand / Johannes Oerding / Tilmann Otto;
© WCZ Publishing GbR/Captain Hut Publishing Edition/BMG Rights Management GmbH, Berlin

AUFGABENSTELLUNG

1 Verfasse zunächst eine Einleitung für deinen Interpretationsaufsatz.

_____
_____
_____

2 Gib den Inhalt des Liedes mit eigenen Worten wieder.

_____
_____
_____
_____

3 Beschreibe nun in Stichworten den formalen Aufbau des Liedtextes.

–Einzelnes Wort vorweg, dann 11 Strophen mit ... Versen

–Refrain sind die Verse ...., wird ..... wiederholt

–kein Reimschema

– ...

_____
_____

4 Johannes Oerding und Gentleman beschreiben in dem Lied die Freundschaft und was Freundschaft ausmacht. Suche im Text drei Textstellen oder sprachliche Mittel, die dieses Thema verdeutlichen.

Textstelle	Zitat	Stilmittel	Bedeutung
Vers 15	„den Wind für dich drehen soll"	Personifikation	Der Freund bietet Hilfe an und nutzt den Wind, der die Richtung der gewünschten Hilfestellung angibt.
Vers 12	„ich bin da, für dich da"	Anapher	Verstärkung der Aussage, dass der Freund in der Not da ist
Vers 35	„Steht der Herr dir bei"	Personifikation	gemeint ist Gott, der den Menschen beisteht
Vers …			

5 a) Untersuche, was der „Horizont" bedeutet und was er mit Freundschaft zu tun hat. Inwiefern gehören Hoffnung und Horizont in diesem Lied eng zusammen?

_____

_____

_____

_____

_____

_____

61

b) Das Lied nutzt sowohl „ich" als auch „du/dein" etc. Wie wirkt das auf dich? Warum unterstreicht die Nutzung dieser Pronomen das Thema der Freundschaft?

_____

_____

_____

_____

6 Analysiere den Liedtext und setze dich intensiv mit dem Thema „Freundschaft" auseinander. Gehe dabei folgendermaßen vor:

a) Stelle in der Einleitung das Lied vor und fasse den Inhalt kurz zusammen. (Aufgabe **1** und **2**)

b) Beschreibe, wie Freundschaft von den beiden Songwritern dargestellt wird (Sprache). Was hat der Schauplatz „Meer" damit zu tun? (Aufgabe **4** und **5** a)

c) Erkläre, warum in dem Lied die Pronomen ich/du/dein etc. benutzt werden. (Aufgabe **5** b)

d) Stelle zum Schluss deine persönliche Meinung zur Freundschaft dar und beziehe die Aussagen des Liedtextes zur Begründung mit ein.

Erster Schritt: Sich orientieren

TIPP zum ersten Schritt

Stürze dich nicht gleich in die Arbeit, sondern verschaffe dir eine erste Übersicht:
• Was verrät dir die Überschrift?
• Worum geht es in dem Text?
• Vor allem solltest du an dieser Stelle schon einmal alle Aufgaben genau lesen. Besonders Aufgabe **6** ist für dich wichtig, um zu verstehen, worauf du eigentlich hinarbeiten musst.

1 Was fällt dir zum Titel „Horizont" ein? Notiere in Stichworten. Was meinst du, worum es in dem Lied geht?

_____

_____

_____

_____

2 Schau dir die Aufgabe **6** an (siehe oben) und notiere mit eigenen Worten, was du tun sollst.

_____

_____

_____

_____

_____

_____

Zweiter Schritt: Den Text lesen und das Thema erfassen

- Unterstreiche alle Wörter oder Textstellen, die dir unbekannt sind, und kläre sie mithilfe eines Wörterbuches oder aus dem Sinnzusammenhang.
- Schreibe deine Erklärungen an den Textrand oder auf ein gesondertes Blatt.
- Kennzeichne wichtige, auffällige oder unklare Textstellen mit Zeichen (? !).
- Verweise solltest du mit → verdeutlichen, z. B. Wiederholungen einer Textstelle oder eines Wortes.

3 Worum geht es in dem Lied? Mache dir Notizen.

_____

_____

_____

_____

4 Schreibe den Entwurf für die Einleitung zu deiner Interpretation (Aufgabe **1**, Seite 60) auf ein gesondertes Blatt.

- In der Einleitung wird der Text zunächst kurz vorgestellt: Titel, Interpret, Textsorte, Thema (einleitender Satz).
- Mit den Stichpunkten aus Aufgabe **3** (siehe oben) kannst du zudem die Thematik des Liedes in ein bis zwei Sätzen zusammenfassen.

Dritter Schritt: Den Inhalt zusammenfassen

- Stelle W-Fragen an den Text und beantworte sie in Stichpunkten. Dadurch gewinnst du einen Überblick über die Handlung oder über dargestellte Gedanken und sammelst Stichpunkte für die Inhaltszusammenfassung.
- Entsprechen die Strophen einzelnen Sinnabschnitten oder lassen sich andere Zusammenfassungen finden, aus denen du eine Inhaltsangabe schreiben kannst?

5 a) Was wird in dem Lied beschrieben?

_____

_____

_____

_____

_____

_____

_____

b) Wer spricht in dem Text?

_____

_____

c) Was bewirkt die Nutzung der Pronomen?

_____

_____

d) Was ist besonders an der Sprache in diesem Lied?

_____

_____

_____

_____

6 Schau dir den Aufbau genauer an. Nutze Sinnabschnitte, diese helfen dir.

TIPP zur Aufgabe **6**

Sinnabschnitte sind zusammengehörende Teile einer Handlung oder einer Gedankenführung. Ein Sinnabschnitt kann daher mehrere Verse oder Strophen umfassen.

a) erster Abschnitt: Vers 1 – 3 (Teil des Refrains, Hilfsangebot)

b) zweiter Abschnitt: Vers 4 – 7 (Situation, in der sich der Freund/Sänger befindet)

_____

_____

_____

7 Schreibe auf gesonderte Blätter eine Inhaltsangabe zu dem Lied (siehe Aufgabe **2**, Seite 60).

Vierter Schritt: Den Text untersuchen und sprachliche Merkmale erfassen

TIPP zum vierten Schritt

• **Absicht** und die **Wirkung** eines Textes auf die Leserinnen und Leser werden durch die Verwendung von sprachlichen Mitteln (→ Glossar) erreicht, z. B.:
  – sprachliche Bilder, Vergleiche, Metaphern,
  – die Verwendung von Farben, von bestimmten Adjektiven,
  – auffällige Wortwahl, Neuschöpfungen,
  – auffälliger Satzbau, Schreibweise und Textanordnung.
• Die sprachlichen Mittel stehen immer in Beziehung zur Textaussage.
• In diesem Schritt werden die Aufgaben **3**, **4** und **5** bearbeitet.

8 Schreibe auf gesonderte Blätter.
   a) Lies und bearbeite die Aufgabe **3** auf Seite 60. Du findest Hinweise zu Merkmalen lyrischer Texte im Glossar am Ende des Buches.
   b) Das Lied besteht aus verschiedenen Textabschnitten. Versuche, jedem Abschnitt in nur einem Satz eine Hauptaussage zuzuordnen.

9 a) Lies und bearbeite die Aufgabe **4** auf Seite 61.
   b) Im Lied wird viel mit Alltagssprache und Sätzen, die Bedingungen ausdrücken, gearbeitet. Nenne Beispiele und ihre Wirkung.

Textstelle	Erklärung/Wirkung
Vers 16 – 19	*Wenn-dann-Bedingung; wenn etwas passiert (Freund hat Halt im Leben verloren) – dann hilft ihm der Sänger/Freund (Ursache - Wirkung) → gute Beziehung zwischen zwei Menschen …*
Vers …	

Fünfter Schritt: Den Liedtext interpretieren

TIPP zum fünften Schritt

Um die Aussageabsicht eines lyrischen Textes zu erschließen, musst du dir selbstständig Fragen überlegen, die du an den Text stellen könntest. Sie können sich beziehen auf auffällige Textstellen, Textanordnung, beschriebenes Verhalten, besondere Gegenstände oder Bilder, Farben, die Überschrift oder überraschende Handlungen.
Die folgenden Fragen sind Beispiele, die dir helfen sollen, Aufgabe **5** vorzubereiten. Gehe bei der Beantwortung auf die innere Form des Liedtextes ein und äußere dich zur Absicht der Verfasser.
Außerdem sollst du Stellung zu der Aussage des Liedtextes und der Wirkung auf dich nehmen. Du kannst in Stichworten antworten.

10 Lies und bearbeite die Aufgabe **5** auf Seite 61. Falls dir eine Teilaufgabe Probleme bereitet, findest du Anregungen und Hilfestellung im Lösungsheft. Schreibe auf ein gesondertes Blatt.

11 a) Was verbinden Gentleman und Johannes Oerding mit Freundschaft?

_____

_____

_____

b) Was haben der Horizont und das Meer mit der Situation und der Freundschaft zu tun?

_____

_____

_____

_____

_____

c) Was löst dieses Lied bei dir aus?

_____

_____

_____

_____

_____

12 Verfasse einen Schlussteil für deine Interpretation auf einem gesonderten Blatt.

Was Johannes Oerding und Gentleman meiner Meinung nach mit diesem Lied aussagen möchten, kann ich so zusammenfassen … Zum Schluss möchte ich noch Stellung nehmen zu …

Sechster Schritt: Eigenen Text planen, schreiben und überarbeiten

TIPP zum sechsten Schritt

Sieh dir die Aufgabe **6** noch einmal genau an. Hier sollst du die Aussage und Absicht des Liedtextes darstellen und bestimmte gestalterische Mittel nennen, die die Zielsetzung der Autoren des Textes unterstützen. Im Schlussteil wird von dir erwartet, dass du deinen Standpunkt klar und eindeutig darstellst und durch nachvollziehbare Gründe und anschauliche Beispiele erläuterst. Dabei soll deine persönliche Position erkennbar werden.

13 Lege dir in Stichworten einen Schreibplan an. Orientiere dich dabei an den Aufgaben, die du bisher bearbeitet hast.

Schreibplan

Einleitung:

*a) Vorstellung des Textes und des Themas (Aufgabe **1**, bereits erledigt)*

_____

Hauptteil:

*b) Inhaltliche Zusammenfassung (Aufgabe **2**)*

_____

_____

_____

c) *Verwendete sprachliche Mittel / Darstellung der Sprache (Aufgabe* **3** *und* **4** *)*

d) *Verwendung der Pronomen / Begriff Freundschaft (Aufgabe* **5** *)*

Schluss:

e) *Persönliche Meinung zum Begriff Freundschaft mit Begründung anhand des Liedtextes:*

14 Verfasse nun deine Interpretation (Aufgabe **6**, Seite 62). Schreibe in vollständigen Sätzen. Du könntest z. B. folgende Formulierungen verwenden:

— *Jeder Mensch hat Probleme und kann damit mehr oder weniger gut umgehen.*
— *Freunde sollen nicht nur in guten, sondern auch in schlechten Zeiten für einen da sein.*
— *Der Horizont kann eine Perspektive unsichtbar machen, denn man weiß nicht, was dahinter eigentlich kommt.*
— *Der Liedtext ist umgangssprachlich abgefasst — das bewirkt, das sich jeder angesprochen fühlt.*

TIPP zum Schlussteil

Für deine persönliche Beurteilung kannst du folgende Formulierungen verwenden:
einerseits — andererseits; im Gegensatz zu …; meiner Meinung nach; fest steht, dass …; ich denke, dass …; denn; aus diesem Grund; hinzu kommt, dass …; nicht zu vergessen ist, dass …; das bedeutet …; unbestritten ist, dass …

15 Überarbeite deinen Text. Verwende dazu die Checkliste von Seite 58.

Quelle Foto: Shutterstock / j. poquet

C Angeleitete Prüfungsaufgaben

C 1 Prüfungsbeispiel: Höflichkeit in der Schule

Bearbeite auch diese Prüfungsvorlage so, wie du es es im Kapitel B1 (Seite 27/28) sowie in den Grundkursen B 6 – B 8 (Seite 40 – 67) gelernt hast. Gehe dabei schrittweise vor. Auf den Seiten 75 – 77 findest du Lösungshilfen.

Hier liegt ein Hörtext in gedruckter Form vor. Lass ihn dir zweimal in einem normalen Sprachtempo vorlesen, um die Prüfungssituation zu simulieren. Decke ihn ab, wenn du die dazugehörigen Aufgaben bearbeitest.

Hörverstehenstest

Etikette ist nicht gleich Höflichkeit

Ein wichtiger Punkt: Etikette ist nicht gleich Höflichkeit. Sie bestimmt lediglich, wie wir uns technisch in der Gesellschaft richtig verhalten. Dabei spielt Höflichkeit zunächst keine Rolle. Allerdings ist es auffällig, dass Menschen, die das technische Verhalten zu hundert Prozent beherrschen, zuweilen an der
5 Höflichkeit sparen. Dabei ist die Etikette keineswegs sinnlos. Im Gegenteil. Wir erlernen früher oder später, wie man sich in bestimmten Situationen verhalten soll, welche Konvention in verschiedenen Gesellschaftsbereichen herrscht, und passen uns an. Wir geben uns also einen Rahmen für das Miteinander vor. Deshalb ist es wichtig zu wissen, wie man in der Öffentlichkeit seinen Mit-
10 menschen gegenüber auftritt. Es geht nicht darum, sein Ego zu verbiegen. Vielmehr bedeutet es Rücksichtnahme auf ein stressfreies Miteinander. In der Öffentlichkeit sollte es selbstverständlich sein, anderen seine Hilfsbereitschaft anzubieten. Eine freundliche Begrüßung beim Betreten eines Raumes gehört ebenso dazu wie ein „Danke" oder „Bitte", wenn man etwas bekommen hat
15 oder möchte.
Der tägliche Umgang mit Menschen ist durch Kommunikation geprägt. Wer nicht spricht, kann mit anderen kaum sinnvoll umgehen. Und ein „zivilisiertes" Miteinander bedeutet nicht immer das Einhalten einer steifen Etikette. Vielmehr kommt es darauf an, sich ein Repertoire verschiedener Verhaltensmuster
20 anzueignen und bei Bedarf das passende auszuwählen.
Dass steifer Etikette immer etwas Unnatürliches anhaftet, wusste im Übrigen ja auch schon der alte Knigge. Um seinen Namen kommt man im Zusammenhang mit diesem Thema nicht vorbei: Adolph Freiherr Knigge veröffentlichte 1788 sein bekanntestes Werk: „Über den Umgang mit Menschen".
25 Tatsächlich hat es trotz seines Alters wenig an Bedeutung verloren – wenngleich es mit der Zeit vollkommen uminterpretiert wurde. So kommt es, dass wir uns vor Benimmregeln zu verschiedensten Lebenslagen – herausgegeben von vermeintlich ausgewiesenen Experten – gar nicht mehr retten können. Dabei war das überhaupt nicht im Sinn des Freiherrn Knigge. [...]
30 Vielmehr ging es ihm um ein konfliktfreies, zivilisiertes und sinnerfülltes Miteinander ohne unnötige Reibungspunkte. Je mehr man also von seinem Gegenüber weiß und Situationen richtig einzuschätzen lernt, desto problemloser läuft das Miteinander ab. Unsere Erziehung spielt dabei eine nicht unerhebliche Rolle. Und wer eine gute Beobachtungsgabe hat, kann Höflichkeit
35 auch heute noch peu à peu erlernen. [...]

Knigge ging es um ein ganzheitlicheres Bild verschiedenster Menschentypen, die miteinander Umgang hatten. Gerade wenn untere Schichten mit dem Adel in Berührung kamen, mussten sie wissen, was sie am Hofe erwartete. Im Grunde genommen war das Buch eher eine Weitergabe seines persönlichen Erfahrungsschatzes als ein Benimmwerk. Und dazu gehörte der Umgang mit 40 einem gesunden Selbstbewusstsein und Wahrung der eigenen Würde ebenso wie auch Toleranz und Respekt gegenüber seinen Mitmenschen. Inhalte, die bis heute nichts an Aktualität eingebüßt haben. Egal welchen Hierarchien man gegenübertreten muss.

Quelle: Andreas Dauerer, FOCUS online, Hamburg, 14.10.2007. https://www.focus.de/wissen/mensch/campus/tid-7655/benimmregeln_aid_135714.html (verändert, aufgerufen am 11.01.2023)

AUFGABENSTELLUNG Hörverstehen

1 Kreuze an, welche der folgenden Aussagen richtig ist.

a) Durch gutes Benehmen wird das Miteinander der Menschen problematischer. ☐

b) Der tägliche Umgang mit Menschen ist durch Kommunikation geprägt. ☐

c) Adolph Freiherr Knigges bekanntestes Werk hieß „Über den Umgang mit Menschen". ☐

d) Im „Knigge" wird ausführlich beschrieben, wie man sich im Restaurant verhält. ☐

2 Erkläre den Unterschied zwischen „Etikette" und „Höflichkeit".

_____

_____

_____

_____

_____

_____

_____

3 Erkläre, welche Intention dem Buch des Freiherrn von Knigge zugrunde liegt. Warum hat er es geschrieben?

_____

_____

_____

_____

_____

_____

_____

_____

4 „Und wer eine gute Beobachtungsgabe hat, kann Höflichkeit auch heute noch peu à peu erlernen."
(Z. 34 – 35) Erkläre dieses Textzitat mit eigenen Worten.

_____

_____

_____

Die folgenden Materialien befassen sich mit dem Thema „Höflichkeit in der Schule". Bearbeite zunächst die Aufgaben in Basisteil. Im Anschluss daran musst du dich entscheiden, ob du die Schreibaufgabe im Wahlteil A oder B bearbeitest.

Basisteil

TEXT 1   **Gutes Benehmen will gelernt sein**

Im Bus stehen Kinder für ältere Menschen nicht mehr auf, ihren Müll lassen sie überall fallen, sie sind vorlaut, dreist, grüßen nicht und spielen in unpassenden Situationen mit elektronischen Geräten – die Jugend hat kein Benehmen mehr, so das gängige Urteil der Erwachsenen.

5 Ganz neu ist diese Ansicht nicht, beinahe jede Generation hat über das Verhalten der Jüngeren geklagt, möglicherweise weil sie das Fremde am Umgangston der Nachfolgenden nicht verstanden hat. In einem Punkt aber hatten die Alten immer Recht. Gutes Benehmen muss sein.

Nach Auffassung des Soziologen und Kulturphilosophen Norbert Elias sind
10 Höflichkeit, Rücksichtnahme und Dankbarkeit unerlässliche „Schmiermittel" der Zivilisation. Da Gesellschaften immer arbeitsteiliger würden, wären die Menschen immer mehr aufeinander angewiesen, meinte Elias. Dieser „Prozess der Zivilisation" zwinge sie zu immer rücksichtsvollerem Umgang miteinander. […] Damit das komplizierte System funktioniert, so Elias, mussten die Men-
15 schen lernen, spontane Bedürfnisse und Gefühlsäußerungen zu kontrollieren und sich auf Umgangsregeln zu einigen. Sich an der Wursttheke anstellen und warten, bis man drankommt, ist zum Beispiel so eine Regel. […]

Was im Großen gilt, ist auch im Kleinen richtig. In der Familie, in der Kita, in Schule und Betrieb sorgt gutes Benehmen für ein angenehmes Klima und
20 reibungslose Abläufe. Dabei geht es nicht um geziertes Zeremoniell wie früher an den Königshöfen. Auch Unterwerfungsgesten wie Knicks und Diener sind heute nicht mehr angezeigt, wohl aber Höflichkeit und Rücksichtnahme. Wer andere mit „Guten Morgen" oder „Guten Tag" begrüßt, drückt aus: „Ich nehme dich wahr und du bist mir wichtig." Wer mit dem Essen erst anfängt,
25 wenn alle versorgt sind, zeigt: „Ich kümmere mich nicht nur um mich selbst, sondern mir ist auch wichtig, dass es den anderen gut geht." Wer bei Tisch auf Schmatzen, Pupsen, In-der-Nase-Bohren verzichtet, möchte anderen den Appetit nicht verderben. „Bitte" und „Danke" sagen, einer mit Taschen bepackten Person die Tür aufhalten, aufstehen, wenn man einen älteren Menschen
30 begrüßt, anderen Autofahrern das Einfädeln gewähren … all das bezeugt vor allem eins: Respekt vor dem anderen. Respekt, Achtsamkeit, Rücksichtnahme aber sind Friedensstifter, sorgen für Entspannung, machen fröhlich und das Leben leichter.

Was gutes Benehmen ist, darüber herrscht im Groben hierzulande Einigkeit, im Einzelnen können die Meinungen aber weit auseinanderliegen. So gilt es 35 in manchen Familien als undenkbar, dass man ungekämmt und im Schlafanzug zum Frühstück erscheint, während andere das locker sehen. Bei Familie A. läuft während der Mahlzeiten regelmäßig der Fernseher im Hintergrund, bei den B.s hingegen ist jede Ablenkung vom Essen verpönt. [...] Viele Paare bringen [...] aus ihren Herkunftsfamilien unterschiedliche Ideen davon mit, 40 was sich gehört und was nicht. Sie sollten sich über ihre Erziehungsvorstellungen austauschen, meint Familientherapeutin Paula Honkanen-Schobert, und nach Möglichkeit einen gemeinsamen Benimmkanon entwickeln, der für die eigene Familie passt. [...]

Aber nicht nur zwischen Eltern und Familien können die Ansichten über gu- 45 tes Benehmen verschieden sein, sondern auch zwischen den Generationen. Dabei ist nicht alles, was die Älteren als ungehobelt empfinden, auch wirklich so gemeint. Wenn zwölfjährige Jungen sich zum Beispiel mit einem deftigen „Hey, Alter" begrüßen, dann ist das durchaus freundschaftlich. Umgangsweisen werden durch andere Kulturen beeinflusst und durch andere Umstände. 50 Ob es unhöflich ist, im Beisein anderer ständig mit dem Handy zu hantieren, war zum Beispiel vor Jahren keine Frage – weil es keine Handys gab. Wenn sich die Gegebenheiten ändern, etwa durch neue Kommunikationsformen via Internet und Smartphone, dann müssen die Benimmregeln im Einzelfall neu ausgehandelt werden. [...]   55

Wie aber lernen Kinder gutes Benehmen? Zunächst und vor allem durch das Vorbild der Erwachsenen. „Von dem, was wir sind, was wir tun, denken und fühlen, wird ein Kind am meisten beeinflusst", erklärt Paula Honkanen-Schobert. Eine Mutter, die sich selbst zum Beispiel schwer damit tut, Ordnung zu halten, wird ihr Kind auch durch noch so viele Ermahnungen kaum dazu 60 bringen, sein Spielzeug nach Gebrauch wegzuräumen. Ob Kinder elterliche Werte übernehmen, hängt außerdem von ihrer Beziehung zu den Erwachsenen ab. Fühlen sie sich selbst achtungsvoll behandelt, sind sie eher bereit, Hinweise zum Benehmen zu akzeptieren. Massiver Druck bewirkt jedoch meist das Gegenteil. Beschimpfung, Herabsetzung, Strafe führen dazu, dass Kinder 65 nach und nach ihre Kooperationsbereitschaft verlieren. Dabei sind sie von ihrem ersten Tag an dazu bereit, mit den Erwachsenen zusammenzuarbeiten und sich an ihnen zu orientieren, wie der dänische Pädagoge Jesper Juul hervorhebt. Was sie brauchen, ist liebevolle Anleitung, auch in Benimmfragen.

Quelle: Ingrid Leifgen, Online-Familienhandbuch, hrsg. v. Staatsinstitut für Frühpädagogik (IFP), München, 25.07.2013. https://www.familienhandbuch.de/babys-kinder/bildungsbereiche/selbststaendigkeit/GutesBenehmenwillgelerntsein.php (aufgerufen am 11.01.2023)

AUFGABENSTELLUNG Basisteil

1 Fasse kurz zusammen, worum es in diesem Text geht.

_____

_____

_____

_____

2 Erkläre anhand zweier Beispiele aus dem Text, welche gesellschaftliche Funktion „Höflichkeit" hat.

_____

_____

_____

_____

_____

_____

_____

_____

KARIKATUR   „Die Jugend – besser (erzogen) als ihr Ruf"

© Michael Hüter, Bochum / Stiftung Jugend und Bildung

3 Erkläre in höchstens fünf Sätzen, was du auf der Karikatur siehst und was sie aussagt.

_____

_____

_____

_____

_____

_____

_____

_____

Wahlteil A

Der vorliegende Text stammt von einer Homepage für Lehrkräfte in der Ausbildung. Als du ihn liest, vergleichst du ihn augenblicklich mit deinem persönlichen Bild von deinen Lehrern. Inwiefern sollten sie Vorbild für Schülerinnen und Schüler sein? Das Thema ist für dich so vielschichtig, dass du beschließt, einen Artikel für die nächste Ausgabe eurer Schülerzeitung zum Thema zu verfassen.

TEXT 2A Hilfe, ich bin ein Vorbild

Sie teilen die Hefte aus. Ein Schüler schaut seine Arbeit an. Unter seinem Text steht in roter Schrift ein Satz, den er nicht entziffern kann. Er meldet sich: „Ich kann den Satz nicht lesen! Was soll das heißen?" Sie gehen zu ihm, schauen nach und sagen: „Da steht: Du sollst leserlicher schreiben!" Was heißt das nun für Sie? Dazu einige Gedanken. 5

Ein bekanntes Beispiel: Es ist spät, und die Ampel zeigt Rot, aber kein Auto ist zu sehen. Wer würde da auf jeden Fall stehen bleiben? Oder wie ist es mit gesunder Ernährung und den Pommes auf dem Stadtfest? Das Radfahren ohne Helm? Dem seit Wochen nicht korrigierten Mathetest? Und den zu Haus vergessenen Kopien? Sicherlich ließe sich das noch beliebig fortsetzen. 10 Man könnte vieles finden, das nicht gut oder sogar eine Ordnungswidrigkeit ist, was aber von vielen trotzdem gemacht wird.

Eigentlich sagt dagegen auch kaum jemand etwas – aber von Lehrern erwartet doch jeder irgendwie, dass sie immer alles wissen und alles richtig machen, zumindest solange Schüler sie sehen oder etwas merken könnten. 15 Gleichzeitig soll man als Lehrer authentisch sein, also so sein, wie man sich im Unterricht gibt. [...]

Es ist nicht immer einfach, ein Vorbild zu sein, und selbst, wer sich bemüht, immer alles richtig zu machen, wird von Zeit zu Zeit etwas tun, das eben nicht zu dem passt, was man sich vornimmt. [...] 20

All das, was Sie von Ihren Schülern (an Ordnung) erwarten, sollten Sie auch selbst beachten. Also: Je aufgeräumter der eigene Schreibtisch ist, desto mehr Ordnung kann auch von den Schülern erwartet werden. Wer seine Schüler respektvoll behandelt, kann auch von seinen Schülern Respekt erwarten. Ein Lehrer, der Schülern nicht vorhält, wenn sie einmal – nicht regelmäßig – et- 25 was vergessen, kann auch auf das Verständnis seiner Schüler hoffen, wenn er selbst einmal etwas nicht fertig hat.

Quelle: Manon Sander: Hilfe, ich bin ein Vorbild. AAP Lehrerwelt GmbH, Hamburg, o. ED.

AUFGABENSTELLUNG Wahlteil A

1 Bearbeite die folgenden Aufgaben in einem zusammenhängenden Text. Zähle abschließend die von dir geschriebenen Wörter.

a) Beginne deinen Artikel, indem du auf Text 2A Bezug nimmst.

b) Fasse inhaltlich kurz zusammen, welche Meinung die Verfasserin vertritt. Stelle dem deine eigene Meinung gegenüber.

c) Führe drei Situationen an, in denen Lehrkräfte deiner Meinung nach als Vorbild agieren sollen, und begründe warum.

d) Stelle demgegenüber drei Situationen, in denen Lehrkräfte deiner Meinung nach das Recht haben, anders zu handeln als Schülerinnen und Schüler.

e) Appelliere an deine Klasse, mit einem Leserbrief auf deinen Artikel zu antworten und ihre eigene Meinung zum Thema kundzutun.

Wahlteil B

Als Mitglied der Schülervertretung deiner Schule nimmst du oft wahr, dass Lehrkräfte sich über das „schlechte Benehmen" ihrer Schülerinnen und Schüler beschweren. Auf der anderen Seite ist vielen Jugendlichen nicht bewusst, warum genau sie gerade anecken. Um Abhilfe zu schaffen, möchtest du der Schulleitung in einem Brief vorschlagen, einen Benimmkurs in der Schule einzurichten.

TEXT 2B ### Knigge im Klassenzimmer

Schwarzes Hemd, schwarze Hose, schwarze Lackschuhe. So steht Andreas Lassen vor einer Gruppe von Achtklässlern. Eigentlich betreibt er eine Tanzschule, heute aber steht Benimmunterricht auf dem Stundenplan. An der Mittelschule in Oberasbach, nicht weit von Nürnberg, soll er den Schülern gute
5 Manieren beibringen, ihnen zeigen, wie man mit ungewohnten Situationen umgeht, wie man sich richtig vorstellt oder sich im Gespräch mit dem Chef verhält. Zweimal 45 Minuten – diese Zeit steht ihm dafür zur Verfügung. [...] Tugenden wie Höflichkeit oder Pünktlichkeit – zuweilen als spießig verschriene Werte – feiern Renaissance. Ratgeber wie *Der neue Knigge* stehen
10 in den Verkaufsregalen. [...] Konnte es Lehrern bislang eher egal sein, wie sich Kinder etwa am Esstisch benehmen, so ist das Thema inzwischen im Schulalltag angekommen. [...]
Hinzu kommen konkrete Klagen: Einer Umfrage des Deutschen Industrie- und Handelskammertages (DIHK) zufolge sind immer weniger Bewerber ausbil-
15 dungsreif. Nicht nur Rechnen oder Schreiben seien dabei das Problem, vielmehr fehle es oft an Disziplin, Pünktlichkeit und Teamfähigkeit – schlicht an den Grundvoraussetzungen für eine Berufsausbildung.
Grüßen und Konversation ist Teil der heutigen Lektion in Oberasbach. Daniel ist an der Reihe, er soll sich vorstellen. Er nennt seinen Vor- und Nachnamen,
20 spricht bestimmt und freundlich. Nur: Er hat seine Kappe auf dem Kopf. Darauf angesprochen, nimmt er sie ab, pfeffert sie in eine Ecke und setzt sich wieder wortlos. „Ich werde hier keine starren Regeln predigen", sagt Coach Lassen, „ich möchte nur einige Fettnäpfchen zeigen, in die man leicht treten kann." Die Kappe ist so eines. Die Schüler sind 14 oder 15 Jahre alt, bald
25 schon müssen sie Bewerbungen schreiben. Sie sind keine Kinder mehr, aber erwachsen auch noch nicht. Bei einem Bewerbungsgespräch entscheiden in der Regel das Auftreten und der erste Eindruck darüber, ob der Bewerber einen Ausbildungsplatz bekommt – oder eben nicht. [...]
Schulen haben heute mehr denn je einen Erziehungsauftrag – vor allem, wenn
30 es hier Defizite im Elternhaus gibt. „Wir müssen uns von dem Gedanken verabschieden, dass nur Fachwissen vermittelt wird. Schule muss heute ganz andere Aufgaben übernehmen", sagt Jürgen Knorz, Schulleiter in Oberasbach. [...]
Schulen lassen sich dabei ständig neue Ideen einfallen, um diesen Gedanken umzusetzen. Etwa die Förderung der Gesprächskultur: Im ersten Stock der

Mittelschule Schliersee debattiert gerade die sechste Klasse – das Kaugum- 35
miverbot soll fallen. Im Klassenrat bilden sich Koalitionen, unterschiedliche
Ansichten werden diskutiert. [...] „In unserem Klassenrat werden viele Probleme auf einmal diskutiert – das tut auch dem Unterricht gut. Die Kinder sind
konzentrierter, wenn diese Dinge aus der Welt geschafft sind." [...]
Trotzdem sind Klassenräte, ein gemeinsames Essen im Restaurant oder ein 40
Benimmtraining noch Ausnahmen an den meisten deutschen Schulen.

Quelle: Markus Peters, Süddeutsche Zeitung online, München, 31.10.2011. https://www.sueddeutsche.de/
karriere/benimm-kurse-in-der-schule-knigge-im-klassenzimmer-1.1026649 (aufgerufen am 11.01.2023)

AUFGABENSTELLUNG Wahlteil A

1 Bearbeite die folgenden Aufgaben in einem zusammenhängenden Text. Zähle abschließend die von
dir geschriebenen Wörter.

a) Beginne den Brief mit einer passenden Anrede und einer Erklärung, warum du den Brief schreibst.
b) Nimm Bezug auf den Artikel „Knigge im Klassenzimmer".
c) Erkläre ausführlich, warum ein Benimmkurs an deiner Schule sinnvoll wäre und welche Vorteile
   Jugendliche aus diesem Kurs ziehen würden.
d) Werde konkret: In welchem Jahrgang und in welchem Umfang soll der Kurs deiner Meinung nach
   durchgeführt werden? Begründe deine Auswahl.
e) Beende deinen Brief, indem du die Schulleitung bittest, aktiv zu werden.

LÖSUNGSHILFEN zum Wahlteil A

1 Stelle deine Meinung der Meinung der Verfasserin gegenüber.

Meinung der Verfasserin	Meine Meinung

2 Entscheide dich: In welchen Situationen sollten Lehrkräfte ein Vorbild sein, in welchen nicht?

Lehrkräfte sollten Vorbild sein	Das dürfen Lehrkräfte anders machen

3 Erstelle nun einen Schreibplan. Markiere oder unterstreiche in der Aufgabenstellung, was von dir erwartet wird. Anschließend formulierst du es so, dass du weißt, was du schreiben musst.

<u>Schreibplan zum Wahlteil A</u>

Überschrift: Hilfe, ich bin ein Vorbild

Einleitung:

a) Schreibanlass _____

Hauptteil:

b) Kurze Zusammenfassung der Meinung der Autorin: _____

   Meine eigene Meinung: _____

   _____

c) Situationen, in denen Lehrkräfte Vorbild sein sollten: _____

   1. _____

   Grund: _____

   2. _____

   … _____

d) Situationen, in denen Lehrkräfte anders handeln können: _____

   1. _____

   2. _____

   3. _____

   Grund: _____

Schluss:

e) Appell an die Klasse (Leserbrief verfassen, eigene Meinung mitteilen) ____

4 Schreibe nun deinen Text. Die folgenden Formulierungsvorschläge können dir dabei helfen.

Einleitung:
Liebe Mitschülerinnen und Mitschüler, …
Ich habe im Internet einen Artikel entdeckt …

Hauptteil:
Die Verfasserin des Artikels ist der Meinung, dass …
Ich selbst sehe das etwas anders.
Sicherlich sollten Lehrkräfte in manchen Situationen ein Vorbild sein.
Es gibt aber auch Momente, in denen Lehrkräfte nicht in erster Linie Vorbild sein müssen.

Schluss:
Eure Meinung zum Thema würde mich sehr interessieren.

5 Überarbeite deinen Text mithilfe der Checklisten auf den Seiten 48 und 58.

LÖSUNGSHILFEN zum Wahlteil B

1 a) Schreibe einen einleitenden Satz zum Text „Knigge im Klassenzimmer".
   b) Schreibe stichpunktartig auf, welche Aussagen des Textes wichtig für deinen Aufsatz sind.

2 a) Suche Gründe für einen Benimmkurs an deiner Schule.
   b) Lies deine Gründe durch und entscheide, für welchen Jahrgang und in welchem Umfang der Kurs deiner Meinung nach am meisten Sinn machen würde.

Jahrgang: _____

Umfang: _____

3 Unterstreiche in der Aufgabenstellung, was von dir erwartet wird. Erstelle mit diesen Angaben einen Schreibplan. Du darfst hierfür die Aufgabenstellung auch in eigenen Worten ausdrücken, wenn es dir hilft.

> <u>Schreibplan zum Wahlteil B</u>
>
> *a) Anrede* _____
>
>   *Grund des Schreibens:* _____
>
> *b) Bezug zum Text / Inhalt:* _____
>
> *c) Das spricht für einen Benimmkurs an unserer Schule:* _____
>
>   *1.* _____
>
>   *2.* _____
>
>   *3.* _____
>
> *d) Durchführung:* _____
>
>   *Jahrgang:* _____ *Umfang:* _____
>
> *e) Bitte an die Schulleitung:* _____

4 Schreibe nun deinen Text. Die folgenden Formulierungsvorschläge können dir dabei helfen.

Einleitung:
Liebe Schulleitung …
Ich habe im Internet einen spannenden Artikel entdeckt: …

Hauptteil:
In dem Text geht es darum, dass …
Ich bin der Meinung, diese Idee sollten wir auch an unserer Schule umsetzen.
Der Kurs würde das Schulleben bereichern, weil …
Viele Schülerinnen und Schüler würden davon profitieren, denn …
Gut wäre, den Kurs in den Jahrgängen …

Schluss:
Es würde mich freuen, wenn …

5 Überarbeite deinen Text mithilfe der Checklisten auf den Seiten 48 und 58.

C 2 Prüfungsbeispiel: Klimawandel

Bearbeite auch diese Prüfungsvorlage so, wie du es in den Grundkursen B6 – B8 (Seite 40 – 67) gelernt hast. Gehe dabei schrittweise vor. Auf den

Seiten 83 – 86 findest du Lösungshilfen zu den Schreibaufgaben des Wahlteils A und B.

Die folgenden Materialien befassen sich mit dem Thema „Klimawandel". Lies alles aufmerksam, markiere die für dich wichtigen Stellen und bearbeite dann zunächst die Aufgaben im Basisteil. Danach bearbeitest du den von dir gewählten Wahlteil A oder Wahlteil B.

Basisteil

TEXT 1   **Umwelt- und Klimathemen bewegen junge Menschen**

85 Prozent der befragten Jugendlichen finden Umwelt- und Klimaschutz wichtig. Damit zählt das Thema zu den vier wichtigsten Themen für junge Menschen in Deutschland. Das zeigt die repräsentative Studie „Zukunft? Jugend fragen! – 2021", für die im Auftrag des Umweltbundesamts (UBA) und
5 des Bundesumweltministeriums (BMUV) mehr als 1.000 Jugendliche im Alter von 14 bis 22 Jahren befragt wurden. Drei Viertel der Befragten blicken der Studie zufolge grundsätzlich optimistisch in ihre persönliche Zukunft in etwa 20 Jahren. Für Umwelt und Klima sieht das anders aus: Hier ist nur ein Viertel zuversichtlich, dass sich der Zustand von Umwelt und Klima positiv entwickelt,
10 71 Prozent sind pessimistisch. Die großen Herausforderungen beim Erhalt der natürlichen Lebensgrundlagen bewegen die jungen Menschen und belasten sie auch emotional. So berichten 88 Prozent von Trauer über menschengemachte Umweltzerstörung. Drei Viertel haben Angst vor den Folgen der Klimakrise. Bundesumweltministerin Steffi Lemke: „Junge Menschen blicken optimistisch
15 in ihre persönliche Zukunft, sorgen sich jedoch stark um die Zukunft unseres Planeten. Letzteres muss uns gerade in der Politik eine Verpflichtung sein, in Zeiten akuter Krisen weiterhin die langfristigen Herausforderungen im Blick zu behalten und dafür Lösungen zu finden. Für die jungen Menschen bleibt die Klimakrise eines der drängendsten Probleme. Ich will die Wünsche und
20 Perspektiven der Jugend in die Gestaltung von Umweltpolitik deshalb noch stärker einbringen, die gemeinsame Entwicklung der Jugendstudie ist nur ein Beispiel hierfür."
Dirk Messner, Präsident des Umweltbundesamts (UBA): „Die meisten der befragten jungen Menschen sind überzeugt, dass die Klimakrise durch gemeinsames
25 Engagement noch deutlich abgebremst werden kann. Viele setzen sich auch bereits auf verschiedenen Wegen für mehr Umwelt- und Klimaschutz ein – im Alltag wie auch auf der politischen Ebene. Das stimmt mich zuversichtlich. Die kommenden Jahre bis 2030 sind jetzt entscheidend dafür, die Weichen Richtung Nachhaltigkeit und Klimaneutralität zu stellen. Deshalb kann ich
30 sehr gut nachvollziehen, dass mit 81 Prozent eine deutliche Mehrheit findet, dass die Politik in Klimafragen mehr auf die Forderungen junger Menschen hören sollte."
[...] Zum eigenen Verhalten ergab die Studie: 62 Prozent der Jugendlichen nutzen häufig das Rad oder öffentliche Verkehrsmittel für alltägliche Wege,
35 49 Prozent verzichten oft auf Plastikverpackungen, 23 Prozent unterstützen häufig Online-Petitionen für umweltpolitische Anliegen und 40 Prozent ha-

ben bereits an Klimastreiks teilgenommen. Dabei finden die befragten jungen Menschen mit deutlicher Mehrheit, dass nicht nur jede und jeder Einzelne, sondern auch die Bundesregierung sowie Industrie und Wirtschaft mehr für den Umwelt- und Klimaschutz tun sollten   40

Die Studie wurde erstmals 2017 durchgeführt, für die aktuelle wurde im Juni und Juli 2021 eine repräsentative Stichprobe von 1.010 jungen Menschen im Alter von 14 bis 22 Jahren befragt. Die Studie führten das Institut für ökologische Wirtschaftsforschung (IÖW), die Holzhauerei[1] und Zebralog[2] durch. Ein Jugendprojektbeirat mit zehn jungen Menschen war intensiv an der Studie   45 beteiligt.

1 **die Holzhauerei:** Name eines Unternehmens, das Markt- und Sozialforschung betreibt

2 **Zebralog:** Name eines Unternehmens, das sich mit Bürgerbeteiligung beschäftigt

Quelle: https://www.umweltbundesamt.de/presse/pressemitteilungen/umwelt-klimathemen-bewegen-junge-menschen, aufgerufen am 11.01.2023

AUFGABENSTELLUNG Basisteil

1 Fasse in nicht mehr als vier Sätzen zusammen, worum es in dem Text geht.

_____

_____

_____

_____

2 Begründe, warum viele Jugendliche den Blick in die Zukunft insgesamt nicht positiv bewerten.

_____

_____

_____

TEXT 2   Klimawandel: Wovon sprechen wir eigentlich?

Natürliche Ursachen des Klimawandels

Verantwortlich für die Veränderungen des Klimas ist eine begrenzte Zahl von Faktoren. So sind die Ursachen des natürlichen Klimawandels einerseits durch veränderliche astronomische Faktoren begründet, andererseits durch veränderliche Faktoren der Erde und ihrer Atmosphäre. Zu den astronomischen   5 Faktoren zählen die Veränderungen des Abstands zwischen Sonne und Erde sowie die Intensität der Sonneneinstrahlung. Zu den erdbezogenen Faktoren zählen die Anteile und räumliche Verteilung von Ozeanen und Kontinenten, die vulkanische Aktivität, die Eis- und Schneebedeckung sowie die Gaszusammensetzung der Atmosphäre. Dank der wärmeabsorbierenden Wirkung von   10 Treibhausgasen in der Atmosphäre betrug die vorindustrielle Durchschnittstemperatur etwa +14 °C. Ohne diesen natürlichen Treibhauseffekt würde die Durchschnittstemperatur auf der Erde −18 °C betragen. Das komplexe Zusammenspiel der astronomischen und erdbezogenen Faktoren bestimmt das Klima und den natürlichen Klimawandel.   15

TEXT 2

Vom natürlichen Klimawandel zur Klimakrise

Der rasante Temperaturanstieg seit der industriellen Revolution ist jedoch nicht auf natürliche Ursachen zurückzuführen. Er ist menschengemacht. Und er schreitet voran: Gerade die letzte Dekade hat eine Häufung bislang sta-

20 tistisch wärmster Jahre und eine Häufung nie da gewesener Wetterextreme mit sich gebracht. Deshalb sprechen Wissenschaftler/-innen mittlerweile von einer „Klimakrise" und betonen damit die erheblichen ökologischen und gesellschaftlichen Auswirkungen, die jetzt schon spürbar sind und bereits heute Menschen in vielen Ländern existenziell bedrohen.

25 ### Ursachen des menschengemachten Klimawandels

Verursacht wird die Erderhitzung durch den enormen Anstieg von Treibhausgasen wie Kohlenstoffdioxid (CO_2), Methan (CH_4) oder Lachgas (N_2O). In Deutschland steht die Energieerzeugung an erster Stelle, was den Ausstoß von Treibhausgasen anbelangt: Die Umwandlung von Kohle, Erdgas oder Mi-

30 neralöl in elektrische oder thermische Energie verursacht fast ein Drittel der Treibhausgasemissionen. Der Verkehr steht mit fast einem Fünftel der Treibhausgase an dritter Stelle. Im Jahr 2020 haben sich die Corona-Maßnahmen u. a. auch positiv auf die Emissionszahlen des Verkehrssektors ausgewirkt. Davon abgesehen schlagen hier generell neben der Steigerung der Fahrleistung aller

35 Kraftfahrzeuge besonders die Zunahme der spritintensiven Stadtgeländewagen (SUVs) sowie der Flugverkehr, dessen Abgase in großer Höhe besonders klimaschädlich wirken, zu Buche. Auch der Gebäudesektor – dazu gehört auch eure Schule – hat einen relevanten Anteil.

Verstärkende Rückkopplungseffekte

40 Das Jahr 2020 geht neben 2016 als wärmstes in die Geschichtsbücher ein. Die Temperatur lag weltweit 1,25 Grad über dem vorindustriellen Niveau. Angestoßen durch diesen Anstieg der weltweiten Durchschnittstemperatur entstehen Rückkopplungsprozesse, sogenannte Feedback-Loops, durch die sich der Klimawandel selbstständig verstärkt. Ein Beispiel ist die Verdunstung

45 von Meerwasser. Je wärmer es auf der Erdoberfläche wird, desto mehr Wasser verdunstet über den Ozeanen. Da Wasserdampf ein klimawirksames Treibhausgas ist, trägt ein höherer Anteil von Wasserdampf in der Atmosphäre zur weiteren Erderhitzung bei, was wiederum die Verdunstung von Meerwasser verstärkt. Gründe genug, um zu handeln … […]

Quelle: Broschüre „Unsere Schule für das Klima!", hrsg. von Greenpeace e.V., Hamburg. 04/2021, S. 8–11. https://www.greenpeace.de/bildungsmaterial/SfE_Handreichung_Klimaschutzmassnahmen_210416.pdf, (aufgerufen 11.01.2023)

---

3 Kreuze die Aussagen an, die **richtig** sind.

Der natürliche Klimawandel trägt die Hauptschuld an der Klimakrise.	☐
Feedback-Loops wirken beschleunigend auf die Erderwärmung.	☐
In Deutschland werden die meisten Treibhausgase durch den Straßenverkehr ausgestoßen.	☐
Wetterextreme häufen sich.	☐
Schulen sind emissionstechnisch nicht relevant.	☐

Wahlteil A

Auch du machst dir Gedanken um deine Zukunft. Was könntest du selbst tun, um zu helfen, die Klimakrise abzuwenden? Ist das überhaupt möglich? Zufällig bist du im Internet auf das Material „Schools for Earth" von Greenpeace gestoßen. Jetzt fragst du dich, ob dieses Programm etwas für eure Schule wäre und ob du den Mut hättest, es der Schulgemeinschaft vorzustellen.

TEXT 3A   ### Schools for Earth   *Kerstin Wilmans*

Schulen können einen effektiven Beitrag zum Klimaschutz leisten, denn sie gehören zu den größten Energieverbrauchern der öffentlichen Hand. Ein nachhaltiger Betrieb des Schulgebäudes ist somit nicht nur für einen wirkungsvollen Klimaschutz von hoher Relevanz, sondern füllt das Lernen und Lehren im Kontext einer Bildung für nachhaltige Entwicklung mit Leben. 5
Schools for Earth bietet:
- einen CO_2-Schulrechner zur Ermittlung des Klima-Fußabdrucks und entsprechender Handlungsfelder für Klimaschutzmaßnahmen in der Schule
- Beratung und Unterstützung bei der Planung und Umsetzung von Maßnahmen etwa in den Bereichen Energieverbrauch, Mobilität, Abfall oder 10 Ernährung
- an Lehr- und Bildungspläne anschlussfähige Bildungsmaterialien sowie didaktisch innovative Unterrichtsbausteine, die an die Lebenswelt der Schüler/-innen anknüpfen und sie zu Engagement und Mitgestaltung inspirieren
- Handreichungen, die dabei unterstützen, Schools for Earth fächerübergrei- 15 fend in den Unterricht zu integrieren und den Bogen zum Engagement in der Schule zu schlagen, wobei die Schüler/-innen auf Augenhöhe mitgestalten
- fachkundige Unterstützung des Schulentwicklungsprozesses im Sinne des Whole School Approach 20

Gemeinsam erkunden wir, unter welchen Bedingungen eine Transformation von Schulen hin zu Klimaneutralität und Nachhaltigkeit gelingen kann. Welcher Strukturen im Umfeld der Schule bedarf es dafür? Wer kann unterstützen? Was benötigen Lehrkräfte? Welche Partizipationsmöglichkeiten wünschen sich Schüler/-innen? [...] 25
In der Aktivierungsphase geht es darum, alle Mitglieder der Schulgemeinschaft über das Projekt zu informieren, ihre Zustimmung für eine Unterstützung des Projekts einzuholen, sie in die Gestaltung einzubinden und die Arbeit des Projektteams zu starten. Im Mittelpunkt der Analysephase steht die Bestimmung des Ist-Zustands und die Ableitung der Entwicklungspotenziale auf allen 30 Ebenen des Whole School Approach. Sie schafft die Voraussetzungen für eine sinnvolle und zielorientierte Entwicklungsarbeit. In der Planungsphase werden Entwicklungsziele und -prioritäten für die Schule formuliert. Handlungsfelder werden identifiziert und darauf aufbauend wird die Projektorganisation geplant. In der Gestaltungsphase werden Umsetzungsideen und -vorschläge 35 für die gemeinsam definierten Handlungsfelder des Whole School Approach entwickelt. Daraus wird ein Aktionsplan erstellt. In der Umsetzungsphase steht die Realisierung der Maßnahmen im Fokus. In der abschließenden Reflexionsphase werden die Wirksamkeit der umgesetzten Maßnahmen evaluiert,

40 die (Lern-)Erfahrungen zusammengefasst und – sofern Bedarf besteht – Verbesserungsvorschläge für den weiteren Prozess formuliert. [...]

Quelle: Broschüre „Schools for earth", hrsg. von Greenpeace e.V., Hamburg. 04/2021, S. 10 – 12. https://www.greenpeace.de/bildungsmaterial/SfE-Handreichung-WSA.pdf (aufgerufen 11.01.2023)

AUFGABENSTELLUNG Wahlteil A

1 Verfasse einen inneren Monolog, in welchem du deine Gedanken zum Thema sortierst und schließlich zu einem Ergebnis kommst. Bearbeite hierfür die folgenden Aufgaben. Beachte auch die Überleitungen zwischen den einzelnen Punkten, um einen zusammenhängenden Gedankenfluss zu gestalten.

a) Beginne deinen Text mit einer Beschreibung der Gefahren des von Menschen gemachten Klimawandels.

b) Beschreibe, warum dich das Thema berührt.

c) Stelle das Programm „Schools for Earth" von Greenpeace kurz vor, indem du Ziel und Inhalte der Aktion verdeutlichst.

d) Erläutere, ob und wie dieses Programm an deiner Schule durchführbar wäre. Warum oder warum nicht?

e) Schließe deinen Text mit einer Entscheidung: Möchtest du das Programm an deiner Schule vorstellen? Wenn du dich dagegen entscheidest, begründe warum. Solltest du dich dafür entscheiden, beschreibe, wen und auf welche Art du in der Schule darüber informieren möchtest.

Wahlteil B

In eurer Schülerzeitung werden regelmäßig aktuelle Fragen der Schülerschaft beantwortet. Luis aus der 8. Klasse fragt, warum es so vielen Menschen schwerfällt, trotz der realen Gefahren des Klimawandels ihr Verhalten zu ändern. Du arbeitest in der Redaktion dieser Zeitung und möchtest ihm antworten, indem du das Thema in einem Artikel für die Zeitung aufgreifst. Bei der Recherche stößt du auf ein passendes Gedicht.

Ich bin dagegen

Ich bin dagegen, dass die Gletscher schmelzen.
Ich bin dagegen, dass die Wüsten sich ausbreiten.
Ich bin dagegen, dass die Wälder abgeholzt werden,
Ich bin dagegen, dass so viel CO_2 freigesetzt wird.

5 Ich bin dagegen, seltener zu fliegen.
Ich bin dagegen, dass mein Strom teurer wird.
Ich bin dagegen, langsamer zu fahren.
Ich bin dagegen, dass mein Land sich einschränkt, bevor es andere tun.

Ich bin dagegen, dass Skigebiete schrumpfen.
10 Ich bin dagegen, dass Urlaubsregionen überschwemmt werden.
Ich bin dagegen, dass die Temperaturen steigen.
Ich bin dagegen, dass Insekten sich ausbreiten.

Ich bin dagegen, kürzer zu duschen.
Ich bin dagegen, das Licht auszumachen.
15 Ich bin dagegen, mein Einkaufsverhalten umzustellen.
Ich bin dagegen, dass unsere Wirtschaftsregeln geändert werden.

Ich bin dagegen, dass mein Land häufiger von Stürmen betroffen ist.
Ich bin dagegen, dass in meinem Land die Hitzeperioden zunehmen.
Ich bin dagegen, dass mein Garten verdorrt.
20 Ich bin dagegen, dass meine Gesundheit leidet.

Ich bin dagegen, dass ich dagegen bin.
Wofür bin ich?

Quelle: B. Massmann, Essen. Die Klimaschutz-Baustelle – Gedichte als Bilder. (www.klimaschutz-baustelle.de - aufgerufen 11.01.2023)

AUFGABENSTELLUNG Wahlteil B

1 Verfasse einen informierenden Text für die Schülerzeitung, mit dem du Luis und die anderen Schülerinnen und Schüler eurer Schule direkt ansprichst.

a) Beginne mit einer kurzen Einleitung, in der du Luis' Anliegen erklärst.
b) Stelle kurz das Gedicht „Ich bin dagegen" vor und mache die zwiespältige Position des Autors deutlich.
c) Erkläre ausführlich, warum es wichtig ist, den Klimawandel ernst zu nehmen. Gehe dabei konkret auf Gefahren und Risiken ein.
d) Stelle dem gegenüber, warum viele Menschen Probleme haben, klimaneutral zu handeln. Beziehe dabei auch eigene Erfahrungen mit ein.
e) Appelliere an Luis und deine Mitschülerinnen und Mitschüler, sich für den Schutz des Klimas einzusetzen.

LÖSUNGSHILFEN zum Wahlteil A

1 Notiere stichpunktartig, was der von Menschen gemachte Klimawandel überhaupt ist und welche Gefahren er birgt.

_____

_____

_____

_____

2 Lies das Material zum Projekt „Schools for Earth" (Text 3A). Versuche in möglichst einfachen Worten Ziele und Ablauf zu beschreiben.

_____

_____

_____

_____

_____

3 Überlege Möglichkeiten für Schülerinnen und Schüler an eurer Schule, eigene Ideen für klima-freundliches Verhalten einzubringen. Notiere Stichworte.

_____

_____

_____

_____

4 Lege dir in Stichworten einen Schreibplan an.

Schreibplan zum Wahlteil A

Einleitung:

a) Gefahren des vom Menschen gemachten Klimawandels: _____

_____

_____

Hauptteil:

b) Warum berührt mich das Thema? _____

_____

c) Schools for Earth – Ziel und Ablauf: _____

_____

_____

_____

d) Programm an unserer Schule durchführbar? Warum oder warum nicht? _____

_____

_____

Schluss:

e) Möchtest du dieses Programm vorstellen? _____

f) Begründung: _____

_____

_____

5 Schreibe nun deinen Text. Die folgenden Formulierungsvorschläge können dir dabei helfen.

Einleitung:
- _Der menschengemachte Klimawandel ist ein echtes Problem._

Hauptteil:
- _Wenn ich mir vorstelle, dass …_
- _Im Internet bin ich heute auf eine Aktion gestoßen, die Greenpeace ins Leben gerufen hat._

- *Kurz gesagt: Es wird mit diesem Programm versucht …*
- *Ich frage mich, ob wir dieses Programm an unserer Schule auch umsetzen könnten.*

Schluss:
- *Ich möchte das Programm vorstellen / nicht vorstellen, weil …*

6 Überarbeite deinen Text mithilfe der Checklisten auf den Seiten 48 und 58.

LÖSUNGSHILFEN zum Wahlteil B

1 Schreibe stichpunktartig auf, was dir beim Lesen des Gedichts einfällt. Worin liegt der Zwiespalt?

_____

_____

_____

2 Lies die Materialien genau, unterstreiche wichtige Stellen und mache dir Randnotizen. Warum ist der Klimawandel so gefährlich? Warum setzen sich Menschen nicht gegen den Klimawandel ein? Fasse deine Erkenntnisse in ein paar Sätzen zusammen.

_____

_____

_____

_____

3 Lege dir in Stichworten einen Schreibplan an.

Schreibplan zum Wahlteil B

Einleitung:

a) Luis' Anliegen: _____

_____

Hauptteil:

b) Vorstellung des Gedichts „Ich bin dagegen": _____

_____

_____

c) Zwiespalt: _____

_____

_____

d) Warum sollte man den Klimawandel ernst nehmen? ____

_____

_____

_____

e) Warum bereitet es Menschen Probleme, klimaneutral zu handeln?

Schluss:

f) Appell, sich für das Thema einzusetzen:

5 Schreibe nun deinen Text. Die folgenden Formulierungsvorschläge können dir dabei helfen.

Einleitung:
- Luis aus der Klasse 8c hat uns eine Mail geschickt, in der er sich wundert, warum …

Hauptteil:
- Viele Verse haben direkt mit dem Klimawandel und dessen Auswirkungen zu tun: …
- Es gibt aber auch andere Verse, in denen …
- Die Gefahren, die mit einer Erderwärmung einhergehen …
- Jetzt fragt man sich: Warum ist das nicht für alle Menschen Anlass, ihr Verhalten grundlegend zu ändern?

Schluss:
- Also setzt euch ein und erzählt, was ihr wisst, damit wir gemeinsam ein Zeichen gegen den Klimawandel setzen können.

6 Überarbeite deinen Text mithilfe der Checklisten auf den Seiten 48 und 58.

Quelle Foto: Adobe Stock / zinkevych

Schulkinder pflanzen Bäume

C 3 Prüfungsbeispiel: Künstliche Intelligenz

Bearbeite auch diese Prüfungsvorlage so, wie du es im Kapitel B1 (Seite 27/28) sowie in den Grundkursen B6 – B8 (Seite 40 – 67) gelernt hast. Gehe dabei schrittweise vor. Auf den Seiten 92 – 94 findest du Lösungshilfen.

Die folgenden Materialien befassen sich mit dem Thema „Künstliche Intelligenz". Bearbeite zunächst die Aufgaben im Basisteil. Danach entscheidest du dich für die Schreibaufgabe im Wahlteil A oder B.

Basisteil

TEXT 1 **Spracherkennung: Smarte Assistenten – Freund oder Feind?**

Sprachassistenten reagieren auf Befehle, um uns im Alltag zu helfen. Doch in Zukunft sollen sie an unserer Stimme Krankheiten, Wünsche und Emotionen erkennen. Der Beginn einer wunderbaren Freundschaft? Wer wünscht sich das nicht? Jemanden an seiner Seite zu wissen, der immer für einen da ist. Der weiß, was uns bewegt und was wir gerade am dringendsten brauchen. [5] Jemanden, der ein angenehmer Gesprächspartner ist, der auf unsere Gesundheit achtet, der uns quasi in- und auswendig kennt. Noch ist das Zukunftsmusik: Der Sprachassistent als vielleicht bester Freund des Menschen. Die heutigen Sprachassistenzsysteme stellen zwar eine Vielzahl an Funktionen bereit, die ihren Benutzern das Leben leichter machen – von der Terminplanung über [10] Navigation[1], Smart-Home- und Gerätesteuerung und vieles mehr. Andererseits fungieren[2] sie bisher lediglich als Befehlsempfänger und Antwortgeber, die in ihrer Kommunikationsfähigkeit stark limitiert[3] sind. Erwartbare Fragen und Befehle, wie nach dem Wetter fragen, die Order, das Licht ein- und auszuschalten, können sehr gut bearbeitet werden. Was die Sprachsysteme [15] nicht gut können, ist, locker zu plaudern und damit in eine natürliche verbale Interaktion[4] mit dem Benutzer zu treten. Doch trotz dieser Einschränkungen beobachten Wissenschaftler bereits jetzt, dass es menschelt zwischen Benutzer und Maschine.
Prof. Nicole Krämer untersucht an der Universität Duisburg-Essen, wie [20] Sprachassistenten unsere Emotionen beeinflussen: „Dass wir sozial reagieren, wird eigentlich relativ einfach ausgelöst", erklärt sie. „Ein ganz wichtiges Element, haben verschiedene Studien gezeigt, ist die Sprache. Dann wird automatisch das wachgerufen, was wir in uns haben, nämlich diese natürliche Fähigkeit zur Kommunikation und sozial mit anderen zu interagieren", so die [25] Sozialpsychologin. Testpersonen zeigten beispielsweise Höflichkeitsverhalten gegenüber den sprechenden Maschinen oder sie versuchten den Maschinen gegenüber, einen guten Eindruck zu machen. Ganz so wie das in der Interaktion mit anderen Menschen vorkommt. Kennzeichnend dabei war, dass den Versuchspersonen ihr eigenes Verhalten nicht bewusst war und es sogar [30] von ihnen geleugnet wurde. Sind wir beeinflussbar, ohne es zu merken? Und könnte dieser Umstand ausgenutzt werden? Besonders unter der Annahme, dass sich mit zunehmender Interaktionsfähigkeit der Sprachassistenten auch die Bindung vom Menschen zur Maschine intensivieren wird?
Eine entscheidende Rolle bei der Weiterentwicklung der modernen Sprach- [35] assistenten ist der Einsatz von Künstlicher Intelligenz. Mittels sogenanntem

TEXT 1

Machine Learning wird dabei versucht, aus großen Datenmengen Muster herauszulesen, die dann ein besseres Funktionieren des Sprachassistenten ermöglichen sollen. Die Daten gewinnen Unternehmen wie Google, Apple, Microsoft und Amazon dadurch, dass die Benutzer ihre Maschinen mit Sprachbefehlen füttern. Es wird dann, zum Teil auch mit menschlicher Hilfe, analysiert, welche Anfragen die Benutzer stellen. So können die Sprachassistenten darauf trainiert werden, diese Anfragen besser zu verstehen und darauf zielgerichtet zu antworten.

45 Ein Problem, das sich beim Sammeln von Daten ergibt, ist, dass die Benutzer keinen Einfluss darauf haben, wie ihre Daten verwendet und wie lange sie gespeichert werden. „Daten, die irgendwo gespeichert sein können, wecken immer Begehrlichkeiten. Auch Krankenkassen könnten sich natürlich für Daten darüber, in wie weit der Sprachassistent Depressionsneigungen bei jemandem anscheinend erkannt hat, interessieren", erklärt Prof. Nicole Krämer. Tarife könnten dann angepasst werden. Aber auch eine Änderung von politischen Systemen könnte zu einem Missbrauch der Daten führen.

Wohin also geht die Reise in Zukunft? Eine Patentbewilligung in den USA, ausgestellt im Jahr 2018 an Amazon, könnte ein Fingerzeig sein. Dort wird beschrieben, wie mittels Spracherkennung Krankheiten und die Stimmung der Nutzer erkannt werden können. Alexa erkennt also körperliche und seelische Zustände von Menschen anhand von Stimmanalyse und der Erfassung von Umgebungsgeräuschen wie Husten, Schnupfen oder Schluchzen. Ist Alexa der Meinung, dass ihr Benutzer krank, verstimmt oder depressiv ist, kümmert sie sich. Dem Nutzer werden dann beiläufig Produktvorschläge unterbreitet und bei Zustimmung über Amazon geliefert. Amazon ließ offen, ob das Patent jemals in eine konkrete Anwendung umgesetzt wird. „Die Chancen in der Entwicklung von Sprachassistenten sind die Services, die es heutzutage schon bietet, zu verbessern. Aber aus ethischer[5] Sicht muss man sich fragen, können diese unbewussten sozialen Reaktionen, die wir beobachten, ausgenutzt werden", sagt Prof. Nicole Krämer. Aufgrund der noch sehr jungen und sich in ständiger Weiterentwicklung befindlichen Technologie fehlen bisher Langzeitstudien. Ob Alexa und Co Assistenten bleiben oder doch irgendwann wie Freunde wahrgenommen werden, wird erst die Zukunft zeigen.

1 **die Navigation:** *hier:* zielgerichtetes Anwenden von EDV-Programmen

2 **fungieren:** eine bestimmte Aufgabe haben

3 **limitiert:** begrenzt

4 **die verbale Interaktion:** sprachlich miteinander in Beziehung treten

5 **ethisch:** moralisch, sittlich (Die Ethik sagt, wie der Mensch handeln soll und wie nicht.)

Quelle: Markus Plawszewski, Südwestdeutscher Rundfunk, Stuttgart, 25.09.2020, https://www.daserste.de/information/wissen-kultur/w-wie-wissen/kuenstlicheintelligenz-102.html (aufgerufen am 11.01.2023)

AUFGABENSTELLUNG Basisteil

1 Stelle den Text und sein zentrales Thema in nicht mehr als drei Sätzen vor.

_____

_____

2 Was erhoffen sich Menschen vom Einsatz Künstlicher Intelligenz? Notiere Stichworte.

_____

3 Am Anfang des Artikels wird die Frage aufgeworfen, ob Menschen und Künstliche Intelligenzen „Freunde" sein können. Formuliere ein Argument, das dafür, und eins, das dagegen spricht.

_____

_____

_____

_____

_____

Wahlteil A

Bei einer Recherche im Internet stolperst du über den Begriff „Smart Home". Du informierst dich genauer darüber. Was du erfährst, fasziniert dich. Du versuchst, deine Eltern zu überzeugen, euer Zuhause etwas „smarter" zu machen.
Verfasse ein Referat mit abschließender persönlicher Stellungnahme.
Verfasse dafür einen informierend-appellierenden Text.

TEXT 2A ## Was ist eigentlich ein Smart Home?

Wer beim Begriff „Smart Home" (engl. „Intelligentes Haus") an den berühmten, selbst einkaufenden Kühlschrank mit Internetanschluss denkt, liegt falsch. Den gibt es noch lange nicht zu kaufen. Dennoch sind es auch im Smart Home verschiedene technische Hilfsmittel wie Sensoren[1], gesteuerte Motoren oder Kameras, die für mehr Annehmlichkeit oder Hilfe im Haushalt sorgen. Ob 5 Smart-Home-Lösungen für Licht, Türen und Fenster oder Heizung – immer lässt sich das Einsatzgebiet auf die drei Bereiche Komfort, Energiesparen und Sicherheit eingrenzen. Und keine Sorge vor kühler Technik: Viele haben schon jetzt Funksteckdosen, Rauchmelder oder Dimmer[2] bei sich zu Hause, ohne dass sie stören. Neu ist lediglich, dass die Geräte nun untereinander vernetzt sind. 10 Das heißt, dass zum Beispiel die Waschmaschine per Funk Kontakt mit dem Handy hält und automatisch eine Nachricht verschickt, wenn die Wäsche fertig ist oder eine Störung vorliegt. Die Hersteller der verschiedenen Systeme legen außerdem großen Wert darauf, dass Sie ohne weitere Hilfe oder technisches Vorwissen innerhalb weniger Minuten ein Smart-Home-System einrichten 15 können. Was viele Systeme jedoch voraussetzen: ein aktuelles Smartphone oder ein Tablet-PC. Denn viele Smart Homes werden heute einfach und intuitiv per App gesteuert. [...]
Individuelle Lichtstimmungen automatisch nach Tageszeit, ein perfekt temperiertes Haus oder Rollläden, die herunterfahren, wenn der Fernseher ein- 20 geschaltet wird. Einer der angenehmsten Effekte eines Smart Home ist der Komfortgewinn. Denn vieles lässt sich bequem per Handydisplay oder Tablet vom Sofa aus steuern.
Neben dem direkten Steuern lassen sich über die dazugehörigen Programme auch zeitliche Abläufe einrichten. So zieht sich die Markise[3] automatisch zum 25 Sonnenuntergang ein, fährt die Heizung für kuschelig warme Räume kurz vor dem Feierabend hoch oder öffnen sich Haustüren oder Garagentore von selbst – ganz ohne Schlüsselsuche.

TEXT 2A

30 Richtig interessant wird es, wenn die einzelnen intelligenten Elemente wie Funksteckdosen, Rollladenmotoren und App-gesteuerte LED-Leuchten per Software miteinander verknüpft sind. So lassen sich individuelle Szenarien einstellen. Zum Beispiel können für den Heimkino-Abend auf nur einen Fingertipp die Fenster verdunkelt, das Licht gedimmt und die Raumtemperatur erhöht werden. Oder es startet an heißen Tagen dank Wärmesensoren

35 automatisch der Rasensprenger, fährt die Markise aus und setzt sich in den Innenräumen die Klimaanlage oder der Ventilator in Gang. Ein Haus, das sich so an die Bedürfnisse seiner Bewohner anpasst, ist dann wirklich smart. Neben Komfort steht Energiesparen bei einem Smart Home mit an vorderster Stelle. Nicht nur, dass man sich dank der Verbindung zum Smartphone über

40 den Stromverbrauch aller Geräte jederzeit informieren kann. Besitzer einer Photovoltaikanlage[4] können sich auch anzeigen lassen, wie viel Strom parallel dazu auf dem Dach produziert wird. Mit einem Fingertipp lassen sich auf Wunsch sogar die stärksten Verbraucher einzeln oder gleich alle Geräte beim Verlassen des Hauses mit einem Mal ausschalten. Denn ausgeschaltete

45 Geräte sparen die meiste Energie. [...] Neben Komfort und Energieeinsparung bietet ein Smart Home noch ein bedeutendes Plus an Sicherheit. Ob ein Urlaubsmodus mit unterschiedlichen Beleuchtungsszenarien, eine über das WLAN-Netzwerk verbundene Kamera an der Eingangstür oder Funksteckdosen, mit denen auch von unterwegs dem

50 noch eingeschalteten Bügeleisen der Strom gekappt werden kann – Smart Home macht es möglich. Eigentlich passt die kluge Technik daher zu jedem, denn die Vielfalt der Anwendungsmöglichkeiten ist enorm. [...]

1 **der Sensor:** Messfühler

2 **der Dimmer:** Helligkeitsregler

3 **die Markise:** faltbares Stoffdach zum Schutz gegen Sonne

4 **die Photovoltaik:** Gewinnung von elektrischer Energie aus Sonneneinstrahlung

Quelle: Heiko Spilker, https://www.schoener-wohnen.de/architektur/36906-rtkl-was-ist-eigentlich-ein-smart-home (aufgerufen am 11.01.2023)

AUFGABENSTELLUNG Wahlteil A

1 Bearbeite die folgenden Aufgaben in einem zusammenhängenden Text. Gehe folgendermaßen vor.

a) Beginne dein Referat mit einer Erklärung, in der Thema und Ziel deutlich werden.

b) Fasse inhaltlich kurz zusammen, was ein Smart Home ist und wie es funktioniert.

c) Führe drei Situationen an, in denen deine Eltern im Alltag von einem smarten Zuhause profitieren würden. Belege diese mit Beispielen aus eurem Familienalltag.

d) Erkläre, wie die Smart-Technologie die Sicherheit zuhause erhöhen würde.

e) Appelliere im Schlussteil an deine Eltern, die Idee eines Smart Home gemeinsam in die Tat umzusetzen, und schlage vor, wie ihr damit beginnen könnt.

Wahlteil B

In immer mehr Wohnungen deiner Mitschülerinnen und Mitschüler ist „Alexa" eingezogen. Viele gehen deiner Meinung nach sehr unvorsichtig mit dieser Technik um. Du beschließt, einen Vortrag vorzubereiten, um die Risiken deutlich zu machen. Verfasse hierzu einen informierend-appellierenden Text. Nutze hierfür Text 1 und Text 2B.

TEXT 2B   Diese Risiken birgt Alexa für Kinder

Ein Junge, sechs Jahre alt, wünscht sich ein Kinderlied, ruft „play Digger, Digger"[1] ins Mikrofon. Und was tut Amazons Sprachassistentin „Alexa"? Sie schlägt ihm verschiedene Porno-Titel vor. Diese Geschichte ist nicht die einzige Panne vergangener Jahre, die Eltern schockiert. Jetzt warnt sogar der Wissenschaftliche Dienst des Bundestags. 5

In einem Gutachten wird bemängelt, dass Kinder und Jugendliche persönliche Informationen von sich preisgeben oder eben Inhalte abrufen können, die sie nicht hören sollten. Außerdem stelle sich die Frage, was eigentlich mit Besuchern sei, die nicht wüssten, dass die Software gerade ihre Sätze aufzeichnet. Amazon dürfte der Pflicht zur Informationsvermittlung bei der Datenerhe- 10 bung von Nutzern zwar ausreichend nachkommen, heißt es – „offen bleibt jedoch, wie unbeteiligte Dritte und Minderjährige von der Datensammlung ausgeschlossen werden können". Mit Blick auf die USA sei außerdem unklar, „zu welchen weiteren Zwecken Amazon seine Daten zukünftig nutzen könnte". Dass sich Kriminelle Zugriff zu den Daten in der Cloud verschaffen könnten, 15 sei ebenfalls nicht auszuschließen.

Eine Reihe von Kritikpunkten. Das Bundesinnenministerium fühlt sich in der Sache aber nicht zuständig. Ein Sprecher erklärte auf Anfrage der Deutschen Presse-Agentur: „Die Nutzung der Sprachassistenten betrifft Datenverarbeitungen durch nichtöffentliche Stellen." Für diese lasse die Datenschutz- 20 Grundverordnung der EU den nationalen Gesetzgebern so gut wie keinen Regelungsspielraum. „Wir müssen darauf dringen, dass die Einwilligungserklärung für den Nutzer auf die Gefahren und Möglichkeiten hinweist, die mit der Übertragung und Nutzung der Daten sowie der Daten von Dritten, die sich zufällig im Raum befinden, hinweist", meint hingegen der fraktionslose 25 Bundestagsabgeordnete Uwe Kamann. Dies müsse detailliert erfolgen, „und nicht indem man nur einmal ein Häkchen für alles setzt". Kamann war es, der die Frage aufgeworfen hatte, ob es zulässig ist, dass Amazon die Spracheingaben der „Alexa"-Nutzer auswertet.

Der Hamburgische Datenschutzbeauftragte Johannes Caspar ist ebenfalls 30 empört. Er teile die Befürchtungen des Wissenschaftlichen Dienstes des Bundestags. Probleme würden sich „aus der hohen Zahl von Fehlaktivierungen bei automatischen Sprachassistenten" ergeben. Diese führten dazu, dass Gespräche immer wieder übertragen werden, weil das System das Aktivierungswort fälschlicherweise verstehe. „Von diesen Datenerhebun- 35 gen sind ausnahmslos alle Personen im Haushalt betroffen, ohne dass die relevanten rechtlichen Vorgaben vorliegen dürften", sagte Caspar zu *Tagesspiegel Background Digitalisierung & KI*. Insbesondere dürften „Kinder kaum einwilligungsfähig sein". Ein weiteres Problem ist aus seiner Sicht „die fehlende Zugriffskontrolle durch eine personalisierte Steuerung, mit der 40 eine Nutzung des Sprachsystems durch dritte unbefugte Personen verhindert werden könnte". Amazon bietet den Nutzern zwar neuerdings mit dem Befehl „Alexa, lerne meine Stimme" die Möglichkeit, ein persönliches Stimmprofil einzurichten. Diese werden nach Angaben eines Amazon-Sprechers aber nur genutzt, „um das individuelle Nutzererlebnis zu verbessern". Auf den 45 Befehl „Computer, spiele Musik!" hin würden für verschiedene Profile unterschiedliche Titel abgespielt. Das Gerät für Kinder zu sperren, erlaubt die neue Stimmerkennung nicht.

TEXT 2B

Das Unternehmen teilte auf Tagesspiegel-Anfrage mit: „Echo und Alexa
50 schützen die Privatsphäre der Kunden und jedes Haushaltsmitglieds." Jeder
Echo-Lautsprecher sei mit einer Stummtaste ausgestattet, die die Stromzufuhr
der Mikrofone und Kameras elektronisch trenne. Dadurch sei es für Kunden
einfach zu steuern, wann Alexa in der Lage ist, das Aktivierungswort zu erkennen. Außerdem könne jeder seine Aufzeichnungen ansehen, anhören und
55 beseitigen. Nötig sei nur der Satz „Alexa, lösche, was ich gerade gesagt habe!"
Der Sprachassistent wird nicht zum ersten Mal als Übel für Kinder angesehen. Im vergangenen Jahr veröffentlichte die britische Childwise Agency eine
Untersuchung mit dem Ergebnis: Da Alexa Anweisungen ohne Wörter wie
„bitte" oder „danke" ausführt, fürchten Experten, dass Kinder zu unhöflichen
60 Wesen heranwachsen, die bloß noch befehlen.
Alexa, lies mir eine Gute-Nacht-Geschichte vor! Alexa, ich will …! Im April
2018 brachte Amazon tatsächlich eine Version für Kinder auf den Markt. Diese formuliert ihre Antworten kindgerechter, sagt der Hersteller. Außerdem
bekamen Kinder ein Lob, wenn sie bitten und sich bedanken. […]

1 Digger: Anrede für einen Freund oder Kumpel

Quelle: Sonja Alvarez und Marie Rövekamp, Der Tagesspiegel, Berlin vom 09.07.2019

AUFGABENSTELLUNG Wahlteil B

1 Bearbeite nun die folgenden Aufgaben in einem zusammenhängenden Text.
Gehe folgendermaßen vor:

a) Beginne dein Referat mit einer passenden Anrede und erkäre, warum du dich zu „Alexa" äußerst.
b) Benenne Vorteile, die der Umgang mit „Alexa" bietet. Mache dabei deutlich, dass du die Begeisterung deiner Mitschülerinnen und Mitschüler nachvollziehen kannst.
c) Führe begründet drei Gefahren der Nutzung einer „Alexa" an.
d) Gib deinen Mitschülerinnen und Mitschülern Tipps, wie sie sinnvoll mit Sprachassistenten umgehen.
e) Beende dein Referat, indem du dich bei deinen Zuhörerinnen und Zuhörern bedankst und daran
appellierst, dass sie in Zukunft vorsichtiger bei der Nutzung von Sprachassistenten sein sollen.

LÖSUNGSHILFEN zum Wahlteil A

1 Schreibe in eigenen Worten auf, was ein Smart Home ist.

_____

_____

_____

2 Sammle Aspekte in der Tabelle, auf welche Weise ein smartes Zuhause den Alltag erleichtern und
die Sicherheit erhöhen kann.

Hilfe im Alltag	Erhöhung der Sicherheit

3 Lege dir in Stichworten einen Schreibplan an. Lies in der Aufgabe nach, was von dir erwartet wird.

Schreibplan zum Wahlteil A

Einleitung:

a) Anrede: _____

 Thema: _____

 Ziel: _____

Hauptteil:

b) Was ist ein Smart Home? _____

 Wie funktioniert es? _____

c) Hilfreiche Situationen im Alltag: _____

 1. _____

 2. _____

 3. _____

d) Wie erhöht die Smart-Technologie die Sicherheit zuhause? _____

Schluss:

e) Bitte um Umsetzung _____

 Wie beginnen wir? _____

4 Schreibe nun deinen Text. Die folgenden Formulierungsvorschläge können dir dabei helfen. Überarbeite deinen Text anschließend mithilfe der Checklisten auf den Seiten 48 und 58.

Einleitung:
- *Wie ihr wisst, habe ich in letzter Zeit relativ viel über Smart-Technologie gelesen.*
- *Ich würde mir wünschen, dass …*

Hauptteil:
- *Ein Smart Home zu besitzen, bedeutet …*
- *An einigen Beispielen möchte ich zeigen, wie ein smartes Zuhause den Alltag erleichtern kann …*

Schluss:
- *Ich würde mich freuen, wenn …*
- *Vielleicht können wir damit beginnen …*

LÖSUNGSHILFEN zum Wahlteil B

1 Notiere stichpunktartig, was deinen Mitschülerinnen und Mitschülern an „Alexa" gefallen könnte.

_____

_____

_____

_____

2 Nenne stichpunktartig mindestens drei Gefahren von „Alexa".

_____

3 Versuche zu erklären, worauf man bei der Nutzung von „Alexa" achten muss. Markiere im Anschluss den deiner Meinung nach wichtigsten Aspekt.

_____

_____

4 Markiere oder unterstreiche in der Aufgabenstellung, was von dir erwartet wird. Erstelle mit diesen Angaben einen Schreibplan.

Schreibplan zum Wahlteil B

Einleitung:

a) Anrede: _____

     Grund des Vortrags: _____

Hauptteil:

b) Vorteile von „Alexa": _____

     Begeisterung kann ich nachempfinden, weil ... _____

c) Gefahren der Nutzung: _____

     _1. ..._ _____

     _2. ..._ _____

     _3. ..._ _____

d) Tipps zum Umgang: _____

     _..._ _____

Schluss:

e) Bedanken: _____

     Appell: _____

5 Schreibe nun deinen Text. Die folgenden Formulierungsvorschläge können dir dabei helfen. Überarbeite deinen Text anschließend mithilfe der Checklisten auf den Seiten 48 und 58.

Einleitung:
- _Liebe Mitschüler und Mitschülerinnen, ich weiß aus Gesprächen, dass ..._
- _Dieser Vortrag soll euch dabei helfen, ..._

Hauptteil:
- _„Alexa" ist faszinierend. Ich finde es auch spannend, ..._
- _Dennoch gibt es auch Gefahren, auf die ich euch hinweisen möchte: ..._
- _Wenn ihr euch dazu entschließt, eine Alexa anzuschaffen, solltet ihr ..._

Schluss:
- _Ich danke dafür, ... und ich hoffe, dass ..._

C 4 Prüfungsbeispiel: Austauschjahr

Bearbeite diese Prüfungsvorlage so, wie du es in den Grundkursen B 6 bis B 8 (Seite 40 – 67) gelernt hast. Gehe dabei schrittweise vor. Auf den Seiten 102 – 103 findest du Lösungshilfen zu den Schreibaufgaben des Wahlteils A und B.

Die folgenden Materialien befassen sich mit dem Thema „Austauschjahr". Bearbeite zunächst die Aufgaben im Basisteil. Im Anschluss daran bearbeitest du die von dir gewählte Wahlaufgabe im Wahlteil A oder B.

Basisteil

TEXT 1   ## Discover you!

Erlebe dein Traumland als Austauschschüler und mache jeden Tag zu einem unvergesslichen Abenteuer! Ein High-School-Austausch ist so viel mehr als Urlaub in einem fremden Land. Du bekommst ein zweites Zuhause. Du hast die Chance, tief in einen anderen Teil der Welt und eine neue Kultur einzu-tauchen, Freundschaften über Ländergrenzen hinweg aufzubauen und Dinge 5
an dir selbst zu entdecken, die du sonst nie erfahren hättest. In deiner Zeit im Ausland entwickelst du dich persönlich weiter, wirst weltoffener und selbst-bewusster und erhältst eine internationale Ausbildung.
Ein Auslandsjahr ist dein Startschuss, um die Person zu werden, die du wirk-lich sein möchtest. Ein High-School-Austausch hat sicher seine Herausfor- 10
derungen, doch du gewinnst so viel dazu: Am Ende des Jahres kehrst du reifer, unabhängiger und mit ganz neuem Selbstvertrauen zurück nach Hause. Du lernst, mit den unterschiedlichsten Menschen über Sprachbarrieren und kulturelle Unterschiede hinweg zu kommunizieren und Probleme zu lösen. Du bekommst ein besseres Verständnis von der Welt, von unseren Gemein- 15
samkeiten und Unterschieden. Kurzum: Du bist bereit, dich kopfüber in die Zukunft zu stürzen. Die Erinnerungen und Freundschaften, die du mit nach Hause nimmst, werden dich für den Rest deines Lebens begleiten und du hast ein zweites Zuhause an einem anderen Ort der Welt. Ein High-School-Jahr ist sicher eine große Entscheidung, aber eine, die dein Leben auf unerwartete 20
Weise bereichern wird. Also wähle dein Traumziel aus, bewirb dich und mach dich bereit für das beste Jahr deines Lebens!

Quelle: Broschüre „Highschool" der Organisation STS Education, Hamburg, 2021, S. 3

AUFGABENSTELLUNG Basisteil

1 Stelle den Text und sein zentrales Thema kurz vor.

_____

_____

2 Erläutere in Stichworten, warum ein High-School-Austausch viel mehr als ein Urlaub in einem fremden Land ist.

_____

_____

3 Nenne drei positive Aspekte eines Austauschjahres.

_____

_____

4 Erläutere in eigenen Worten und mithilfe des Texts die Aussage „Ein High-School-Jahr ist sicher eine große Entscheidung, aber eine, die dein Leben auf unerwartete Weise bereichern wird."

_____

_____

_____

_____

TEXT 2 ## Mein Austauschjahr – ein Traum wird wahr
Roosa S. S. Virtanen

Ein Austauschjahr zu erleben war schon mein ganzes Leben mein Traum. Ich wollte schon immer so viele Sprachen wie möglich lernen und wo kann man dies besser tun als dort, wo die Sprache gesprochen wird? Jeder Jugendliche zählt die Jahre, bis er oder sie 18 wird, aber ich wartete darauf, 17 zu werden,
5 weil ich wusste, dass ich dann endlich an einem Austausch würde teilnehmen können. Also packte ich mit 17 meine Sachen, sagte „Auf Wiedersehen" zu meinen Freunden und meiner Familie und reiste in ein neues Land – Deutschland -, um für ein Jahr ein neues Leben zu leben.
Schulen sind sehr unterschiedlich in Deutschland und Finnland. Das Schuljahr
10 in Finnland ist in fünf Zeitabschnitte (Perioden) eingeteilt, innerhalb jeder Periode haben wir fünf bis acht Kurse. Wir erstellen unsere Stundenpläne selbst und können entscheiden, was wir lernen wollen, für *wie lange* und *wie viel*. In Finnland dauert eine Unterrichtsstunde nicht 45 Minuten, sondern 75 Minuten. Deshalb haben wir auch nur maximal fünf verschiedene Fächer pro
15 Tag, sodass wir nicht so viel Hausaufgaben bekommen. In jeder Unterrichtsstunde setzt sich die Klasse anders zusammen, d. h., wir haben nicht immer die gleichen Klassenkameraden. Die Mitschüler wechseln die ganze Zeit, trotzdem hat der Klassengeist in Finnland einen großen Stellenwert, insbesondere in der Mittelstufe – und zwar mehr als in Deutschland!
20 Übungen und Vorbereitungen für die Schule kann man in Finnland beinahe immer in einer Gruppe erledigen; und wir haben pro Kurs mindestens ein Gruppenprojekt. Die Wichtigkeit von Teamwork wird in finnischen Schulen sehr betont. Wenn man an eine neue Schule kommt, bedeutet dies, dass man zuerst den Klassen- und Schulgeist gut kennen lernt (in Deutschland mit der
25 Klassengemeinschaft vergleichbar). Dies vermisste ich besonders am Anfang meiner Schulzeit hier in Deutschland. Ich habe in den ersten Wochen kaum Kontakt zu meinen Mitschülerinnen und Mitschülern gehabt – nur zu einer anderen Austauschschülerin aus meiner Klasse.
Meine Klasse in Deutschland ist geteilt: Die Jungen stehen immer zusammen
30 und die Mädchen sind immer zusammen. Keiner spricht mit dem anderen Geschlecht oder nur sehr wenig. Für mich fühlte sich das am Anfang sehr merkwürdig an, besonders, weil ich immer leichter Freundschaft mit Jungen schließen kann als mit Mädchen! So war es ziemlich verrückt, dass ich plötz-

lich darüber nachdenken musste, wenn ich mit den Jungen sprechen wollte, was vorher nie der Fall war. 35

Es ist ein Vorteil, dass Partys ein wichtiger Teil der deutschen Kultur sind, denn es brauchte nur eine Klassenparty, um die Mitschüler näher kennen zu lernen. Wir haben keine Klassenpartys in Finnland; das finde ich traurig, weil die Klassenparty hier bisher eins meiner besonderen Erfahrungen ist.

So schön alles ist, es gibt aber auch nicht ganz so tolle Dinge. Zu nennen 40 ist da das Erlernen der Sprache – besonders, wenn man wie ich nur wenig Deutschkenntnisse hat. Es ist sehr ermüdend und kostet besonders am Anfang viel Kraft und Energie. Aber allmählich fasse ich Fuß in der Sprache und traue mich, immer mehr zu sprechen. Insgesamt sind gerade die ersten Wochen voll von neuen Dingen, und das macht furchtbar müde. Das Eingewöhnen in die 45 neue Familie mit ihren Lebensarten, die neue Kultur usw. – alles ist neu und man muss sich darauf einlassen.

Alles in allem empfehle ich jedoch jedem, der die Möglichkeit zu einem Austauschjahr hat, dies wahrzunehmen. Man lernt so viel über sich selbst, über eine neue Kultur und eine neue Sprache und sammelt viele Erfahrungen, die 50 man so nirgendwo anders bekommen kann. Außerdem sieht es später bei einer Bewerbung um einen Arbeitsplatz gut aus im Lebenslauf.

Du bekommst eine zweite Familie und ein zweites Zuhause in einem anderen Land und du wirst Freunde fürs Leben finden, und was ist cooler, als sagen zu können, dass du woanders auf der Welt Freunde hast? Ich weiß, es mag ein 55 bisschen komisch oder ein wenig furchteinflößend sein, allein in ein anderes Land zu ziehen, aber es ist es wert und wenn du erst dort bist, ist es nicht mehr so beängstigend. Verlasse deine Wohlfühlzone – und interessante und überraschende Dinge werden auf dich warten!

Quelle: © Roosa S. S. Virtanen 2022

5 Welche Unterschiede sieht Roosa zwischen finnischen und deutschen Schulen? Notiere Stichworte.

_____

_____

6 Nenne stichwortartig Schwierigkeiten, die Roosa in Deutschland erfahren hat.

_____

_____

Wahlteil A

Eine Klassenkameradin geht nach der 10. Klasse für ein Jahr ins Ausland. Ihr habt viel miteinander gesprochen, du hast viel gelesen und recherchiert und willst nun auch unbedingt ein Jahr ins Ausland. Deine Großeltern würden dich finanziell unterstützen, weil sie von der Idee des Austausches überzeugt sind. Aber deine Eltern sind skeptisch und führen viele Nachteile an. In einem Brief versuchst du, sie davon zu überzeugen, dass du dir die Vor- und Nachteile gut überlegt hast, und bittest sie um ihre Unterstützung für ein Austauschjahr.

TEXT 3A   ## Schüleraustausch: So funktioniert ein Auslandsjahr

Ein Austauschjahr gibt euch die Chance, eine längere Zeit im Ausland zu leben und dort zur Schule zu gehen. Im Vordergrund steht der kulturelle Austausch, deshalb sind die meisten Austauschschüler in einer Gastfamilie untergebracht, wo sie die Sprache und Kultur des Gastlandes intensiv mitbekommen. Anders
5 als der Name suggeriert, dauert das Auslandsjahr kein volles Jahr, sondern etwa 10 bis 11 Monate. Inzwischen ist aber auch ein kürzerer Auslandsaufenthalt keine Seltenheit (drei bis sechs Monate).

Deutsche Schüler können im 9., 10. oder 11. Schuljahr internationale Luft schnuppern. Besonders beliebt ist das High-School-Year in den USA, aber
10 auch europäische Länder ziehen viele deutsche Schüler an. Und mittlerweile gewinnen auch Länder wie Argentinien, Australien, China, Kanada und Neuseeland an Popularität. Weil mehrheitlich Gymnasiasten ins Ausland gehen, gibt es spezielle Stipendienprogramme für Real- und Hauptschüler. So soll Nichtgymnasiasten ermöglich werden, im Auslandsjahr eine Schule im
15 Gastland zu besuchen. Ähnliche Fördermöglichkeiten bestehen für Schüler aus Zuwandererfamilien. Euer schulischer oder familiärer Background ist also kein Hinderungsgrund, wenn es euch ins Ausland zieht!

Pro Auslandsjahr: Von der Schule in die Schule

Größter und nachhaltigster Vorteil: Ihr lernt die Landessprache richtig gut,
20 flüssig und akzentfrei. Weil ihr während des Auslandsjahres im Alltag ständig von der Landessprache umgeben seid, habt ihr die Sprache schnell drauf – inklusive aller Eigenheiten und Redewendungen. Auch die Kultur eures Gastlandes lernt ihr intensiv kennen, denn durch Gastfamilie und Schulfreunde nehmt ihr an wichtigen Events teil, lernt Feiertagssitten kennen und diskutiert
25 kulturelle Unterschiede. Das schärft eure interkulturelle Sensibilität. Der Begriff bedeutet, dass ihr Berührungsängste gegenüber anderen Kulturen abbaut und mehr Toleranz und Verständnis für fremde Länder und Sitten entwickelt. Für euch persönlich bedeutet der vorübergehende Wechsel an die Schule im Ausland eine Art Neuanfang, bei dem ihr euch in einem neuen Schulsystem
30 zurechtfinden müsst. Dabei lernt ihr nicht nur neue Freunde kennen, sondern erfahrt auch so einiges über euch selbst. Denn auch wenn ihr an der Hand genommen werdet, verlangt das Auslandsjahr ein hohes Maß an Selbstständigkeit und Selbstorganisation. Diese Eigenschaften werden euch auf eurem weiteren Lebensweg sicherlich nützlich sein.

35 **Kontra Auslandsjahr: Tücken beim Schüleraustausch**

Wer für mehrere Monate ins Ausland geht, verpasst, was im Leben von Freunden und Familienangehörigen abgeht. Diese Distanz ist einer der größten Nachteile. Auch Heimweh kann sich einschleichen. Auf Trost von der Gastfamilie kann man sich nicht unbedingt verlassen, denn dass die Chemie zwischen euch
40 und euren Gasteltern stimmt, ist nicht garantiert.

Wichtig ist, dass ihr euch eine gewisse Flexibilität und Offenheit bewahrt, denn die Gastfamilie kann ein anderes Weltbild haben und intellektuell oder finanziell auf ganz anderem Niveau sein, als ihr es von zu Hause gewöhnt seid. Aussuchen kann man es sich nicht.

45 Wann ihr das Auslandsjahr mit Schule im Gastland zeitlich einschieben könnt, ist nicht ganz unkompliziert. Denn das neue deutsche Schulsystem lässt kaum Zeit für eine längere Abwesenheit. Früher war die 11. Klasse perfekt dafür, seit Einführung von G8 zählt das 11. Schuljahr aber fürs Abitur. Daher könnt

ihr entweder einen kürzeren Auslandsaufenthalt planen (2. Halbjahr 10. Klas- 50
se, 1. Halbjahr 11. Klasse) oder in der 10. Stufe ins Ausland gehen. Wer das
11. Schuljahr im Ausland verbringt, muss es in der Regel wiederholen.

Fazit

Das Auslandsjahr ist eine einmalige Chance, eine Fremdsprache nahezu perfekt zu erlernen und tief in eine andere Kultur einzutauchen. Im Auslandsjahr
sind Schule und Gastfamilie eure primären Bezugspunkte. Bei beiden kann 55
es Probleme geben, die ihr größtenteils ohne die Hilfe eurer Eltern meistern
müsst. Das ist gewiss eine Umstellung, macht euch aber selbstständiger, sou-
veräner und selbstbewusster. Wem es wegen G8 zu stressig ist, während der
Schulzeit ins Ausland zu gehen, kann ein Auslandsjahr nach der Schule, also
zwischen Schule und Uni oder Ausbildung, absolvieren. Auch diese Option 60
bieten die Austauschorganisationen an.

Quelle: https://www.bigkarriere.de/karrierewelt/schule/auslandsjahr-wahrend-der-schulzeit (aufgerufen am 11.01.2023)

TEXT 4A   **Unsere fantastischen Gastfamilien**

Deine Gastfamilie ist viel mehr als eine Unterkunft für die Dauer deines
Austausches. Diese Familie wird deine größte Unterstützung sein und der
vielleicht wichtigste Teil deines Auslandsabenteuers. Es gibt einfach keine
bessere Möglichkeit, die Kultur deines Gastlandes kennenzulernen, als den
Alltag gemeinsam mit einer einheimischen Familie zu leben. Und genau das 5
erwartet dich. Du wirst mit deiner Gastfamilie leben, essen, die Freizeit verbringen und vielleicht sogar gemeinsam mit ihr verreisen. Sie wird dich zum
allerersten Mal mit der neuen Kultur in Kontakt bringen und dir in deinem
neuen Land ein Zuhause geben. Und so gewinnst du wirklich eine zweite
Heimat. Viele unserer Schüler bleiben auch nach ihrem Austausch noch lange 10
mit ihrer Gastfamilie in Kontakt. Sie reisen immer wieder um die Welt, um
einander zu besuchen, Zeit zu verbringen und die wichtigen Ereignisse des
Lebens gemeinsam zu feiern. Wir kennen Geschichten von Gastfamilien, die
viele Jahre nach dem Austausch um die halbe Welt gereist sind, um die Hochzeit ihres ehemaligen Gastkindes mitzuerleben. Die engen Beziehungen, die 15
sich zwischen dir und deiner Gastfamilie entwickeln, werden ganz sicher zu
den stärksten, wichtigsten und langlebigsten Verbindungen gehören, die du
in deiner Zeit im Ausland knüpfst.

Quelle: Broschüre „Highschool" der Organisation STS Education, Hamburg, 2021, S. 10

AUFGABENSTELLUNG Wahlteil A

1 Bearbeite die folgenden Aufgaben in einem zusammenhängenden Text. Gehe folgendermaßen vor.

a) Erkläre deinen Eltern in einem einleitenden Absatz deine Motivation für den Brief.
b) Beschreibe die Grundidee eines Austauschjahres.
c) Stelle anhand von drei Beispielen die Vorteile eines Austauschjahres dar und was das für dich
   bedeuten würde. Versuche dabei Nachteile, die deine Eltern anführen könnten, zu entkräften.
d) Nimm Stellung zur Problematik der Gastfamilien, die deine Eltern nämlich wichtig finden.
e) Appelliere am Ende an deine Eltern, dir die Chance zu geben, ein Auslandsjahr zu erleben.
   Erkläre, was du tun willst, damit es erfolgreich verläuft.

Wahlteil B

Das Thema „Schüleraustausch/Auslandsjahr" interessiert dich. Du recherchierst im Internet nach Informationen und hast in deinem Freundeskreis einige Personen interviewt, die bereits einen Schüleraustausch gemacht haben. Neben vielen positiven Berichten hast du auch von Schwierigkeiten gehört, an die die Jugendlichen vorher nicht gedacht hatten. Jetzt möchtest du einen informierend-appellierenden Text für den Schülerblog deiner Schule schreiben, der die Vor- und Nachteile aufzeigt und dazu aufruft, gut vorbereitet in einen Austausch zu gehen.

TEXT 3B   Schüleraustausch – wie aus Kultur Geld wurde
Christian Unger

[....] Viel weiß Carl-Friedrich Seelig noch nicht von der Türkei. Dass Ankara die Hauptstadt ist und nicht Istanbul. Dass Istanbul dafür aber für ein Drittel des Bruttoinlandproduktes verantwortlich ist. So was. Er wolle mal „was anderes machen", sagt der Schüler aus Ahrensburg. Anfang September
5   ist er aufgebrochen, in eine türkische Gastfamilie, in eine türkische Schule. Noch spricht er kaum ein Wort Türkisch. Aber er freue sich schon auf den Moment, wenn er in einer Imbissbude zurück in Deutschland seinen Döner auf Türkisch bestellen kann.
Sein Vater hätte Carl-Friedrich geraten, nicht wie die meisten in die USA
10   zu gehen. Er solle etwas Besonderes machen. Georgien vielleicht. „Da hatte ich aber kein gutes Bauchgefühl", sagt Carl-Friedrich. Also Türkei. „Uns war wichtig, dass unser Sohn mit einer gemeinnützigen Organisation fliegt", sagt seine Mutter Janne Seelig. Von den kommerziellen Anbietern hätten sie von Missbrauch gehört. Dass dort eine Familie mehrere Kinder aufnimmt, zum
15   Beispiel, und denen nur Kost und Logis bereitstellt, aber keine Gastfreundschaft. [...]
Und sie werben um Schüler. Jugendliche lernen im Ausland eine Sprache, leben in einer neuen Familie. Kultur, Sport, Abenteuer, Spaß, darum geht es vielen. Und den Eltern geht immer mehr auch um Sicherheit für das eigene
20   Kind, das für ein Jahr in die Ferne zieht. Allein, zu einer fremden Familie. Da kann viel schiefgehen.
Nach einer Studie des US-Außenministeriums waren im Jahr 2000 fast ein Fünftel aller amerikanischen Gastfamilien von ausländischen Vermittlern nicht „adäquat durchgecheckt und ausgewählt". In Internetforen häuften
25   sich Beschwerden von Jugendlichen über die schlechte Betreuung vor Ort. Es kam zu Fällen von Missbrauch, einzelne Eltern klagten gegen deutsche Organisationen. Die Sorgen um die Sicherheit ihrer Kinder stieg. Das war nicht gut für die Idee des Austauschs, das war aber auch nicht gut fürs Geschäft. [....] Doch Familien, die das alles ohne Geld durchlaufen wol-
30   len, werden schwieriger zu finden. Deshalb steigt der Aufwand bei den Organisationen auf der Suche nach Familien – das gilt für Vereine wie für Firmen. Damit Schüler schneller an Gasteltern und Schulen vermittelbar sind, machen die meisten von ihnen Auflagen: mindestens ein Notendurchschnitt von 3,0, eine 5 im Zeugnis wird zum Problem. Auch Jugendliche, die
35   unter Asthma oder Allergien leiden, haben es schwer. Wer Depressionen, Essstörungen oder Verhaltensauffälligkeiten hat, erhält kaum eine Chance. Klauseln in den Verträgen und Benimmregeln machen es Organisationen

möglich, Schüler bei Verstößen sofort nach Hause zu schicken, anstatt eine neue Familie zu suchen. Das Abenteuer ist beendet, das Geld meist trotzdem weg. [...]   40

Quelle: Hamburger Abendblatt, Hamburg, 29.02.2016. https://www.abendblatt.de/ratgeber/article 207102355/Schueleraustausch-wie-aus-Kultur-ein-Geschaeft-wurde.html (aufgerufen am 11.01.2023)

TEXT 4B USAbenteuer: Ein Austauschjahr in den USA
Jeannette Asmus

[...] Auch als ich im Flugzeug saß, konnte ich die Tränen nicht stoppen. Aber es waren glückliche Tränen. „You're gonna suffer, but you're gonna be happy about it" – das ist ein Zitat aus einem Harry Potter Film, es lässt sich einwandfrei auf diese Situation übertragen. Ich habe gelitten, sehr sogar, aber ich war auch froh darüber. Meine Tränen zeigten mir, wie sehr mir diese Menschen   5 ans Herz gewachsen waren. Sie bewiesen mir, was für ein atemberaubend wunderbares Abenteuer da hinter mir lag. Ein Austauschjahr hat Höhen und Tiefen. Das hier war beides. [...]
[...] Die anfängliche Begeisterung meiner Familie verflog aber schneller, als ich erwartet hatte. Ich wollte pausenlos von meinem Austauschjahr berichten, es   10 gab ja noch so viel zu erzählen. Trotzdem versuchte ich mich zurückzuhalten und auch Interesse daran zu zeigen, was sich bei ihnen alles verändert hatte. Dennoch war ich ein klein wenig enttäuscht, dass meine Familie nicht näher daran interessiert war, was mir während meines Austauschjahres alles passiert war. Nach ein paar Wochen wieder zurück in Deutschland erwartete meine   15 Familie zunehmend von mir, dass ich erkennen würde, dass mein Austauschjahr nur vorbei war. Sie hatten von dem Austauschjahr angenommen, dass ich ein Jahr an einer High School zur Schule gehen und bei einer Gastfamilie leben würde und wenn ich wieder nach Deutschland zurückkehre, dann sei das Austauschjahr zu Ende. Die Realität sah aber anders aus. Ich hatte nicht   20 einfach nur bei einer Gastfamilie gewohnt, um nicht im Hotel übernachten zu müssen. Diese Menschen sind eine Familie für mich geworden und die vergisst man nicht, nur weil man sie nicht mehr jeden Tag sieht. Ich war auch nicht nur in den USA zur Schule gegangen, um die Sprache zu lernen. Nein, ich hatte mir in den Vereinigten Staaten ein neues Leben aufgebaut. Dieses Leben   25 war nicht so einfach vorbei. Ein Teil meines Herzens war dortgeblieben und deshalb kam ich nie vollständig wieder in Deutschland an. Bis heute sagen mir meine Eltern, dass ich noch zur Hälfte in den USA leben würde. Damit haben sie auf jeden Fall recht. Ja, ich stehe noch immer mit einem Bein in den USA und ich bin froh darüber. [...]   30

Quelle: USAbenteuer: Ein Austauschjahr in den USA. Reisebuchverlag, Plön; Edition 1, 2018, S. 145 und 148

AUFGABENSTELLUNG Wahlteil B

1 Bearbeite die folgenden Aufgaben in einem zusammenhängenden Text. Gehe folgendermaßen vor.

a) Erkläre einleitend den Anlass für deinen Beitrag und stelle den Sinn eines Auslandsjahres kurz vor.

b) Erläutere Vorteile eines solchen Jahres, benenne aber auch gezielt Nachteile, die zu Problemen führen können. (Text 3B)

c) Stelle Jeannette Asmus' Erfahrung in Bezug auf die Heimkehr kurz dar. (Text 4B)

d) Beende deinen Text mit einer persönlichen Stellungnahme zum Thema und appelliere an deine Mitschülerinnen und Mitschüler, sich gut auf solch ein Auslandsjahr vorzubereiten und sich vorher Gedanken zu machen, wie man auf etwaige Probleme reagieren könnte.

LÖSUNGSHILFEN zum Wahlteil A

1 Lies Text 3A und markiere die Textstelle, die den Sinn eines Austauschjahres benennt.

2 Notiere in Stichworten Vor- und Nachteile des Austauschjahres.

_____

_____

_____

_____

3 Lege dir in Stichworten einen Schreibplan an.

Schreibplan zum Wahlteil A

Einleitung:

a) Anlass für deinen Brief: _____

Hauptteil:

b) Grundidee: _____

c) Vorteile des Austauschs: _____

_____

_____

Nachteile des Austauschs: _____

_____

_____

d) Gastfamilienproblematik: _____

_____

Schluss:

e) Appell an deine Eltern: _____

f) Dein persönlicher Einsatz für ein gelungenes Jahr: _____

4 Schreibe deinen Text. Die folgenden Formulierungsvorschläge können dir dabei helfen. Überarbeite deinen Text anschließend mithilfe der Checklisten auf den Seiten 48 und 58.

Einleitung:

Liebe Eltern, lange habe ich mich mit dem Thema Auslandsjahr beschäftigt, viel recherchiert und gelesen. Auch Gespräche mit …

Hauptteil:

Als erstes Argument für ein Jahr möchte ich …

Ich weiß, dass euch die Problematik mit den Gasteltern beschäftigt. Dazu kann ich euch folgende Dinge sagen: …

Schluss:

Liebe Mama, lieber Papa, bitte gebt mir die Chance, denn …

LÖSUNGSHILFEN zum Wahlteil B

1 Lies Text 3B des Hamburger Abendblatts genau und markiere Textstellen, die Nachteile benennen.

2 Lies Text 4B von Jeannette Asmus und fasse den Inhalt ihrer Aussage zur Heimkehr von einem Austausch zusammen. Schreibe auf ein gesondertes Blatt.

3 Lege dir in Stichworten einen Schreibplan an.

<u>Schreibplan zum Wahlteil B</u>

Einleitung:

<u>a) Anlass für deinen Brief:</u> _____

Hauptteil:

<u>b) Vorteile eines Austauschs:</u> _____

_____

_____

<u>c) Nachteile eines Austauschjahres (Schwerpunkt):</u> _____

_____

_____

<u>d) Darstellung der Heimkehrproblematik:</u> _____

_____

Schluss:

<u>e) Persönliche Stellungnahme:</u> _____

_____

<u>f) Appell: Probleme vorher bedenken</u> _____

4 Schreibe deinen Text. Die folgenden Formulierungsvorschläge können dir dabei helfen. Überarbeite deinen Text anschließend mithilfe der Checklisten auf den Seiten 48 und 58.

Einleitung:

Seit einiger Zeit beschäftige ich mich mit … Ich möchte Interessierte informieren …

Hauptteil:

Für ein Austauschjahr spricht … Weitere Vorteile sind … Es kann auch Schwierigkeiten geben …

Schluss:

Insgesamt komme ich zu der Einschätzung … Bedenkt schon im Vorfeld … Ich rate …

103

D Prüfungsaufgaben ohne Hilfe bearbeiten

D 1 Hörverstehen: Aufräum-Trend

Auf dieser Seite liegt ein Hörtext in gedruckter Form vor. Lass ihn dir zweimal in normalem Sprechtempo vorlesen, um die Prüfungssituation zu simulieren. Decke den Text zu, sobald du die dazugehörigen Aufgaben bearbeitest.

TEXT 1   **Aufräumen mit Methode**

Aufräumen – alleine das Wort weckt bei vielen von uns Erinnerungen an lange Tage, in denen nicht wirklich planvoll sortiert, nachgedacht und entsorgt wurde. Manchmal sogar, ohne zu einem zufriedenstellenden Ergebnis zu kommen. Die Erinnerungen der gebürtigen Japanerin Marie Kondo unterscheiden sich
5 diesbezüglich von denen der meisten anderen Menschen: Schon seit jüngster Kindheit hat sie Spaß am Aufräumen und noch mehr an einem Ergebnis, das Herz und Augen Freude bereitet. Ihr 2011 erschienenes Buch „Magic Cleaning", das zu einem weltweiten Bestseller geworden ist, hilft vielen Menschen dabei, nach ihrer Anleitung Ordnung in das heimatliche Chaos zu bringen. Mitt-
10 lerweile ist die von Marie Kondo entwickelte „KonMari-Methode" auch auf „Netflix" vertreten und damit einem noch breiteren Publikum zugänglich. Schon als kleines Mädchen liebte Marie Kondo es, sich mit dem Aufräumen zu beschäftigen. Sie durchstöberte viele Lifestyle-Magazine, in denen es um Einrichtung und Wohnen ging. So erweiterte sie ihr Wissen stetig. Später
15 sprach sie mit Fachleuten darüber und erprobte sämtliche Ordnungsstrategien im Selbstversuch aus. Bereits während des Studiums arbeitete sie als selbstständige Aufräumberaterin. In ihrer Firma berät sie Menschen dabei, in ihren eigenen vier Wänden Ordnung zu schaffen, die nachhaltig ist. Im Grunde geht es dabei um Folgendes: Marie Kondo ist der Meinung, dass die
20 eigene Wohnung oder die persönliche Arbeitsumgebung vor allem widerspiegeln sollte, was einem selbst wichtig ist und was der eigenen Persönlichkeit Ausdruck verleiht. „Brauchen wir das wirklich?", ist eine Fragestellung, die zu jedem einzelnen Gegenstand ehrlich beantwortet werden muss. Zu Beginn des privaten Aufräumprozesses, der in verschiedene Phasen eingeteilt ist, bittet
25 Marie Kondo darum, alle Kleidungsstücke aus dem Schrank zu nehmen und auf einen Haufen zu legen. Sinn der Sache ist, zunächst die Menge zu erfassen und wahrzunehmen, dass man meist viel zu viel von einer Kategorie besitzt – deutlich mehr, als man nutzen kann. Bereits hier wird deutlich, dass man eine Menge Kleidung aussortieren kann. Doch wie entscheiden? Manchmal
30 liegt es auf der Hand, wenn Kleidung z. B. Löcher hat, zu eng geworden ist oder nicht mehr unserem Geschmack entspricht. Doch nicht immer ist die Sachlage eindeutig. An dieser Stelle lässt uns Marie Kondo vom Kopf- in den Gefühlsmodus wechseln. Jedes einzelne Kleidungsstück wird in die Hand genommen und – oft aus der ersten Reaktion heraus – darüber entschieden,
35 ob es glücklich macht oder nicht. So gelingt es, überflüssige Kleidungsstücke effektiv auszusortieren. Im Anschluss werden die verbliebenen nach Farbe und Funktion geordnet in den Schrank einsortiert. Natürlich hat Marie Kondo auch eine raumsparende Falttechnik entwickelt, die hilft, die gerade erworbene Ordnung beizubehalten. Nach dieser Vorgehensweise werden nach und nach
40 Kleidung, Bücher, Schriftstücke, Haushaltsgegenstände usw. aussortiert. Für alle

Dinge gilt: Wir legen alle „gleichen" Gegenstände auf einen Haufen, erfassen ihre Menge, sortieren aus und ordnen dieser Kategorie dann einen festen Platz im Haus zu. So ist es kein Problem mehr, im Alltag etwas wiederzufinden. Die KonMari-Methode macht Menschen zufrieden, weil wir es lieben, in einer aufgeräumten Umgebung zu leben, die zudem nur die Dinge beinhaltet, die 45 uns wirklich glücklich machen. Viele Menschen fühlen sich in der heutigen Zeit überfordert durch die Konsumvielfalt. Wenn man die Gedanken „Ist es nützlich" und „Macht es mich wirklich glücklich" schon beim Kauf beachtet, gelingt es, viele Gegenstände erst gar nicht mit nach Hause zu nehmen. Neben Geld spart diese Einstellung natürlich Ressourcen. Minimalismus ist ein 50 Wort, das immer mehr Menschen der Reizüberflutung durch die moderne Welt entgegenstellen. Es geht ihnen nicht mehr in erster Linie darum, viel zu besitzen, und das Angebot erschlägt sie gedanklich mehr, als dass es sie glücklich macht. Die KonMari-Methode hilft, dieses Chaos zu überblicken und einzugrenzen. Es geht dabei also nicht nur um Aufräumen: Es geht darum, 55 seine Persönlichkeit durch Lieblingsstücke perfekt in Szene zu setzen. Und nicht zuletzt geht es um Glück und Zufriedenheit, wenn alles seinen Platz hat und das Aufräumen schnell erledigt ist. Zudem trägt die Verinnerlichung des Gedankens zum nachhaltigen Handeln bei. Weniger Gegenstände bedeuten weniger Produktion und damit letztendlich auch weniger Müll. 60
Genau dieses Ziel hatte sich Marie Kondo gesetzt: Schon als kleines Mädchen wollte sie die perfekte Aufräumstrategie finden. Ob die KonMari-Methode dies bereits ist, möge jeder für sich selbst beurteilen. Millionen Nachahmer des „Magic Cleanings"-Gedankens, über den ganzen Erdball verteilt, lassen jedoch vermuten, dass Marie Kondo bereits vielen Menschen geholfen hat, 65 Ordnung ins eigene Heim zu bringen und zu erhalten.
Natürlich gibt es auch Menschen, deren eigene Ordnung dem System von Marie Kondo entgegensteht und die es ablehnen. Wer den Maximen von Marie Kondo folgt, müsste die eigene Grundordnung aufgeben – das will nicht jeder. Zudem verspricht auch dieses System nicht ein Ende des Aufräumens. 70 Auch die KonMari-Ordnung will regelmäßig erhalten bleiben. Das übt auf einige Menschen einen unangenehmen Druck aus. Vielen widerstrebt es auch, funktionierende Gegenstände wegzuwerfen, wenn man sie später vielleicht noch gebrauchen kann, wenn sich Lebensumstände ändern. So bleibt es wohl letztendlich vom Einzelfall abhängig, ob etwas von Marie Kondos Ideen in 75 den eigenen Schränken zu finden ist – oder eben nicht.
Autorentext

AUFGABENSTELLUNG Hörverstehen

1 Fasse den wesentlichen Inhalt des Beitrages in maximal fünf Sätzen zusammen.

_____

_____

_____

_____

_____

2 Beschreibe, wie Marie Kondo darauf gekommen ist, ein eigenes Ordnungssystem zu erarbeiten.

_____

_____

_____

_____

_____

3 Kreuze an, welche der folgenden Aussagen zutrifft und welche nicht.

	Trifft zu	Trifft nicht zu
In ihrer Kindheit fand Marie Kondo Aufräumen fürchterlich.	☐	☐
Während ihres Studiums arbeitete Marie Kondo als Kellnerin.	☐	☐
Marie Kondo ist der Meinung, alles, was wir besitzen, sollte entweder nützlich sein oder uns glücklich machen.	☐	☐
Viele Menschen sind durch die Konsumvielfalt heutzutage überfordert.	☐	☐
Alle Menschen können mit der KonMari-Methode etwas anfangen.	☐	☐

4 Im Text wird behauptet, dass Marie Kondo Menschen dabei hilft, glücklicher zu werden. Formuliere ein Argument aus dem Text, das dafür und eines, das dagegen spricht.

Pro: _____

_____

_____

_____

Kontra: _____

_____

_____

_____

5 Würde die KonMari-Methode dir persönlich weiterhelfen? Begründe deine Meinung.

_____

_____

_____

_____

_____

_____

D 2 Prüfungsbeispiel: Monarchie – heute noch zeitgemäß?

Die folgenden Texte befassen sich mit der Monarchie in Großbritannien und dem Commonwealth nach dem Tod von Königin Elizabeth II. (1926 – 2022) sowie mit der Stellung, die Königshäuser heute haben. Bearbeite zunächst die Aufgaben im Basisteil. Im Anschluss daran bearbeitest du die von dir gewählte Wahlaufgabe A (Artikel) oder B (Blogbeitrag).

Basisteil

TEXT 1　　　**Elisabeth II: Die Unzeitgemäße**　*Ute Frevert*

Der Tod von Elisabeth II. greift nicht nur Briten emotional an. Dass viele Menschen sich der Königin so nah fühlten, lag jedoch gerade an ihrer Distanziertheit. Die Queen ist tot – und nicht nur die britische und Commonwealth[1]-Welt steht für einen Moment still. Fahnen wehen auf Halbmast, Staatspräsidenten finden anerkennende Worte, Menschen legen Blumen nieder. Viele trauern,　5
können es nicht fassen. Elisabeth II. schien ewig zu sein, eine Konstante des Lebens, verlässlich und präsent. Man musste keine monarchischen Gefühle hegen, um das zu schätzen. Jetzt fehlt sie. [...]
Doch warum erleben ihn dann so viele als Schock, als etwas, das mit Macht in die gewohnte Lebenswelt einbricht und sie durcheinanderwirbelt? In der Frage　10
steckt bereits ein Teil der Antwort: Man hat sich an die Queen gewöhnt. Siebzig Amtsjahre sind eine unvorstellbar lange Zeit, für Jung und Alt gleichermaßen. Teenager ebenso wie Seniorinnen sind mit Elisabeth II. aufgewachsen, kaum jemand kann sich noch aktiv an ihren Vorgänger erinnern. Nicht nur britische Staatsbürgerinnen und Staatsbürger kennen die Biografie der Königin und　15
ihrer Familie und synchronisieren[2] sie mit den eigenen Lebensdaten: Heirat, Krönung, Geburt der Kinder, Hochzeiten, Enkelkinder, Tod des Ehemanns. Auch die in immer kürzeren Abschnitten gefeierten Thronjubiläen bleiben im Gedächtnis, nicht zuletzt dank der in großen Mengen auf den Markt geworfenen Tassen, Teller, Teedosen, die den Ereignissen Dauer verleihen.　　　20
Dauer aber ist in unserer schnelllebigen Zeit zu einem Wert an sich geworden. Die Zeittakte werden gefühlt immer kürzer, eine Krise jagt die andere. [...] Zwischen 2007 und 2022 hat die Queen allein fünf Premierminister ernannt. Sie kamen und gingen – nur Elisabeth blieb. Sie verkörperte eine Beständigkeit, die es außerhalb ihrer Welt nicht mehr gab. Auf die Königin und ihr　25
Pflichtbewusstsein konnte man sich verlassen. Ihre pastellfarbene Erscheinung garantierte Sicherheit. Alles änderte sich – die Queen nicht.
[...] Nicht wenige haben ihr das zum Vorwurf gemacht. Die britische Monarchie, hieß es immer wieder, habe sich überlebt. Sie sei in Formen und Konventionen erstarrt, halte nicht Schritt mit modernen Lebensverhältnissen. Im Vergleich　30
zu skandinavischen Königshäusern galten die Royals als unzeitgemäß: zu wenig bürgernah, zu abgehoben, zu hierarchisch[3]. Das stimmt – und stimmt zugleich nicht. Auch die britische Monarchie hat sich seit den Fünfzigerjahren modernisiert. Das begann schon mit der Entscheidung, die Krönung Elisabeths zu filmen und in alle Welt zu übertragen. Der Effekt war hinreißend.　　　35
Millionen von Menschen schauten dem ehrwürdigen Spektakel zu, nahmen Anteil, fühlten sich verbunden. Ähnliches wiederholte sich bei der Hochzeit des Thronfolgers und bei Dianas Tod. Die Einschaltquoten wuchsen, nicht nur aus Neugier und Sensationslust. Königliche Familienereignisse boten Stoff für

40 emotionale Identifikation und ließen die Nation (und das Commonwealth) zusammenrücken. Jenseits aller politischen Differenzen und Zerreißproben gab es etwas Verbindendes, in dem sich individuelle und kollektive Befindlichkeiten harmonisch mischten.

Zugleich aber hielt die Queen auf Abstand. Sie ließ die Nation nur begrenzt 45 an ihren Gefühlen teilhaben, wahrte Diskretion. Auch wenn sie unendlich viele öffentliche Auftritte absolvierte, war sie keine Königin zum Anfassen. Dass es ihr immer weniger gelang, sich und die Familie von Skandalen fernzuhalten, hat sie zwar stoisch[4] ertragen. Aber es widersprach ihren Prinzipien und Amtsvorstellungen. Damit war sie tatsächlich unzeitgemäß, passte nicht 50 in eine Zeit, die Distanzen verringern und zwischenmenschliche Gefühle sprechen lassen möchte. Nachhaltig versperrte sie sich einer Medienlogik, die Popularität an der Intensität von Aufmerksamkeit und an der Häufigkeit von Clicks und Likes misst. Das hat Irritationen ausgelöst. Und doch spricht gerade dieses Sperrige für die Queen und ihren gefühlspolitischen Spürsinn. 55 Mit ihrer Resistenz[5] hat sie versucht, der Monarchie einen Hauch von Besonderheit und Unalltäglichkeit zu bewahren.

1 **das Commonwealth:** lose Staatenvereinigung von Großbritannien mit unabhängigen Staaten (meist ehemalige englische Kolonien)

2 **synchronisieren:** aufeinander abstimmen

3 **hierarchisch:** nach einer Rangfolge gestaffelt

4 **stoisch:** unerschütterlich, gleichmütig

5 **die Resistenz:** Widerstandsfähigkeit

Quelle: Elisabeth II. – Die Unzeitgemäße. ZEIT Online GmbH, Hamburg. Beitrag vom 09.09.2022. https://www.zeit.de/kultur/2022-09/elizabeth-ii-queen-grossbritannien-bevoelkerung (aufgerufen am 11.01.2023)

AUFGABENSTELLUNG Basisteil

1 Stelle den Text in einem einleitenden Satz vor. Fasse dann die grundlegenden Informationen in nicht mehr als drei Sätzen zusammen.

_____

_____

_____

_____

_____

2 Die Queen verkörperte für viele Menschen bestimmte Werte und Haltungen. Ergänze die Tabelle:

Queen verkörperte ...	Beispiele aus dem Text incl. Zeilenangabe
Dauer, Ewigkeit	
Pflichtbewusstsein	

Sicherheit	
Beständigkeit	
eine altmodische/ untergegangene Zeit	
Distanz, Diskretion	

TEXT 2 **Nach dem Tod der Queen: Bröckelt jetzt das Commonwealth?** *Lena Bodewein*

Nach dem Tod der Queen entsteht in einigen Ländern des riesigen Commonwealth eine Debatte darum, wie man es jetzt mit der Monarchie dort hält. Will man Untertan und Untertanin sein – oder in einer Republik leben? Denn in 14 der insgesamt 56 Commonwealth-Staaten war die Queen Staatsoberhaupt und Charles ist es nun nach ihr. Darunter sind einige große Staaten wie Kanada, Australien und Neuseeland, dann aber auch kleinere Inselstaaten wie Bahamas, Jamaika, St. Vincent und die Grenadinen in der Karibik, die Salomonen oder Tuvalu im Pazifik. [...] Barbados hat im vergangenen Jahr den Anfang gemacht und ist zu einer Republik geworden. In Antigua und Barbuda gibt es jetzt eine ähnliche Debatte. Aber Australien, Neuseeland oder auch Kanada – das sind ja regelrechte Schwergewichte, was ihre Größe und Bevölkerungszahl angeht. In Australien und Neuseeland ist Charles jetzt offiziell zum Monarchen erklärt worden: Es gab am Wochenende entsprechende Zeremonien in den Hauptstädten, mit Salutschüssen und den Traditionen, wie wir sie aus dem Mutterland kennen.

[...] Könnte der Staatenverband nun zerfallen? Die Flaggen wehen auch in Neuseeland und Australien auf Halbmast, es wird dort am 22. September einen Feiertag zu Ehren der Queen geben, kurz nach ihrer Beerdigung. [...] Die Australier haben gesagt: „Die Queen mögen wir, sie ist als Person bewundernswert, sie hat uns durch unsere Nachkriegszeit begleitet – aber jetzt hat eine andere Zeitrechnung begonnen." [...] Viele sehen die Notwendigkeit, eine Republik zu werden; sie hatten die Füße in dieser Frage zu Lebzeiten Königin Elisabeths stillgehalten, doch unmittelbar nach deren Tod ging es los: Der Grüne Adam

Elisabeth II. auf einer Banknote des Commonwealth-Staates Belize in Mittelamerika

5

10

15

20

25

30

TEXT 2

Bandt twitterte sinngemäß: „Herzliches Beileid, aaaaber wir müssen nach
35 vorne blicken!" Seine Parteikollegin Mehreen Faruqi wurde noch deutlicher
und sagte: „Ich kann nicht die Führerin eines rassistischen Reiches betrauern,
das auf gestohlenen Leben und gestohlenem Land errichtet wurde und auf
dem Wohlergehen kolonialisierter Menschen." [...]
Im Nachbarland Neuseeland mit seinen fünf Millionen Einwohnern kündigte
40 Premierministerin Jacinda Ardern „eine Ära der Veränderung" an: Charles
habe zuverlässig seine tiefe Zuneigung zu ihrer Nation demonstriert, und
diese Beziehung werde auch sehr wertgeschätzt von ihrem Volk. Sie habe
keinen Zweifel daran, dass diese Beziehung sich noch vertiefen werde. [...]
Trotzdem sagen einige Politiker, dass die Debatte darüber, ob Neuseeland eine
45 Republik wird, jetzt deutlich an Fahrt aufnehme. Denn ein wichtiger Punkt ist
für viele eine gesteigerte Verbitterung und auch Kränkung darüber, wie die
Briten als Kolonialherren mit der indigenen Bevölkerung umgegangen sind.
Das ist übrigens ein Punkt, der sowohl in Neuseeland für die Maori als auch
in Australien für die Aboriginal Australians gilt. [...] Unter den Pazifikinseln
50 haben nur noch Tuvalu und die Salomonen den britischen Monarchen als
Staatsoberhaupt. Auf den Salomonen hieß die Queen „Fau Ni Qweraasi", das
bedeutet so viel wie „eine Beschützerin der Menschen" – und so wurde sie
auch jetzt wieder liebevoll bezeichnet. [...] Aber auch dort, auf Vanuatu, Samoa oder Fidschi, ist oft das Thema Kolonialismus vorherrschend: Die Briten
55 hatten oft die Inseln für die Krone proklamiert, Bodenschätze und sonstige
Reichtümer für sich beansprucht, ausgelaugt und dann zurückgelassen. Gerade
die jüngere Generation hat darum keine starke Bindung an das Königshaus,
sondern steht ihm gleichgültig bis ablehnend gegenüber. Sie alle haben mit
den Auswirkungen der Klimakrise zu kämpfen, die ihre Heimat bedroht – da
60 fühlen sie sich eher allein gelassen. [...]

Quelle: Online-Angebot des Norddeutschen Rundfunks, Hamburg. NDR Kultur, Journal Gespräch
vom 13.09.2022, https://www.ndr.de/kultur/Nach-dem-Tod-der-Queen-Broeckelt-jetzt-Commonwealth,
monarchie114.html (aufgerufen am 11.01.2023)

Quelle Foto: Shutterstock / Prachaya Roekdeethaweesab

3 Unterstreiche im Text Beispiele bzw. Gründe, die für einen Zerfall des Commonwealth und eine
Veränderung in der Bedeutung der Monarchie für diese Länder stehen.

4 Warum ist gerade die jüngere Generation nicht mehr an der Monarchie interessiert?
Begründe anhand von zwei Beispielen.

_____

_____

_____

_____

Wahlteil A

**Die Queen ist im Jahr 2022 verstorben. Stell dir vor, es wäre jetzt geschehen. Du bist Mitglied in
der Redaktion der Schülerzeitung. In den Medien überschlagen sich die Berichterstattungen zu
der Frage „Was passiert mit der Monarchie (und dem Commonwealth) ohne die Queen?" Du findest das interessant und recherchierst für einen Artikel in der Schülerzeitung, der die Funktion der
Monarchie für Großbritannien und das Commonwealth erläutern soll.**

TEXT 3A **Nach dem Tod der Queen muss Charles die Monarchie in die Gegenwart führen** *Katrin Pribyl*

TEXT 3A

Eine Ära ist in Großbritannien am Donnerstag zu Ende gegangen: Über 70 Jahre war Elizabeth II. Königin. Nun übernimmt ihr Sohn Charles in schwierigen Zeiten.

Königin Elizabeth II. ist tot. Damit geht eine Ära zu Ende. Noch im Juni 2022 feierte sie ihr 70. Thronjubiläum und Millionen von Britinnen und Briten 5 huldigten dem Leben ihrer 96-jährigen Queen. Kein anderer Monarch in der äußerst langen Geschichte des Königreichs saß länger auf dem Thron. Dabei wirkte sie bis ins hohe Alter fit, hatte vor der Pandemie noch immer zahlreiche Termine wahrgenommen.

Während aber ihre Ururgroßmutter, Queen Victoria, das goldene Zeitalter 10 Britanniens geprägt hatte, ist unter der Herrschaft Elizabeths II. das Empire zerfallen, die Macht und der Einfluss des einstigen Weltreichs sanken stetig. […] Hinzu kommt, dass die Monarchie in der Bevölkerung an Gefallen verliert. Zwar unterstützten laut Umfragen zum 70. Jubiläum noch 62 Prozent der Briten die Krone, doch die Zustimmung nimmt seit Jahren ab. Ohne Königin 15 Elizabeth II. als Konstante dürfte der Rückhalt im Volk weiter sinken und das nicht nur, weil die jüngeren Generationen mit Skandalen und Streitereien an alte Zeiten anknüpfen. […] Die Queen diente als Kitt für die von Klassen geprägte Gesellschaft, war beliebt und respektiert für ihren unermüdlichen Dienst im Auftrag der Krone. Sie bewahrte sich diese unumstrittene Rolle auch 20 deshalb, weil sie in all den Jahren politisch neutral auftrat und sich öffentlich keine Meinungen erlaubte. […] Im aktuellen Großbritannien mit all seinen Problemen und Herausforderungen sollte die Rolle der Royals weitaus kritischer interpretiert werden, als dies in vielen Medien und politischen Kreisen heute der Fall ist. Die Strategie, die Palastvorhänge stets nur einen winzigen Spalt 25 weit aufzuziehen, mag für die Königin und ihren im letzten Jahr verstorbenen Mann Prinz Philip funktioniert haben. […]

Quelle: Online-Angebot des Verlags der Augsburger Allgemeinen, Augsburg. Ausgabe vom 9.9.2022. https://www.augsburger-allgemeine.de/panorama/koenig-charles-iii-muss-monarchie-in-die-gegenwart-fuehren-id63876906 (aufgerufen am 11.01.2023)

TEXT 4A **Koloniales Erbe der Briten: Wie steht es um die Zukunft der Monarchie?** *Alica Jung*

Nach dem Tod der Queen wird Kritik laut: Viele junge Briten fordern eine kritische Auseinandersetzung mit der Geschichte. Und kann der König das Commonwealth noch zusammenhalten? „Als schwarzer Mann mit einer Mutter, die aus Jamaika hierhergekommen ist, habe ich mich schon früh gefragt, wann geht es denn eigentlich mal um unsere Geschichte?", sagt Marlon Kameka. Der Schauspieler lebt in 5 London und geht regelmäßig auf die Straße, um gegen Ungleichheit zu protestieren. Und er hat eine klare Meinung nach dem Tod der Königin: Großbritannien müsse endlich anerkennen, dass die Monarchie ein Grund für vorhandenen Rassismus im Land sei. Die Monarchie ist auf Kolonialismus, Imperialismus, Vergewaltigung und Hierarchien gebaut. […] Marlon Kameka hilft in seiner Freizeit in einer Food 10 Bank – einer Essensausgabe – und erlebt jede Woche, dass das Einkommen vieler kaum zum Leben reicht. Während das Vermögen der Krone inklusive Immobilien auf bis zu 28 Milliarden Pfund geschätzt wird, wüssten viele nicht, ob sie sich

zwischen Essen oder Heizen entscheiden sollen, kritisiert Marlon Kameka. „Das
15 ergibt für mich keinen Sinn", erklärt er.

Jenseits der langen Schlangen rund um den Buckingham Palast und Westminster Hall geht der Alltag in der Hauptstadt weiter. Joseph und Arthur sind beide Mitte 20 und trainieren Parcours auf Londons Straßen, in ihren Augen ist die Monarchie nicht zeitgemäß. Es sei alles nur Schein, findet Arthur. Sie erwarten
20 sich nicht viel vom neuen König Charles III. „Schon jetzt in den ersten Tagen sind Videos aufgetaucht, wo er sich unhöflich gegenüber seinen Angestellten verhält", meint Joseph, das hätte er bei der Queen niemals erlebt. [...]

Und trotzdem fragen sich viele, ob King Charles III. das Commonwealth am Ende zusammenhalten kann. Das werde eine beträchtliche Herausforderung,
25 meint Amanda Vickery, Historikerin an der Queen Mary University of London. Es sei gut möglich, dass Länder innerhalb des Staatenverbunds eher „Queenists und nicht Monarchisten" seien. Fraglich, ob sich Solidarität dann so einfach übertragen ließe.

Quelle: ZDF Nachrichten – Panorama, Mainz, Beitrag vom 19.09.2022

AUFGABENSTELLUNG Wahlteil A

1 Bearbeite die folgenden Aufgaben in einem zusammenhängenden Text. Gehe dabei so vor:

a) Schreibe einleitend den Anlass für deinen Artikel in der Schülerzeitung.

b) Erläutere die Faszination, die die Queen auf die Menschen ausübte mit eigenen Worten. (Text 1)

c) Erkläre die Funktion der Queen für das Commonwealth mithilfe von Aussagen aus Text 2.

d) Erläutere die Bedeutung der Monarchie für Großbritannien und das Commonwealth unter Queen Elizabeth II und mögliche Forderungen der Staaten des Commonwealth nach ihrem Tod. (Text 3A und 4A)

e) Formuliere zum Schluss eine persönliche Stellungnahme.

Wahlteil B

Stell dir vor, du begleitest eine Freundin zum Friseur. Dort liegen viele bunte Zeitschriften aus, die auf den Titelblättern royale Personen abbilden. Deine Freundin blättert begeistert die Berichte über die Königshäuser durch. Während du später auf deine Freundin wartest, schaust du dir die Zeitschriften an. Du fragst dich, warum diese Royals solch eine Faszination auf die heutigen Menschen aller Altersstufen ausüben.

TEXT 3B Europas Monarchien *Silke Wünsch*

[...] Die zwölf europäischen Monarchien sind so vielfältig wie der Kontinent selber. [...] Sie sind Promis, feiern romantische Traumhochzeiten, leben in luxuriösen Schlössern und sind Vorbilder, wenn es um Tradition und Etikette geht: die Könige und Königinnen, die Prinzen, Prinzessinnen, Herzöge und
5 Fürstinnen Europas. Jahrhundertelang herrschten sie über Europas Länder, bis sich Anfang des 20. Jahrhunderts – gerade nach dem Ersten Weltkrieg – demokratische Bestrebungen immer stärker durchsetzten und die großen Adelsgeschlechter entweder an Bedeutung verloren oder schlicht ausstarben. Angesichts immer mehr demokratisch regierter Länder verlor das Prinzip
10 einer Herrschaft qua Geburt seine Grundlage. [...] Die Niederländer lieben ihr Staatsoberhaupt – nicht umsonst wird jedes Jahr am Geburtstag des Kö-

nigs der „Koningsdag" gefeiert – ein lustiges, feuchtfröhliches Volksfest, bei dem die Königsfamilie auch durchs Land reist und Gemeinden in der Provinz besucht. König Willem-Alexander ist seit 2013 im Amt [...]. Er ist verheiratet mit Máxima, einer Argentinierin mit spanischen, baskischen und italienischen 15 Wurzeln. Sie haben drei Kinder: Kronprinzessin Amalia sowie die Prinzessinnen Alexia und Ariane. [...] Das schwedische Königshaus unterhält eine enge Verbindung zu Deutschland. Die amtierende Königin könnte einem Märchen entsprungen sein: Bei den Olympischen Spielen 1972 in München lernte die Hostess Silvia Sommerlath den damaligen schwedischen Kronprinzen Carl 20 Gustav kennen: Die Folge: Eine Liebeshochzeit 1976 und eine „deutsche" Königin! Carl Gustav ist seit 1973 König von Schweden. 1980 war das Land die erste Monarchie, die das Thronfolgegesetz änderte und eine geschlechtsneutrale Thronfolgeregelung einführte. Carl Gustav und Silvia haben drei Kinder: Kronprinzessin Victoria, Prinz Carl Philip und Prinzessin Madeleine. Alle drei 25 haben bürgerlich geheiratet – was der Familie eine gewisse Volksnähe gibt. Die Königsfamilie ist sehr beliebt. [...]

Quelle: Online-Angebot der Deutschen Welle, Bonn. Artikel vom 2.6.2022 https://www.dw.com/de/europas-monarchien/a-61982340 (aufgerufen am 11.01.2023)

TEXT 4A **Warum sind wir so begeistert von den Königshäusern?**
Julia Ruhs

[...] Anika Helm ist Journalistin und Adelsexpertin. [...] Vor allem durch die Sozialen Medien bemerkt sie einen neuen Trend bei jüngeren Leuten. Immer mehr Instagram-Kanäle tauchen auf, die von Fans gemacht werden und die sich täglich mit dem Leben der Königshäuser beschäftigen, erzählt sie. [...] „Gerade jetzt in der Corona-Krise haben wir viele private Einblicke der Royals 5 gesehen. Wir konnten mal richtig hinter die Palastmauern schauen. Wir konnten zum Beispiel sehen, wie das private Büro von Königin Maxima aussieht." [...] Woran das liegt, dass Jung und Alt so fasziniert sind von den Royals: Für Anika Helm gibt es da mehrere Erklärungen. Ein Grund: Wir alle sind mit Märchen aufgewachsen – mit Geschichten über Prinzessinnen und Prinzen. Wir können 10 bei ihren Taufen und Hochzeiten dabei sein, wie zum Beispiel bei den britischen Thronfolgern William und Harry. Das schafft Nähe zu den königlichen Familien. „Aber gleichzeitig [...] ist immer so ein Geheimnis und Mysterium um die Adelswelt. Und ich glaube, diese Mischung macht es so spannend."

Quelle: BR24, Newsletter des Bayerischen Rundfunks, München. Beitrag vom 18.11.2020. https://www.br.de/nachrichten/kultur/warum-sind-wir-so-begeistert-von-den-koenigshaeusern,SGgSQU8 (aufgerufen am 11.01.2023)

AUFGABENSTELLUNG Wahlteil B

1 Verfasse einen Beitrag für einen Schülerblog zum Thema „Warum begeistern Royals heute noch so viele Menschen?". Gehe dabei folgendermaßen vor:

a) Beschreibe einleitend den Anlass deines Blogbeitrags und erkläre deine Motivation.
b) Erläutere mithilfe von Beispielen das starke Interesse an Monarchien. (Text 3B und 4B)
c) Nimm auch kritisch Stellung zu der Frage, ob es heutzutage überhaupt eine Königin oder einen König geben sollte. Nutze dazu alle Materialien.
d) Schließe mit einer persönlichen Stellungnahme.

D 3 Prüfungsbeispiel: Work-Life-Balance

Die folgenden Texte befassen sich mit dem Thema „Work-Life-Balance". Bearbeite zunächst die Aufgaben im Basisteil. Im Anschluss daran musst du dich entscheiden, ob du die Schreibaufgabe im Wahlteil A oder B bearbeitest.

Basisteil

TEXT 1 **Stress**

Aus medizinischer Sicht ist Stress eine körperliche Reaktion, die den Organismus kurzfristig besonders leistungsfähig machen soll – und keinerlei krankmachende Effekte hat. Andauernder Stress hingegen kann Körper und Seele ernsthaft schaden. Das Immunsystem leidet, das Risiko für Erkrankungen
5 des Herz-Kreislauf-Systems steigt und die Wahrscheinlichkeit für psychische Erkrankungen wird größer. [...]
Aus medizinischer und psychologischer Sicht ist ein ausgewogener Wechsel von Stress oder Anspannung und Entspannung gesundheits- und leistungsfördernd. Neudeutsch hieße das: Jeder Mensch tut gut daran, die für ihn passende
10 Work-Life-Balance zu finden. Damit gemeint ist das individuelle Gleichgewicht von Anspannung und Entspannung. Dieses Gleichgewicht sorgt dafür, Stress als positiv und nicht als belastend zu erleben.
Ob wir Stress als positiv oder negativ – und damit eher belastend – erleben, hängt entscheidend von der emotionalen und gedanklichen Bewertung von
15 Stressreaktionen ab. [...] Dabei ist es völlig normal, dass ein identisches Geschehen sowohl positiven als auch negativen Stress bewirken kann.
Ein Beispiel: Sie gehen im Park spazieren und bemerken, dass ein großer Hund schwanzwedelnd auf Sie zukommt. Wenn Sie ein Hundefreund sind, werden Sie sich möglicherweise freuen und gerne mit dem Hund spielen.
20 Wenn Sie – vielleicht sogar von einem ähnlich aussehenden Hund – schon einmal gebissen wurden, werden Sie wahrscheinlich Angst empfinden und eine Stressreaktion erleben, die vielleicht sogar mit einer Panikattacke endet. Im Volksmund gibt es für negativen Stress die Redewendung: Ein gebranntes Kind scheut das Feuer.
25 Schlussfolgerung: Ob Stress positiv oder negativ erlebt wird, ist im Wesentlichen eine Folge von Erfahrungen und erlerntem Verhalten. Diese Erkenntnis öffnet den Raum, das Stressverhalten bewusst zu verändern.

Quelle: Charly Kahle: Stress. https://www.meine-gesundheit.de/krankheit/krankheiten/stress vom 20.01.2019 (aufgerufen am 11.01.2023)

AUFGABENSTELLUNG Basisteil

1 Erkläre die Begriffe „Stress" und „Work-Life-Balance" mit eigenen Worten. (Erklärung durch ein Beispiel ist erlaubt.)

Stress: _____

Work-Life-Balance: _____

2 Was ist der Unterschied zwischen positivem und negativem Stress?

a) Schreibe den Satz aus dem Text heraus, der den Unterschied erklärt.

_____

_____

b) Finde in deinem Alltag ein Beispiel für positiven und ein Beispiel für negativen Stress.

Positiv: _____

_____

Negativ: _____

_____

TEXT 2 **Typische Stress-Symptome bei Kindern und Jugendlichen**

Körperlich und seelisch wirkt Stress bei Kindern und Jugendlichen wie bei Erwachsenen auch: Der Körper mobilisiert alle Reserven, um mit Problemsituationen fertig zu werden. Dauert der Stress an, ohne dass er bewältigt wird, hat das schwerwiegende Folgen.

Viele Kinder fühlen sich unter Stress einfach unwohl, sind nervös oder ängstlich. Andere ziehen sich zurück, sitzen gelangweilt und teilnahmslos herum, leiden unter Appetit-, Schlaf- und allgemeiner Lustlosigkeit sowie Kopf-, Bauchschmerzen oder Übelkeit. Häufige Anzeichen sind auch Reizbarkeit, Unruhe und Aggressivität. Solche Stressreaktionen treten bei etwa 20 Prozent der Kinder auf. 10

Als kurzzeitige Reaktionen auf aktuelle Ereignisse, wie beispielsweise eine schwere Klassenarbeit, ist das völlig normal. Problematisch wird es erst, wenn die Symptome länger anhalten. [...]

Viele Kinder und Jugendliche klagen über wiederholte psychosomatische Beschwerden. Der Entwicklungspsychologe Professor Dr. Arnold Lohaus 15 befragte etwa 2000 Schüler. Jeder fünfte Jugendliche gab an, in der letzten Woche mehrmals Kopfschmerzen gehabt zu haben. Auch Unkonzentriertheit, Schlaflosigkeit und Unruhe sind unter Jugendlichen weit verbreitet. Mehr als 40 Prozent der Jugendlichen fühlten sich mehrmals in der Woche erschöpft, 10 Prozent klagten über Einsamkeit. Wut und Ärger sind für viele ein fast 20 täglicher Begleiter.

Die verschiedenen Stressreaktionen treten selten allein auf. So können starke emotionale Reaktionen zu Denkblockaden führen, die das Stresserleben noch zusätzlich steigern. Manche Kinder werden aggressiv und reagieren destruktiv. Sie fallen in der Gruppe auf, weil sie ständig stören. Andere wiederum ziehen 25 sich in sich selbst zurück. Sie erzählen wenig und wirken antriebslos. Beide Reaktionen können längerfristig die sozialen Beziehungen beeinträchtigen. Können Kinder und Jugendliche dagegen gut mit Stress fertig werden, sind auch Phasen größerer Belastung eher eine Herausforderung und können sogar Energien freisetzen. 30

Quelle: Anne Frobeen: Typische Stress-Symptome von Kindern und Jugendlichen. Techniker Krankenkasse, Hamburg, o. ED., https://www.tk.de/techniker/magazin/life-balance/familie/typische-stress-symptome-von-kindern-und-jugendlichen-2010032 (aufgerufen am 11.01.2023)

115

3 Kreuze an, welche der folgenden Aussagen zutrifft und welche nicht.

Aussage	trifft zu	trifft nicht zu
Jeder fünfte Jugendliche hat während der Schulzeit keine Kopfschmerzen.	☐	☐
Jeder zehnte Jugendliche fühlt sich einsam.	☐	☐
Ob der Jugendliche schwierige Phasen als Stress oder als Herausforderung wahrnimmt, hängt von ihm persönlich ab.	☐	☐
Wenn sich jemand gestresst fühlt, zeigt er meistens mehrere Symptome.	☐	☐
Schlaf- und Appetitlosigkeit können ein Zeichen von Stress sein.	☐	☐
Der berüchtigte „Blackout" gilt auch als Stressreaktion.	☐	☐

4 Erstelle ein einfaches Pfeildiagramm, das deutlich macht, was der richtige und der falsche Umgang mit Stress bewirken kann.

TEXT 3   Der Weichensteller

„Guten Tag", sagte der kleine Prinz.

„Guten Tag", sagte der Weichensteller.

„Was machst du hier?", sagte der kleine Prinz.

„Ich sortiere die Reisenden tausenderweise", sagte der Weichensteller. „Die

5 Züge, in denen sie reisen, schicke ich mal nach rechts, mal nach links."

Und ein grell leuchtender Schnellzug, grollend wie ein Donnern, erschütterte das Stellwerk.

„Sie sind in Eile", sagte der kleine Prinz. „Was suchen sie?"

„Der Lokführer weiß es selbst nicht", sagte der Weichensteller.

10 Da donnerte ein zweiter grell leuchtender Schnellzug in der anderen Richtung vorbei.

„Sind sie schon zurück?", sagte der kleine Prinz ...

„Das sind nicht die gleichen", sagte der Weichensteller. „Es sind andere."

TEXT 3

„Waren sie nicht zufrieden, wo sie sich befanden?"

„Wir sind nie zufrieden, wo wir sind", sagte der Weichensteller.   15

Und es donnerte ein dritter strahlender Schnellzug vorbei.

„Verfolgen sie die ersten Reisenden?", sagte der kleine Prinz.

„Sie verfolgen gar nichts", sagte der Weichensteller. „Sie schlafen in ihm oder

sie gähnen nur. Nur die Kinder drücken ihre Nasen an die Fenster."

„Nur die Kinder wissen, was sie wollen", sagte der kleine Prinz. „Sie verbringen 20

ihre Zeit mit einer Puppe und sie wird ihnen sehr wichtig, und wenn man sie

ihnen wegnimmt, weinen sie ..."

„Sie haben Glück", sagte der Weichensteller.

Quelle: Antoine de Saint-Exúpery: Der kleine Prinz. Kapitel 22. Übersetzung: Alexander Varell, aionas
Verlag, Weimar, 2018

5 Erkläre die Textstelle „‚Wir sind nie zufrieden, wo wir sind', sagte der Weichensteller" (Z. 15).

_____

_____

_____

_____

_____

_____

_____

_____

Wahlteil A

**Gerade zur Zeit der Abschlussarbeiten sind viele Schülerinnen und Schüler gestresst und über-
fordert. Auch in deiner Klasse herrscht immer öfter schlechte Stimmung. Als Klassensprecherin
möchtest du deinen Klassenkameraden Mut machen. Verfasse einen Vortrag, in dem du deine
Mitschüler über Work-Life-Balance aufklärst und ihnen Tipps gibst, wie sie die stressige Zeit der
Abschlussarbeiten gut durchstehen können.**

AUFGABENSTELLUNG Wahlteil A

1 Das vorliegende Bild (Abbildung S. 118) umfasst alle Bereiche, die für ein ausgewogenes Leben
wichtig sind. Deshalb hast du beschlossen, es in deinen Vortrag einzubinden.

a) Beginne mit einer Erklärung, warum es normal ist, dass deine Mitschülerinnen und Mitschüler
gerade jetzt gestresst sind (Text 1).

b) Beschreibe die Symptome, die deine Klassenkameraden in der Zeit der Prüfungen vermutlich zeigen
(Text 2).

c) Benenne drei Gründe, weshalb es wichtig ist, dass sie gerade jetzt gut auf sich aufpassen.

d) Nimm Bezug auf die Grafik von Seite 118 und suche dir drei für dich besonders wichtige Punkte
heraus. Erkläre deinen Mitschülern durch Beispiele, wie jeder dieser drei Aspekte ihnen persönlich
weiterhelfen und zur Verbesserung ihrer Gesundheit beitragen kann.

e) Wünsche viel Erfolg für die Abschlussarbeiten und appelliere an deine Klasse, dass es zwar gut ist,
die Abschlussarbeiten ernst zu nehmen, aber auch nicht zu ernst.

BILD   Work-Life-Balance

Quelle: Adobe Stock.com

Wahlteil B

Lies Text 4B genau. Deine Aufgabe ist es nun, diesen Text weiterzuschreiben und dem kleinen Prinzen zu verdeutlichen, wie verhindert werden kann, dass glückliche Kinder zu gestressten Erwachsenen werden.

TEXT 4B   Stress bei Kindern behandeln

Eltern sind nicht in der Lage, ihren Kindern ein vollkommen stressfreies Leben zu gewährleisten. Sie können jedoch den Kindern zur Seite stehen und helfen, mit den Problemen fertig zu werden, um Stress weitgehend zu reduzieren. [...] Die Art, wie die Eltern mit dem Stress umgehen, prägt auch das Verhalten der
5   Sprösslinge. Versucht deswegen gelassen zu sein und zeigt euren Kindern, wie sie mit den Problemen umgehen sollten [...] mit den folgenden Tipps können Kinder dem Stress entgegenwirken:
- **„Stress" entzaubern.** Stress muss nicht immer etwas Negatives bedeuten. Das sollten Eltern ihren Kindern beibringen, indem sie in Stresssituationen
10   nicht gleich in Panik verfallen, sondern Stress „aushalten" bzw. entgegenwirken können.
Verantwortung und Pflichten im Schulalter zu übernehmen kann auch positive Aspekte haben, außerdem stehen Eltern den Kindern bei, wenn sie Hilfe brauchen. Kinder sollten dadurch lernen, dass sie auch mal Schwächen
15   zeigen können und dass es nichts Schlimmes ist. Im Team können Probleme schneller und wirksamer gelöst werden – das solltet ihr euren Kids vermitteln.

- **Entschleunigung ist angesagt!** Werft einen Blick in den Terminkalender eures Kindes: Ist dieser nicht zu voll mit verschiedenen Terminen gefüllt? Tennis, Sprachunterricht, Ballett- und Musikstunden – den Kindern bleibt 20 oft kaum Zeit, um sich mit Freunden zu treffen und einfach Spaß zu haben. Sorgt deswegen für genügend Freiräume in der Woche.

- **Verständnis für Kinder zeigen.** Eltern sollen nicht selbst in Panik verfallen, sondern Verständnis zeigen und Kinder in ihren Bemühungen, mit den Problemen fertig zu werden, kräftig unterstützen. Dadurch wird ein 25 Vertrauensverhältnis aufgebaut und die Kinder werden ruhiger und ausgeglichener. Es ist durchaus positiv, wenn Kinder über das reden, womit sie Probleme haben.

- **Kommunikation mit Lehrern.** Ein ausführliches Gespräch mit Lehrern, Schulpsychologen oder Sozialarbeitern kann helfen, das Problem des Kindes 30 schneller zu lösen, bevor es ihm über den Kopf wächst. Stresscoaching für Kinder wird an vielen Schulen angeboten.

- **Pflichten und Belastungen sind ein Teil des Lebens.** Allerdings sollen die Kinder lernen, damit richtig umzugehen. Eltern sollten den Kindern die Wege und Möglichkeiten zeigen, wie sie die Belastungen am besten meistern. 35 Zeigt den Kleinen beispielsweise einen Plan, wie sie das Kinderzimmer effektiv aufräumen oder wie es sich mit der besten Freundin wieder vertragen kann.

- **Stressreduktion durch gemeinsame Rituale.** Das könnte zum Beispiel gemeinsames Kochen und Essen sein. Es baut den Druck ab und schafft Ver- 40 trauen. Das Eis wird gebrochen und Kinder trauen sich eher, ihre Probleme anzusprechen. Sie bekommen damit eine Orientierung und werden ruhiger.

- **Zuhören.** Hört euren Kindern zu. Was macht ihnen Spaß und was betrachten sie als reine Pflichterfüllung? Versucht es, eurem Kind probeweise die Wochenplanung für einige Wochen zu überlassen. Fast 90 Prozent der ge- 45 stressten Kinder klagen über Kalendertermine, die ihnen überhaupt keinen Spaß bereiten. Über 80 Prozent der hochgestressten Kinder würden gern mehr Zeit für Dinge haben, die Spaß machen.

Quelle: Stress bei Kindern: Symptome, Ursachen und Hilfe. https://www.kinderinfo.de/kind/stress/, kinderinfo.de, Heidorn GmbH, Breitenworbis (aufgerufen am 11.01.2023)

AUFGABENSTELLUNG Wahlteil B

1 Der kleine Prinz kommt von einem anderen Planeten. Er kennt das Leben auf der Erde nicht. Und da er selber von einem winzig kleinen Planeten kommt, kennt er auch keinen Stress. Du musst ihm also wie einem kleinen Kind erklären, was es mit Stress und Work-Life-Balance auf sich hat. Gehe folgendermaßen vor:

a) Begrüße den kleinen Prinzen freundlich und beschreibe, was du in der Szene (Text 3) beobachtet hast. Klinke dich anschließend in das Gespräch ein.

b) Erkläre dem kleinen Prinzen, was „Stress" ist (Text 1).

c) Beschreibe mithilfe von Text 2 Verhaltensweisen, die gestresste Menschen an den Tag legen, um deine Erklärung zu verdeutlichen.

d) Mache mithilfe von Text 4B deutlich, dass Kinder nicht zu gestressten Erwachsenen werden müssen, indem du erklärst, was dagegen getan werden kann.

e) Schließe mit einer Antwort des kleinen Prinzen.

E Original-Prüfungsaufgaben 2022: Realschulabschluss Niedersachsen

E 1 Hörverstehen: Die Kraft der Musik

Nachfolgend findest du die Original-Prüfungsaufgaben 2022. Der Hörtext steht unter www.finaleonline.de als MP3-Datei zum kostenlosen Download zur Verfügung (Tonausschnitt aus: „Planet Wissen: Die Kraft der Musik", gesendet am 26.04.2017, Autoren: Jo Hiller und Stefan Kölsch, © WDR Fernsehen, Köln).

In der Prüfung erhältst du ausreichend Schreibpapier. Schreibe die Antworten zu den Aufgaben hier auf gesonderte Blätter, wenn nötig.

AUFGABENSTELLUNG Hörverstehen

1 Fasse die wesentlichen Inhalte des Radiobeitrags kurz zusammen. (___/1 P.)

_____

_____

_____

_____

_____

_____

_____

_____

_____

_____

2 In dem Beitrag werden verschiedene Aussagen über den Zusammenhang von Gänsehaut und Musik gemacht. Kreuze die Aussagen an, die **nicht** genannt werden. (___/1 P.)

Durch das Musikhören wird das Belohnungssystem im Gehirn aktiviert. ☐

Nur Fangesänge vor und in Stadien lösen regelmäßig Gänsehaut aus. ☐

Gemeinsames Musikhören und Singen verstärken das Wir-Gefühl. ☐

Je stärker das Belohnungssystem aktiviert wird, desto höher ist die Wahrscheinlichkeit von Gänsehaut. ☐

Der Zusammenhang zwischen Musik und Gänsehaut lässt noch viele Fragen offen. ☐

Die Schallwellen der Musik haben eine direkte Auswirkung auf Sinneszellen in der Haut. ☐

Quelle (Aufgaben): Niedersächsisches Kultusministerium, Hannover 2022

3 Stefan Kölsch empfindet Musik als etwas Faszinierendes und Spezielles. Nenne stichpunktartig zwei Eigenschaften oder Wirkungen von Musik, die im Beitrag erwähnt werden.   (___/1 P.)

_____

_____

_____

_____

_____

_____

_____

4 Erkläre die Bedeutung von Musik für die Evolution des Menschen.   (___/2 P.)

_____

_____

_____

_____

_____

_____

_____

5 In dem Beitrag werden zwei Voraussetzungen genannt, um ein guter Musiker zu werden. Erkläre stichwortartig, welche Voraussetzungen ein guter Musiker erfüllen muss.   (___/1 P.)

_____

_____

_____

_____

_____

_____

_____

E 2 Basisteil und Wahlteile: Musik

Die folgenden Texte befassen sich mit dem Thema „Musik". Lies alle Texte aufmerksam. Im Anschluss daran musst du dich für die Schreibaufgabe im Wahlteil A oder B entscheiden. Streiche den Wahlteil durch, den du nicht bearbeiten möchtest.

Basisteil

TEXT 1 **Musik – Ausdruck des Menschseins**

In vielen Kulturen rund um die Welt erklären Mythen, wie Musikinstrumente in die Welt kamen. Stets sind sie eine Gabe der Götter, die das Leben ungemein bereichern. In der griechischen Mythologie erfand der Götterbote Hermes am Tag seiner Geburt aus dem Panzer einer Schildkröte die Leier[1]. Deren Macht
5 zeigte sich bald. Als Hermes seinem Halbbruder Apollon eine Rinderherde stahl und dafür zur Rede gestellt wurde, trug er ihm auf diesem Saiteninstrument ein Lied vor. Apollon – immerhin Gott der Künste – war so verzückt, dass er Hermes für das Instrument die Rinder schenkte.

Viele Wissenschaftler spüren dem Ursprung der Musik nach. Sie suchen nach
10 Hinweisen darauf, woher diese Kunst eigentlich stammt, die für Kulturen weltweit überragende Bedeutung hat.

Die ältesten Musikinstrumente weltweit wurden auf der Schwäbischen Alb nahe Ulm entdeckt. Die Flöten sind grob 40.000 Jahre alt – stammen also ungefähr aus jener Zeit, als der moderne Mensch nach Europa kam. [...]
15 Gefertigt wurden die teils mehr als 20 Zentimeter langen Instrumente aus Vogelknochen oder Mammutelfenbein. [...] Trommeln, die einfacher zu bauen sind, gab es vermutlich schon viel früher. Doch weil die meist aus Haut und Holz sind, halten sie sich – im Gegensatz zu Knochen – nicht über zehntausende Jahre. [...]
20 Der Homo sapiens[2] ist mindestens 300.000 Jahre alt, in dieser Zeit hat sich sein Aussehen nur unwesentlich verändert. Deshalb kann man davon ausgehen, dass die körperliche Voraussetzung etwa zum Singen schon damals vorhanden war. [...] Musik im engeren Sinne, als etwas Kreatives, das man wesentlich um seiner selbst willen betreibt, ist etwas spezifisch Menschliches.
25 Wir haben als Art verschiedene Anlagen, die es uns erlauben, so etwas wie Musik zu machen.

Musik kommt, ebenso wie Sprache, ausnahmslos in allen menschlichen Kulturen vor. Da es unwahrscheinlich ist, dass voneinander unabhängige Kulturen Musik jeweils neu erfunden haben, sehen Wissenschaftler darin ein starkes
30 Indiz dafür, dass uns Musikalität angeboren ist.

Seit Jahren untersuchen Forscher, ob die heutigen Formen von Musik Grundstimmungen transportieren, die überall auf der Welt verstanden werden – quasi als universale Sprache der Gefühle.

Aufsehen erregte vor einigen Jahren eine Studie des Leipziger Forschers Thomas
35 Fritz vom Max-Planck-Institut. Im entlegenen Norden von Kamerun spielte der Forscher den dort lebenden Mafa[3] kurze Klavierstücke vor. „Obwohl die Menschen vorher noch nie westliche Musik gehört hatten, konnten sie einige emotionale Ausdrücke erkennen", sagt Fritz. „So wurde Musik mit schnellen Tempi[4] in beiden Gruppen tendenziell als fröhlich empfunden. Für traurige
40 und beängstigende Empfindungen war dagegen weniger das Tempo, dafür

TEXT 1

aber das Tongeschlecht maßgebend", sagt Fritz und folgert: „Es gibt Aspekte
von Musik, die anscheinend universell erkannt werden." [...]

Musik kann also starke Gefühle hervorrufen und körperliche Reaktionen auslösen. Diese reichen von Gänsehaut bis zu Veränderungen des Herzschlags,
des Blutdrucks und des Hormonspiegels. Im Gehirn gibt es wahrscheinlich 45
spezialisierte Regionen, in denen Musik verarbeitet wird. So können manche
Menschen zwar keine Töne mehr erkennen oder singen, aber trotzdem ganz
normal sprechen – und umgekehrt. Wie und wozu könnte die Musikalität des
Menschen entstanden sein?

Manche Experten vermuten, dass die Urform der Musik – das Singen – in 50
der Zweisamkeit von Mutter und Kind entstand. Noch heute gibt es eine
besondere Sprache zwischen einer Mutter und ihrem Baby: jenen typischen,
melodischen Singsang, den Forscher „Motherese" nennen. Auf dieses „Mütte-
risch" reagieren Babys mit Lächeln, Glucksen und freudigem Strampeln. Der
Singsang könnte – so die Theorie – entstanden sein, als unsere Vorfahren ihr 55
Fell verloren. Die Babys konnten sich nun nicht mehr wie Affen im Fell ihrer
Mutter festkrallen, sondern mussten getragen werden. Wenn die Mutter beide
Hände brauchte, um beispielsweise Nahrung zu sammeln, musste sie ihr Kind
kurz ablegen. Damit das Baby nun nicht aus Angst anfing zu schreien und
womöglich Raubtiere anlockte, sang sie ihm etwas vor. Die Botschaft: „Alles 60
in Ordnung, ich bin da." Inzwischen ist sogar wissenschaftlich erwiesen, dass
diese Kommunikationsform zwischen Mutter und Kind grundlegend für eine
gesunde Entwicklung der Gesamtpersönlichkeit eines Menschen ist. Sie stärkt
nicht nur die Bindung zwischen beiden, sondern schafft auch Sicherheit und
ein Urvertrauen in zwischenmenschliche Beziehungen. 65

[...] Eine andere Theorie geht davon aus, dass sich das Singen der Menschen
aus den gleichen Gründen entwickelt hat wie das Singen der Vögel: um poten-
zielle Geschlechtspartner zu bezirzen und die eigene Attraktivität zu steigern.
Dieser Theorie zufolge könnte Musikalität ein biologisches Signal sein: ein
Hinweis auf gute Gene. Denn wer von unseren Vorfahren gut singen konnte, 70
zeigte damit, dass er intelligent, kreativ und sensibel war – nützliche Eigenschaften, die man nicht nur beim Musikmachen, sondern auch für viele andere
Lebensaufgaben einsetzen konnte.

Wer zudem gut und ausdauernd tanzen konnte, zeigte Körperbeherrschung
und Fitness. Dass Musikalität auch heute noch attraktiv macht, bezeugen 75
männliche Rock- und Popstars, die weibliche Teenager in kollektive Ekstase
versetzen können.

Aber es gibt noch eine weitere Theorie. Demnach entstand Musik als ein
Mittel, um die Bindung zwischen den Mitgliedern einer Gruppe zu fördern
und gemeinsame Gefühle auszudrücken beziehungsweise zu erzeugen. In 80
einer Zeit, als unsere Vorfahren in kleinen Sippen lebten und auf diese angewiesen waren, war eine enge Bindung zwischen den Gruppenmitgliedern
lebenswichtig. Musikalische Rituale wie gemeinsames Singen, Tanzen und
rhythmisches Trommeln könnten entstanden sein, um den Zusammenhalt der
Gruppe zu fördern und gleichzeitig anderen Gruppen zu zeigen: Wir halten 85
zusammen, wir sind stark.

Für diese Gemeinschaft stiftende Funktion der Musik gibt es auch heute noch
viele Beispiele. Dazu gehören Fangesänge beim Fußball, religiöse Lieder im
Gottesdienst, Marschmusik oder auch Nationalhymnen. [...]

In allen Kulturen der Welt erfüllt Musik also bestimmte Funktionen: etwa 90

TEXT 1

Singen, um Kinder zu beruhigen oder zum Schlafen zu bringen, Musik zur Partnerwerbung, beim gemeinsamen Arbeiten, im Krieg und nicht zuletzt im religiösen Rahmen, etwa um Trance zu induzieren. Das galt bereits für unsere Vorfahren in der afrikanischen Savanne oder im Europa der Eiszeit, für die
95 Musik von großer Bedeutung und wichtig für die Gestaltung ihres Alltags war.

1 **die Leier:** antikes Saiteninstrument, gitarrenartig mit vier bis fünf Saiten

2 **der Homo sapiens:** lateinische Bezeichnung für Mensch

3 **die Mafa:** westafrikanisches, in Nigeria ansässiges Volk

4 **die Tempi:** Mehrzahl von „das Tempo" (hier: Geschwindigkeit)

(unter Verwendung der Quellen: Walter Willems [dpa], Ursprung der Musik. SPIEGEL online. Beitrag für SPIEGEL Wissenschaft vom 08.11.2017. https://www.spiegel.de/wissenschaft/mensch/suche-nach-dem-ursprung-der-musik-a-1176953.html (Zeilen 1 bis 42) (verändert, aufgerufen am 18.02.2020); planet-wissen.de, Frank Eckhardt, Macht der Musik. Musik und Evolution. Beitrag für Planet Wissen vom 23.07.2019. SWR, Stuttgart. https://www.planet-wissen.de/kultur/musik/macht_der_musik/pwiemusik undevolution100.html (Zeilen 43 bis Ende) (verändert, aufgerufen am 12.06.2020)

AUFGABENSTELLUNG Basisteil

1 Stelle Text 1 und sein zentrales Thema kurz vor. (__/2 P.)

_____

_____

_____

2 Erkläre, warum Musik etwas spezifisch Menschliches ist. (__/2 P.)

_____

_____

_____

3 In Text 1 heißt es: „Es gibt Aspekte von Musik, die anscheinend universell erkannt werden."
Erkläre diese Textaussage. (__/2 P.)

_____

_____

_____

4 Erkläre den Begriff „Motherese" und begründe anhand dieses Begriffs, warum Musik und insbesondere der Gesang eine lebenswichtige Funktion in der Menschheitsgeschichte einnimmt.

_____

_____

_____

_____

Quelle (Aufgaben Basisteil und Wahlteile): Niedersächsisches Kultusministerium, Hannover 2022

TEXT 2 **Musik** (Lied) *Nosliw*

Du warst schon lange da und du wirst immer sein,
solang' die Luft deinen Schall trägt.
Du bist das Bindeglied, das alle Welt vereint,
was uns den Schutz und Halt gibt.
5 Ich glaub ich seh' dich schon als meine Religion an,
aus der ich Kraft zieh'. (yeah)
Du baust mich auf und du bringst mich durch,
ohne dass ich dir zur Last lieg'. (yeah)

Du bist ein Teil meiner Geschichte
10 mit so verschiedenen Gesichtern
Ich kenn' dich noch viel länger als mich selbst,
noch länger als das Licht der Welt.
Ich hab' dich schon gesprochen, noch bevor ich Wörter kannte.
Egal wie ich auch drauf war, du warst immer die Konstante.
15 Konnte noch nicht laufen, doch du brachtest mich zum Fliegen (yeah)
– und das mit Sicherheit und Frieden. (yeah)
Durch dich entdeckte ich so viele Seiten
und so viele Möglichkeiten, Stile zu entfalten.
Du lässt mich reisen, du lässt mich risen, yo,
20 und es hört wohl nie auf.
Du nimmst mir das Gewicht in harten Zeiten,
hilfst mir meine Horizonte stetig zu erweitern.
Du bringst mich wieder runter
oder kickst mich wieder 'rauf.
25 Ja, ich kann sagen, dass ich dich zum Überleben brauch'!
Und ich sing dir:

[Chorus]
Du bist ein Teil jeder Bewegung
und bist geprägt durch die Umgebung.
30 Doch mir ist ganz egal, was andere hör'n,
solange sie dich nicht verstehen.

Du bist die stärkste Kraft, die mir bisher bekannt war,
Dafür, dass ich Dich formen kann, bin ich unendlich dankbar.
Eines der größten Geschenke,
35 doch ich geb' dich gerne weiter,
weil ich weiß, dass du immer bei mir bleibst. (ya)

(Musik) Ich hab' immer an dich geglaubt,
(Musik) doch zuviele haben dich schon missbraucht
(Musik) mit Scheiß-Gesang und miesem Sound.
40 Doch du warst immer stark in den Stunden des Stumpfsinns.
(Musik) Ich hab' immer darin vertraut,
(Musik) dass schlechter Kram sich nicht verkauft und die
(Industrie) den ganzen Schmodder einstampft, anstatt uns zu vergiften.
Wir brauchen Sounds, die upliften!

Quelle: Songtext „Musik" von Nosliw aus dem Album „Mittendrin", veröffentlicht 2004.
Text: Nosliw; © Old Rootdown Edition / Hanseatic Musikverlag GmbH & Co. KG, Hamburg
(verändert, aufgerufen am 19.07.2022)

5 Auch der Sänger Nosliw hat sich in dem vorliegenden Lied (Text 2) mit dem Thema „Musik" auseinandergesetzt. Beschreibe, was Musik für ihn bedeutet. (__/3 P.)

_____

_____

_____

_____

6 Laut Text 1 erfüllt Musik verschiedene Funktionen. Zitiere aus dem Liedtext von Nosliw Verse, die den Aussagen aus Text 1 entsprechen. Trage diese in die folgende Tabelle ein. (__/2 P.)

Text 1 Musik – Ausdruck des Menschseins	Text 2 Nosliw, Musik
Aussage	Belegende Zitate
Musik ist gemeinschafts- fördernd.	
Musik stärkt die Gruppen- zugehörigkeit.	
Musik hebt die Stimmung/ Moral.	
Musik treibt an, motiviert.	

7 Nosliw schreibt am Ende seines Liedes: „Wir brauchen Sounds, die upliften!" „Upliften" bedeutet unter anderem „aufbauen/erheben/hochziehen". Welche Musik baut dich persönlich auf, wenn du niedergeschlagen bist? Nenne ein Beispiel und beschreibe die Wirkung auf dich. (__/2 P.)

_____

_____

_____

Wahlteil A

Im Abschlussjahrgang deiner Schule wurde zusätzlich zu den Prüfungsvorbereitungen eine AG mit dem Titel „Musik gegen Prüfungsstress" angeboten, an der du teilgenommen hast. Dort habt ihr verschiedene Instrumente ausprobiert und gemeinsam musiziert. Nun diskutiert die Schulgemeinschaft, ob das Musizieren als Stressminderung während der Prüfungsvorbereitungen hilfreich sein kann und deshalb im kommenden Schuljahr wieder angeboten werden soll.

Du versuchst, deine Schule von dem Nutzen dieser AG zu überzeugen und verfasst deshalb einen informierend-appellierenden Blogeintrag für eure Schulwebsite.

Bei deinen Recherchen stößt du auf die Kurzgeschichte „Ich singe gegen die Angst", die du als Überzeugungsgrundlage vorstellen möchtest.

TEXT 3A   ### Ich singe gegen die Angst   *Jo Pestum*

Nicht, dass er wirklich gut spielen konnte. Aber seine Finger fanden auf den Gitarrensaiten Töne, die seine Sinne zum Schwingen brachten, dass er es manchmal kaum noch ertragen konnte. So saß er fast jeden Abend auf dem rauen Teppich: den nackten Rücken gegen die Wand gelehnt, ein Ohr auf den Gitarrenbauch gepresst, dessen rhythmische Vibrationen mehr und mehr in 5
ihn eindrangen.

Die dünnen Saiten sirrten metallen wie böse Insekten, stachen ins Hirn, setzten Schmerz frei. Die Ängste des Tages kehrten zurück, die sich tief im Unbewussten eingenistet hatten. Und so sehr sie sich spreizten: er zerrte sie aus ihren dunklen Höhlen. Seine Synkopen[1] zeichneten ihre Fratzen nach, ließen 10
nichts aus, so weh es auch tat. Seine Moll-Akkorde dehnten die Ängste zur Übergröße aus, dass sie das kleine Zimmer füllten und ihm schier den Atem nahmen. Doch er spielte weiter, riss die Basssaiten, nahm ihr Scheppern mit seiner Stimme auf: summte, wimmerte, sang und schrie. Ja, manchmal schrie
er laut. 15

Und die Gitarre schrie mit. Sie schrien all die Ängste des Tages hinaus, lachten und weinten ihnen nach, spuckten nach ihnen, brachten sie dazu, sich zu zeigen. Eine Angst: Werden sie mich halten in der Firma, wenn meine Lehrzeit zu Ende ist? Lehrlinge im dritten Lehrjahr sind die billigsten Monteure. Aber werden sie mich halten, wenn wir meine bestandene Prüfung fröhlich 20
gefeiert haben werden?

Eine Angst: Und wenn Monika diese Freundschaft nicht ernst nimmt? Was ist denn, wenn sie nur ein bisschen spielt, ein bisschen tanzt, ein bisschen streichelt? Wo ich doch genau weiß, dass wir zusammengehören, dass ich ohne sie gar nicht leben will! Warum sind da diese schlimmen Zweifel? Warum nur? 25

Eine Angst: Die reden doch viel, die Ärzte. Kann eine Geschwulst überhaupt gutartig sein? Gutartig? Dass Mutter plötzlich im Krankenhaus liegt, dass Vater plötzlich wie irre säuft, dass keiner ein offenes Wort redet – wie auf einmal alles anders ist?

Eine Angst: Wie soll ich denn bis nächsten Dienstag vierhundert Euro zu- 30
sammenkriegen, wo man mit Vater kein vernünftiges Wort mehr reden kann? Aber die liefern den Motorroller, und ich hab den Kaufvertrag unterschrieben, genau an dem Tag, als ich volljährig wurde. Warum musste ich nur so früh volljährig werden!

Eine Angst: Sie haben Fotos gemacht, als wir am Kiosk die Nazi-Zeitungen 35

TEXT 3A

klauten. Die haben doch bloß darauf gewartet, dass wir ihnen in die Falle rann-
ten. Nazi-Zeitungs-Hersteller werden nicht bestraft. Nazi-Zeitungs-Verkäufer
werden nicht bestraft, aber Nazi-Zeitungs-Diebe: die werden bestraft. Dem
Ditsche hilft sein Vater. Der hat gesagt: Gut, dass ihr den Dreck verbrannt
40 habt. Soll die Polizei doch kommen! Aber wer hilft mir, wenn die Polizei
kommt? Die haben doch Fotos von uns gemacht! Die haben doch Beweise.
Die Fingerkuppen fühlten sich inzwischen hart und taub an, doch er spielte
unentwegt weiter.
Einmal klopfte jemand gegen die Wand. Da sang er einfach lauter, damit ihn
45 das Klopfen nicht störte. Warum klopfte da auch einer, wo er doch gegen die
Angst sang!
Er fand Worte gegen die Angst, er gab der Angst Namen. Denn er wusste, dass
er die Angst sagbar machen konnte. Dann konnte er sie denken, dann war sie
ein sichtbarer Feind, dann war er ihr nicht ausgeliefert.
50 Mit der unsagbaren Angst, die sich tief im Innern einnistet und festklebt und
frisst und die Seele krank macht, mit solcher Angst kann man nicht leben.
Er klimperte und summte und sang noch lange an diesem Abend. Manchmal
schrie er auch. Er war erschöpft wie nach einem viel zu langen Lauf. Die
Gitarre zitterte nicht mehr. Auch er wurde wieder ruhig.
55 Er nahm eine Melodie mit in den Schlaf, an die er sich aber am anderen Morgen nicht mehr erinnerte.

1 die Synkope (griech.): rhythmisches Stilmittel der Musik

Quelle: Jo Pestum, Ich singe gegen die Angst. Aus: Horst Heidtmann (Hrsg.), Vergessen, was Angst ist.
Baden-Baden: Signal-Verlag 1986, S. 46 f. (verändert)

AUFGABENSTELLUNG Wahlteil A

1 Bearbeite die folgenden Aufgaben in einem zusammenhängenden Text.
Zähle abschließend die von dir geschriebenen Wörter.

a) Erkläre zunächst kurz den Anlass für deinen Blogeintrag. (__ /1 P.)

b) Erwähne dann die bei deinen Recherchen gefundene Kurzgeschichte und stelle
diese in einem einleitenden Satz vor. (__ /2 P.)

c) Beschreibe nun anhand von drei Beispielen Situationen, vor denen die Hauptfigur
Angst hat. (__ /2 P.)

d) Auch eine Prüfungssituation in der Schule kann bei manchen Schülerinnen und
Schülern Ängste auslösen. Beschreibe anhand von zwei Beispielen, wovor sie
in diesen Situationen Angst haben könnten. (__ /2 P.)

e) Die Hauptfigur der Kurzgeschichte greift in ihrer besonderen Gefühlslage zur
Gitarre. Erkläre, welche Funktion das Musikmachen für ihn erfüllt. Beziehe dich
hierbei besonders auf die Zeilen 7 bis 18 sowie auf die Zeilen 47 bis 56 im Text. (__ /2 P.)

f) Stelle zusammenfassend dar, welchen Nutzen Musikmachen in Momenten
von Stress, beispielsweise in Prüfungssituationen, erfüllen kann. Beziehe hierbei
auch Erkenntnisse, die du aus den Texten des Basisteils (Text 1, Text 2) gewonnen
hast, mit ein. (__ /2 P.)

g) Formuliere einen abschließenden Appell an die Schulgemeinschaft, sich dafür
einzusetzen, die AG „Musik gegen Prüfungsstress" auch im nächsten Schuljahr
fortzusetzen. (__/1 P.)

Wahlteil B

Du bist Mitglied der Schülervertretung. Ihr fordert für eure Schule ein verstärktes Musikangebot und recherchiert für die kommende SV-Sitzung, welche weiteren Möglichkeiten es für eure Schule gibt. Bei deinen Recherchen stößt du auf einen Text über den vielfältigen Nutzen von Musik und eine Broschüre zum Projekt „Klasse mit Musik".

Das Projekt „Klasse mit Musik" erscheint dir für deine Schule sehr geeignet, und du verfasst einen informierend-appellierenden Text an die Schülervertretung (SV), in dem du für die Umsetzung an deiner Schule wirbst.

Alternativtext für den Fall, dass das Projekt „Klasse mit Musik" bereits an der Schule etabliert ist:
Du bist Mitglied der Schülervertretung. Ihr diskutiert, ob ihr das Projekt „Klasse mit Musik" an eurer Schule fortführen wollt. Du informierst dich deshalb noch einmal über die Inhalte des Projekts anhand der Broschüre „Klasse mit Musik" und recherchierst über den vielfältigen Nutzen von Musik. Bei deinen Recherchen stößt du auch auf den Text „Macht Musik!".

Das Projekt „Klasse mit Musik" erscheint dir nach wie vor für deine Schule sehr geeignet, und du verfasst einen informierend-appellierenden Text an die Schülervertretung (SV), in dem du für die Fortführung an deiner Schule wirbst.

`TEXT 3B`   Macht Musik!   *Sarah Schelp*

Musikhören ist die liebste Freizeitbeschäftigung der 12- bis 25-Jährigen, so steht es in der Shell-Studie, die die Interessen und das Wertebewusstsein junger Menschen untersucht. Überall tragen sie Musik mit sich herum, die Kopfhörerknöpfe im Ohr und den MP3-Player in der Jackentasche. Doch merkwürdig: In der Schule ist Musik kein Lieblingsfach. Weit hinten rangiert es in der Wertschätzung der 5
Schülerinnen und Schüler. [...] Nicht so wichtig, denn viele Schülerinnen und Schüler wissen gar nicht, wie guter Musikunterricht sein könnte.
An den Grundschulen in Deutschland fallen nach Erhebungen des Verbands Deutscher Schulmusiker 82 Prozent der Musikstunden aus oder werden von fachfremden Lehrkräften gegeben. Manchmal müssen Mütter mit Gitarrenkennt- 10
nissen einspringen, damit die Kinder ein paar Lieder lernen. An den Haupt- und Realschulen liegt die Ausfallquote bei 63 Prozent und an Gymnasien bei 36 Prozent. Musik läuft eben nur nebenher. Sie droht aus dem Bildungsbewusstsein unserer Gesellschaft zu verschwinden – unter der Dauerbeschallung der MP3-Player. Dabei ist es längst kein Geheimnis mehr, wie sehr Musik die Entwicklung 15
des Menschen fördert. Der renommierte amerikanische Psychologe Howard Gardner etwa hat eine Intelligenztheorie entwickelt, die auch emotionale und soziale Fähigkeiten einschließt. Er hält die musikalische Intelligenz für eine der wichtigsten Teilintelligenzen des Menschen. Die Welt der Töne befähigt Kinder, ihre Umgebung besser zu verstehen und sich anderen mitzuteilen. Musizieren 20
lässt die Verbindungen zwischen den Nervenzellen beider Gehirnhälften besser wachsen, fördert Konzentration und Kommunikation. Dabei, so ergaben wissenschaftliche Studien, ist es besonders wichtig, selbst aktiv zu werden, also zu singen oder ein Musikinstrument zu spielen. Passives Konsumhören bringt nur wenig. Kinder, die ab dem sechsten Lebensjahr kontinuierlich zwei Stunden 25
Musikunterricht in der Woche haben, dazu ein Instrument lernen und es in einer Gruppe spielen, könnten nach drei Jahren ihre Intelligenzleistungen und vor allem das räumliche Vorstellungsvermögen verbessern, folgert der Musikpädagoge Hans Günther Bastian aus einer Langzeitstudie an Grundschülerinnen und

30 -schülern. Sie seien aufnahmefähiger, sozial kompetenter und selbstbewusster als unmusikalische Gleichaltrige. In Folgestudien wurden Bastians Beobachtungen bestätigt, aber auch kontrovers diskutiert. Mit Musikunterricht lassen sich zwar keine besseren Menschen schaffen, sicher jedoch Eigenschaften und Begabungen vertiefen, die schon angelegt sind. Darüber hinaus macht Musik besonders
35 glücklich, wie unter anderem der Neurowissenschaftler Vinod Menon und der Psychologe Daniel Levitin an der Universität Stanford untersucht haben: Gern gehörte Melodien stimulieren Regionen im Gehirn, die dafür zuständig sind, den Körper mit angenehmen Gefühlen zu „belohnen".
Trotz solcher wissenschaftlichen Erkenntnisse hat es die Musik in Deutschland
40 [...] schwer, gegen „harte" Fächer wie Mathematik und Naturwissenschaften anzukommen. Was zählt, ist Leistung, und die ist im Musikunterricht schwer messbar. Mit ein bisschen Musik komme keiner dem Schulabschluss näher, so der verbreitete Irrtum. [...] Der Deutsche Musikrat warnt in seinem so genannten Berliner Appell vor der weiteren Vernachlässigung des Musikunterrichts.
45 Jedes Kind müsse, „unabhängig von seiner sozialen und ethnischen Herkunft, die Chance auf ein qualifiziertes und breit angelegtes Angebot musikalischer Bildung erhalten, das die Musik anderer Ethnien einschließt".
Vorschläge für bessere musische Bildung sind nicht neu: Schon Leo Kestenberg, ein Musikpädagoge, kämpfte vor rund hundert Jahren um zwei Wochenstunden
50 Musikunterricht in den Klassen 1 bis 10, damit die Kinder ein Musikinstrument lernen können. Eine Stundenzahl, die sinnvoll erscheint, aber bis heute bundesweit nirgendwo kontinuierlich unterrichtet wird. Im Gegenteil: Bei Stundenmangel werde das Fach häufig ganz gestrichen, beklagt der Schulmusikerverband, wovon Grund- wie weiterführende Schulen gleich stark betroffen seien.
55 Außerdem wird Musik mit Kunst oft im Wechsel halbjahresweise unterrichtet. Doch nicht nur die Musikstunden sind knapp, es mangelt auch an Fachlehrern. Interesse allein genügt nicht, um Schulmusik zu studieren. Wer Musiklehrer werden möchte, muss mindestens ein Instrument auf höchstem Niveau beherrschen, Klavier spielen, vorsingen und fit sein in Gehörbildung, Tonsatz, Theorie. Viel
60 zu anspruchsvoll, finden Kritiker der Ausbildung, schließlich wolle man keine Meistersolisten ausbilden, sondern motivierte Lehrer mit Spaß an der Sache. [...] Die Anerkennung in Schule und Gesellschaft ist allerdings gering: Häufig wird eine Stunde Musik als weniger wert empfunden als eine in Geometrie.
Die möglichen Auswirkungen dieser geringen Anerkennung beschäftigen
65 auch viele Kulturinstitutionen. Sie haben verstanden: Wer als Kind klassische Musik nicht genießen lernt, geht später auch nicht in die Oper. Immer mehr Orchester- und Opernhäuser kooperieren mit Schulen und planen Werbeaktionen, um den Nachwuchs zu gewinnen.
„Oper.Über.Leben" heißt vielsagend eines dieser Projekte, mit dem die Bayeri-
70 sche Staatsoper den Musikunterricht an Hauptschulen im Freistaat bereichern will. Musiker des Ensembles erklären den Schülerinnen und Schülern eine Oper und besuchen dann mit ihnen gemeinsam eine Aufführung. Ein rares Kultur-Bonbon für die Hauptschülerinnen und -schüler. [...]
Darüber hinaus ist für Kinder aus sozial schwächeren Elternhäusern die
75 Schule oft der einzige Zugang zur Musik. In der fünften Klasse, so erzählen Lehrkräfte, habe ein Großteil ihrer Schülerinnen und Schüler nie bewusst klassische Musik gehört, geschweige denn selbst musiziert. Denn die Kosten für Musikunterricht in Privatschulen und die teuren Instrumente übersteigen häufig die finanziellen Möglichkeiten vieler Familien.

TEXT 3B

Allerdings schaffen es einzelne Projekte nicht, die breite Masse der Schüle- 80
rinnen und Schüler zu erreichen: Die spätestens seit dem Kinofilm *Rhythm is
it!* boomende Musik-Eventkultur an Problemschulen erreicht selten mehr als
100 Schülerinnen und Schüler auf einen Schlag. In Deutschland gehen aber
derzeit rund 9,5 Millionen Kinder und Jugendliche in die Schule – und das
nicht projektwochenweise, sondern jeden Tag. Alle Musikprojekte zusam- 85
mengenommen können den regulären Musikunterricht nicht ersetzen. Sie
sind trotz gut gemeinten Engagements nicht mehr als Appetithappen, die das
eigentliche Problem ungewollt kaschieren.

An den rund 940 gemeinnützigen Musikschulen sieht es nicht viel besser aus
als an den allgemeinbildenden Schulen: Subventionen werden gekürzt, folglich 90
gibt es zu wenige Musiklehrkräfte und dadurch Wartezeiten von mehreren
Jahren, bis ein Kind mit dem Instrumentalunterricht beginnen kann. Gut eine
Million Schülerinnen und Schüler musizieren hier, eine Zahl, die seit über
zehn Jahren stabil geblieben ist. In der Regel werden über 45 Prozent der
anfallenden Unterrichtsgebühren durch die Eltern bezahlt. [...] Somit wird 95
ein Instrument zu lernen für Eltern mit Durchschnittseinkommen rasch zum
unerschwinglichen Luxus.

Er habe, erzählt Christian Höppner, der Generalsekretär des Deutschen Mu-
sikrats, bei einem Musik-Education-Projekt zwei türkische Schüler kennen
gelernt, die nach anfänglicher Skepsis begeistert mittanzten und sangen. Als 100
das Projekt vorüber war, wollten sie weitermachen. „Die Musikschule in ihrem
Bezirk hat sie dann auf die Warteliste gesetzt", sagt Höppner. In zwei Jahren
vielleicht, wurde den Jungen gesagt, könnten sie mit ihrer Musikbegeisterung
wiederkommen. Wenn sie dann noch da ist!

Quelle: Sarah Schelp, Macht Musik! Aus: DIE ZEIT, Nr. 49 vom 30.11.2006. https://www.zeit.de/2006/49/
Musik-Recherche/komplettansicht (verändert, aufgerufen am 19.02.2020)

TEXT 4B KLASSE mit MUSIK – Bewerben lohnt sich!

Niedersachsen ist Musikklassen-Land. Es gibt in vielen niedersächsischen Schulen
ganz unterschiedliche Musikklassen-Konzepte. Das Niedersächsische Kultusministerium fördert diese Konzepte unter anderem durch Fortbildungen und Studientage,
wie zum Beispiel bei den Chorklassen. Zur Förderung des instrumentalen Klassenmusizierens wurde das Förderprogramm **KLASSE mit MUSIK** eingerichtet. 5
Bereits in den vergangenen Jahren konnten mit Hilfe dieses Programms viele
Schulen mit einem instrumentalen Musiziermodell neu starten.

KLASSE mit MUSIK ist ein Förderprogramm für instrumentales Klassenmusizieren in Niedersachsen. Das Niedersächsische Kultusministerium und
der Landesmusikrat Niedersachsen unterstützen mit diesem Programm die 10
Einrichtung neuer Musikklassen. Es gibt vielfältige Möglichkeiten, in Schulen
aktiv zu musizieren: Bandklasse, Bläserklasse, Keyboardklasse, Percussionklas-
se, Streicherklasse, Ukulelenklasse, Zupforchesterklasse, Klassenmusizieren
nach anderen Konzepten ...

Beim aktiven Musizieren machen Schülerinnen und Schüler unmittelbar 15
musikalische Erfahrungen, die sie ihre gesamte Schulzeit hindurch, ja oft
sogar ihr ganzes Leben prägen. Durch musikalisch hochwertiges Klassenmusizieren kann die Qualität des Musikunterrichts nochmals erheblich
gesteigert werden.

TEXT 4B

20 **KLASSE mit MUSIK** stellt aktives Musizieren in Ensembleformaten für mindestens zwei Schuljahre in den Mittelpunkt des Musikunterrichts der Primarstufe sowie des 5. und 6. Jahrgangs der Sekundarstufe. Schülerinnen und Schüler erlernen im Klassenverband während des regulären Musikunterrichts ein neues Instrument. Ensemblespiel lässt sich darüber hinaus sehr gut als attraktives 25 Angebot in den Ganztag integrieren. Ein Garant für die Erfolgsgeschichte des niedersächsischen Klassenmusizierens sind die stabilen Partnerschaften vor allem mit den Musikschulen des Landesverbandes niedersächsischer Musikschulen (VDM). In Instrumentalstunden, geleitet von erfahrenen Instrumentallehrkräften, wird Musikpraxis differenziert in kleineren Stimmgruppen erteilt. Er unterstützt 30 durch Vor- und Nachbereitung das Spiel im Klassenensemble.

Die Projektergebnisse werden in Form eines Schulkonzertes der Schulöffentlichkeit präsentiert. Voraussetzung für eine Bewerbung ist die Absicht, ein langfristiges Klassenmusizierkonzept zu etablieren. Dabei sind Schulen angesprochen, die bisher noch kein Klassenmusizierprojekt anbieten oder Schulen, 35 die parallel zu bestehenden ein zusätzliches Konzept umsetzen wollen. Dazu gehört neben der Kooperation mit außerschulischen Partnern begleitender Instrumentalunterricht, die Bereitschaft von mindestens zwei Lehrkräften zum Besuch einer mehrtägigen Fortbildung und zur gemeinsamen Umsetzung des Konzeptes. Die ausgewählten Schulen erhalten eine Startförderung von 4.000 40 Euro, die für Personal- und Sachkosten verwendet werden kann. Eine Fachkommission wählt unter den eingegangenen Bewerbungen zwölf Klassenmusizierkonzepte aus. Ein Landeskoordinator, eingesetzt vom Niedersächsischen Kultusministerium, und der Landesmusikrat Niedersachsen unterstützen die Schulen beratend bei der Einrichtung einer Musikklasse.

45 → Bewerbung: Eingang beim Landesmusikrat unter www.hauptsache-musik.org
→ Start der Musikklasse: mit dem beginnenden Schuljahr, spätestens zum Halbjahr danach

Quelle: Niedersächsisches Kultusministerium und Landesmusikrat Niedersachsen e.V. (Hrsg.), „KLASSE MIT MUSIK". Hannover 2016. https://www.mk.niedersachsen.de/startseite/aktuelles/presseinformatio nen/niedersachsen-setzt-foerderprogramm-klasse-mit-musik-im-schuljahr-20162017-fort--schulen-koennen-sich-fuer-instrumentale-musikklassen-bewerben--140487.html (verändert, aufgerufen am 06.12.2021)

AUFGABENSTELLUNG Wahlteil B

1 Bearbeite die folgenden Aufgaben in einem zusammenhängenden Text.
Zähle abschließend die von dir geschriebenen Wörter.

a) Erkläre einleitend den Anlass für deinen Text. (__ /1 P.)

b) Stelle das Thema des Artikels „Macht Musik!" (Text 3B) kurz vor. (__ /2 P.)

c) Informiere mithilfe von Text 3B über den Nutzen von Musikunterricht. Führe vier Gründe an, warum Musikunterricht einen positiven Beitrag zur Entwicklung von Kindern und Jugendlichen leistet. (__ /2 P.)

d) Beschreibe dann mithilfe von Text 3B, welche problematische Situation derzeit an vielen Schulen in Bezug auf Musikunterricht besteht. Vergleiche diese Beschreibung mit der Situation an deiner eigenen Schule, indem du ein konkretes Beispiel anführst. (__ /3 P.)

e) Informiere über das Projekt „Klasse mit Musik" mithilfe von Text 4B. Berücksichtige seine Zielsetzung und die Voraussetzungen, die die Schule zu erfüllen hat. (__ /3 P.)

f) Appelliere in einem abrundenden Schluss für die Teilnahme an dem Projekt, indem du begründest, warum gerade deine Schule (wieder) teilnehmen sollte. (__/2 P.)

Glossar

Alliteration: → *Sprachliche Mittel*

Anapher: → *Sprachliche Mittel*

Auktorialer Erzähler: → *Merkmale erzählender Texte*

Bericht: → *Journalistische Textsorten*

Diagramm: → *Grafik*

Direkte Rede: → *Merkmale erzählender Texte*

Ellipse: → *Sprachliche Mittel*

Epik: Unter diesem Begriff fasst man alle Arten der erzählenden Dichtung zusammen. Es gibt viele epische Kleinformen (→ *Erzählung,* → *Fabel,* → *Kurzgeschichte,* → *Märchen, Sage, Schwank*). Zu den umfangreicheren epischen Texten gehört der → *Roman.*

Erlebte Rede: → *Merkmale erzählender Texte*

Er-/Sie-Erzählung: → *Merkmale erzählender Texte*

Erzählperspektive: → *Merkmale erzählender Texte*

Erzählung: In der Literatur versteht man unter einer Erzählung alle kurzen erzählenden Texte, die nicht eindeutig einer anderen Kurzform (→ *Fabel,* → *Märchen, Sage, Schwank*) zugeordnet werden können.

Essay: → *Journalistische Textsorten*

Euphemismus: → *Sprachliche Mittel*

Fabel: Dies ist eine zumeist kurze Erzählung, in der Tiere oder Pflanzen sich wie Menschen verhalten. Häufig stehen sich zwei Tiere mit gegensätzlichen Eigenschaften gegenüber. Meistens wird nach einer kurzen Einführung die Handlung durch Rede und Gegenrede fortgeführt und endet mit einem überraschenden Schluss. Am Beispiel des erzählten Geschehens wird eine Lehre gezogen oder Kritik an bestimmten Verhaltensweisen geäußert.

Gedicht: → *Lyrik*

Glosse: → *Journalistische Textsorten*

Grafik: Grafiken stellen statistische Größen und Größenverhältnisse mithilfe von Diagrammen bildlich dar. Man unterscheidet folgende Typen von Diagrammen:
1. Balkendiagramme oder Säulendiagramme, die absolute Zahlen anzeigen. Die Höhe der Säule oder die Länge des Balkens gibt eine Anzahl an.
2. Tortendiagramme bzw. Kreisdiagramme, die eine prozentuale Zusammensetzung einer Gesamtmenge verdeutlichen. Der Kreis ist in mehrere Teile unterteilt, die jeweils den Anteil an der Gesamtmenge wiedergeben.
3. Kurvendiagramme oder Liniendiagramme, die eine Entwicklung anzeigen. Die Daten von verschiedenen Zeitpunkten können mithilfe eines solchen Diagramms miteinander verglichen werden.

Hyperbel: → *Sprachliche Mittel*

Ich-Erzählung: → *Merkmale erzählender Texte*

Indirekte Rede: → *Merkmale erzählender Texte*

Innerer Monolog: → *Merkmale erzählender Texte*

Interview: → *Journalistische Textsorten*

Ironie: → *Sprachliche Mittel*

Journalistische Textsorten:

Informierende Texte
Die **Meldung** ist die Kurzform der Nachricht. Sie enthält nur die wichtigsten Informationen (Wer? Wo? Was? Wann?). Sie steht häufig auf der ersten Seite und weist meist auf einen ausführlichen Bericht im Innenteil der Zeitung hin.

Der **Bericht** ist die ausführliche Form der Nachricht.
Er liefert eine detaillierte und sachliche Darstellung eines Sachverhalts.
Merkmale:
1. Die Überschrift (häufig mit Unterüberschrift) informiert sachlich.
2. Ein halbfett gedruckter Vorspann fasst die wichtigsten Informationen (W-Fragen) zusammen.
3. Im Hauptteil erfolgt eine ausführliche Darstellung der Nachricht mit Erklärung der Zusammenhänge und Hintergründe.
4. Die Darstellung ist sachlich, wertende Äußerungen durch den Berichterstatter fehlen.
5. Aussagen von Personen werden in direkter und indirekter Rede wiedergegeben.
6. Häufig ergänzt den Text ein erklärendes Bild.

Die **Reportage** ist das Ergebnis vielfältiger Nachforschungen (= Recherchen). Die Reportage will nicht nur informieren, sondern die Leser auch durch die lebendige Art der Darstellung in besonderem Maße ansprechen.
Merkmale:
1. Die Überschrift ist so formuliert, dass sie die Neugier der Leser weckt.
2. Häufig informiert ein halbfett gedruckter Vorspann über den Inhalt der Reportage.
3. Der Anfang lässt die Leser oft ein Geschehen miterleben.
4. Sachlich-informierende Textstellen wechseln mit persönlich-schildernden Darstellungen.
5. Dadurch ergibt sich oft ein Wechsel von Zeitstufen (z. B. Präteritum für Rückblick).
6. Häufig werden Aussagen von Personen in wörtlicher Rede wiedergegeben.
7. Oft findet man wertende Meinungsäußerungen der Autorin/des Autors.
8. Illustrierende oder erklärende Bilder unterstützen die Aussagen des Textes.
9. Der Name der Autorin/des Autors wird angegeben.

Das **Interview** ist das Ergebnis eines Gesprächs, in dem ein Journalist/eine Journalistin gezielte Fragen an eine Person stellt, die von ihr beantwortet werden. Das Ziel kann darin bestehen, aktuelle Informationen über bestimmte Sachverhalte zu erhalten oder die persönliche Meinung zu einem bestimmten Problem zu erfahren.

Kommentierende Texte
Der **Kommentar** liefert eine Meinung zu einem Sach-

verhalt. Diese kann zustimmend oder ablehnend sein.
Merkmale:
1. Häufig wird er in Verbindung mit einem Bericht oder einer Meldung geschrieben.
2. In vielen Zeitungen erscheinen die Kommentare an einer bestimmten Stelle (z. B. Kommentare zu politischen Ereignissen).
3. Kürzere Kommentare beziehen sich oft auf einen Artikel auf der gleichen Seite.
4. Die Autorin/der Autor wird genannt.
5. In der Regel verwenden Kommentare keine Bilder.

Oft haben Kommentare einen typischen Aufbau:
1. Zunächst werden die wichtigsten Informationen dargestellt, die zum Verständnis der Stellungnahme nötig sind.
2. Die Autorin/der Autor legt seine Meinung begründet dar.
3. Als Abschluss wird meist ein Wunsch oder ein Ausblick formuliert.

Die **Glosse** ist ein locker geschriebener, häufig kritisch gehaltener Kommentar zu einem aktuellen Ereignis. Glossen stehen in vielen Zeitungen und Zeitschriften an einem festen Platz, haben ein gleichbleibendes Layout und sind eine Form der persönlichen Meinungsäußerung.
Merkmale:
1. Sie sind oft zugespitzt formuliert und humorvoll geschrieben.
2. Aktuelle Themen oder neue gesellschaftliche Erscheinungen werden kritisiert oder verspottet.
3. Die Kenntnis des Sachverhalts wird vorausgesetzt.
4. Sie enden oft mit einer überraschenden Wende am Schluss (Pointe).
5. In Glossen tauchen immer wieder ironische Formulierungen, sprachliche Bilder, Wortspiele, Doppeldeutigkeiten und Anspielungen auf.

Der (oder das) **Essay** ist eine kürzere, sprachlich lebendige Abhandlung, in der ein Problem von verschiedenen Seiten betrachtet und in der die persönliche Meinung der Autorin/des Autors zum Ausdruck gebracht wird.

Karikatur: Durch Über- oder Untertreibungen werden in Zeichnungen menschliche Schwächen oder Missstände kritisiert und lächerlich gemacht.

Klimax: → Sprachliche Mittel

Kommentar: → Journalistische Textsorten

Konjunktiv: Die Verbform, die wir normalerweise verwenden, nennt man **Indikativ (Wirklichkeitsform)**:
Er sagt: „Ich komme morgen."
In der indirekten Rede (→ *Merkmale erzählender Texte*) verwendet man meistens den **Konjunktiv (Möglichkeitsform)**: Er sagt, er komme morgen.
Der Konjunktiv gibt an, was ein anderer gesagt haben soll.

Kurzgeschichte: Es handelt sich um einen kürzeren erzählenden Text. Die folgenden Merkmale sind zwar typisch für Kurzgeschichten, aber nicht immer treffen alle Kriterien in gleicher Weise zu.
Merkmale:
1. Die Handlung setzt unvermittelt ein.
 Es fehlen einleitende Angaben zu Ort, Zeit und Personen der Erzählung.
2. Gegenstand der Kurzgeschichte sind Alltagspersonen in Alltagssituationen.
3. Die Hauptperson ist einem Problem oder einer kritischen Situation ausgesetzt.
4. Oft nimmt die Handlung eine unerwartete Wendung.
5. Der Schluss ist offen. Der Leser soll über den Fortgang der Handlung selbst nachdenken.
6. Die Darstellung der Handlung ist kurz gefasst und auf das Wesentliche beschränkt.
7. Typische Merkmale der Sprache in Kurzgeschichten:
 – Wiederholungen, Aufzählungen,
 – Umgangssprache, Jugendsprache,
 – mehrere kurze Sätze, die aufeinanderfolgen,
 – unvollständige Sätze (Ellipsen).

Lyrik: Lyrik bezeichnet Dichtung in Versform (Gedichte). Früher wurden die Verse zur Lyra, einem alten Saiteninstrument, gesungen. Deshalb sagt man auch heute noch: Lyrik ist liedartige Dichtung. Viele Gedichte sind vertont worden.
Im Gedicht drückt das → *lyrische Ich* seine Gefühle, seine Stimmungen, aber auch seine Erlebnisse, Einstellungen und Gedanken aus.
Viele Gedichte sind in **Strophen** gegliedert. Mindestens zwei Verszeilen werden in einer Strophe zusammengefasst. Oft beginnt mit einer Strophe ein neuer Gedanke. Es gibt Gedichte, die zwar einem bestimmten Rhythmus folgen, aber nicht am Wort- und Versende gereimt sind.
Durch **Reime** erhalten Gedichte eine bestimmte Klangwirkung. Durch den Gleichklang der Reimwörter (z. B. *küssen – müssen; Fassaden – baden*) werden oft zwei oder mehr Verszeilen miteinander verbunden.
Drei Reimformen werden besonders oft verwendet:

Paarreim
a Sonne
a Wonne
b Eis
b heiß

umarmender Reim
a Sonne
b Eis
b heiß
a Wonne

Kreuzreim
a Sonne
b Eis
a Wonne
b heiß

Unter dem **Metrum** eines Gedichts versteht man die Folge von betonten und unbetonten Silben in den Wörtern eines Verses:

x x́ x x́ x x́ x (= Jambus)
Es war, als hätt der Himmel …

x́ x x́ x x́ x x́ x (= Trochäus)
Als ich schläfrig heut erwachte …

Eine besondere Gedichtform stellt das **Sonett** dar. Diese Gedichtform wurde im 14.–16. Jahrhundert häufig verwendet. Sie besteht aus zwei Strophen zu vier Zeilen und zwei Strophen zu drei Zeilen. Häufig wird in den beiden Vierzeilern das Thema vorgestellt, während die abschließenden Dreizeiler eine Auswertung oder Schlussfolgerung beinhalten.

Lyrisches Ich: Das lyrische Ich kann die oder der Sprechende im Gedicht sein. Das lyrische Ich kann, muss aber nicht die Einstellung oder Stimmung der Dichterin/des Dichters wiedergeben.

Märchen: Märchen erzählen Geschichten, die sich in Wirklichkeit nicht ereignen könnten. Oft handeln sie von Zauberern, Hexen, Feen und sprechenden Tieren. In einer räumlich und zeitlich nicht festgelegten Welt steht die Hauptfigur vor großen Gefahren und kaum lösbaren Aufgaben. Die Zahlen 3, 6, 7, 12 spielen eine besondere Rolle. Auch formelhafte Sprüche sind typisch für Märchen. Am Ende siegt meist das Gute.

Merkmale erzählender Texte: Wenn man eine Erzählung analysieren will, ist die genaue Untersuchung von folgenden Merkmalen wichtig:

1. **Erzählperspektive:** Ein Autor kann in unterschiedlicher Weise erzählen. Daher unterscheidet man:
   Ich-Erzählung: Das Geschehen, aber auch Gedanken und Gefühle werden aus der Sicht einer bestimmten Figur in der 1. Person erzählt: *Meine Eltern schlafen sicher schon. Mir aber dreht sich der Kopf, und ich komm nicht zur Ruhe. Was soll ich nur tun? Könnte ich doch nur die Zeit um einen halben Tag zurückdrehen!*
   Er-/Sie-Erzählung: Der Erzähler stellt seine Personen in der dritten Person vor. Er kann dabei **als auktorialer Erzähler (auktoriales Erzählen/auktoriale Erzählsituation)** auftreten. Der Autor ist der Allwissende, der das Geschehen von außen erzählt und auch mehr weiß als die Figuren des Geschehens und daher Ereignisse voraussehen oder auf sie zurückblicken und sie kommentieren kann.
   Jan vermutete, dass seine Eltern schon schliefen, während er sich im Bett wälzte und sich heftige Vorwürfe machte. Ein bisschen tat er sich auch selbst leid. Seine Eltern schliefen jedoch keineswegs, sondern fassten einen Entschluss.
   Der Erzähler kann aber auch in der 3. Person aus der Sicht einer Person die Geschichte erzählen und kommentieren. Man spricht dann von einem **personalen Erzähler (personales Erzählen/personale Erzählsituation):**
   Jan wälzte sich im Bett und fand keine Ruh. Sicher würden seine Eltern schon schlafen. Warum nur konnte er die Zeit nicht zurückdrehen, nur einen halben Tag?

2. **Zeitverhältnisse:** Wenn ein Erzähler ein Geschehen, das in der Realität sehr kurz ist, sehr ausführlich darstellt und kommentiert, spricht man von **Zeitdehnung:** *In diesem Augenblick des Fallens liefen die Ereignisse der letzten Tage in seinem Kopf wie in einem Film ab: die Begegnung mit seinem Vater, sein unbeherrschtes Verhalten Marion gegenüber und das Treffen mit dem großen Unbekannten, der ihn in diese ausweglose Situation gebracht hatte.*
   Von **Zeitraffung** hingegen spricht man, wenn der Autor ein Geschehen, das in der Realität länger dauert, zusammenfasst, nur andeutet oder überspringt:
   Als Jan Stunden später im Krankenhaus aufwachte, hatte er Mühe, sich zurechtzufinden.

3. **Redeformen:** Der Erzähler kann unterschiedliche Redeformen verwenden.

Direkte Rede: In wörtlicher Rede werden Äußerungen und Gedanken wiedergegeben: *Jan war aufgebracht: „Was wissen Sie schon, was geschehen ist!"*
Indirekte Rede: Äußerungen werden vom Erzähler wiedergegeben, zumeist unter Verwendung des → Konjunktivs: *Vollkommen unbeherrscht machte er allen um ihn Stehenden Vorwürfe, dass schließlich niemand gekommen sei, ihm zu helfen, und er daher ganz allein auf sich selbst gestellt gewesen sei.*
Erlebte Rede: Der Erzähler gibt die Gedanken und Gefühle in der 3. Person und meistens im Präteritum wieder: *Als alle den Raum verlassen hatten, war Jan sehr niedergeschlagen. War es nicht auch sein Fehler, dass es so weit gekommen war? War er nicht einfach zu stolz gewesen?*
Innerer Monolog: Die Gedanken und Gefühle werden in der Ich-Form dargestellt, häufig im Präsens: *Jan nahm sein Handy und suchte die Nummer von Marion. Ich werde ihr alles erklären. Ich werde sie nicht um Verzeihung bitten, denn mein Verhalten kann man nicht entschuldigen.*

4. **Satzbau:** Man unterscheidet folgende Möglichkeiten des Satzbaus:
   – **Satzreihe (Parataxe):** Es werden nur Hauptsätze aneinandergereiht. Häufig sind sie kurz: *Jan schwieg. Sein Puls raste. Blut schoss ihm in den Kopf. Dann sprang er auf.*
   – **Satzgefüge (Hypotaxe):** Darunter versteht man den Verbund von Haupt- und Nebensätzen: *Als er die Tür öffnete* (Nebensatz), *blies ihm ein kalter Wind entgegen* (Hauptsatz), *der sich nun zu einem Sturm entwickelte* (Relativsatz).
   – **Unvollständige Sätze (Ellipse):** → *Sprachliche Mittel* Die Wirkung dieser Satzformen kann sehr unterschiedlich sein und wird aus dem Textzusammenhang erschlossen: *Wohin so spät noch? Je eher, je besser.*

5. **Sprachliche Mittel:** → *Sprachliche Mittel*

Metapher: → *Sprachliche Mittel*

Metrum: → *Lyrik*

Neologismus: → *Sprachliche Mittel*

Paradoxon: → *Sprachliche Mittel*

Parallelismus: → *Sprachliche Mittel*

Personaler Erzähler: → *Merkmale erzählender Texte*

Personifikation: → *Sprachliche Mittel*

Redeformen: → *Merkmale erzählender Texte*

Reim: → *Lyrik*

Reportage: → *Journalistische Textsorten*

Rhetorische Frage: → *Sprachliche Mittel*

Roman: Der Roman ist eine lange Erzählung, die zwischen mehreren hundert und tausend Seiten umfassen kann. Im Zentrum eines Romans steht oft die ausführliche Schilderung der problematischen Situation eines Einzelnen.

Beschrieben wird, wie er in seiner Umgebung und mit seinen Mitmenschen lebt, sich verändert und entwickelt.

Rückblick: Vor allem in der → *Epik* (Erzählung, Roman) gibt es solche Einschübe, die vor der Zeit der eigentlichen Handlung spielen. Sie dienen dazu, die jetzige Situation oder das Handeln einer Figur zu erklären.

Sachtext: Ein Sachtext informiert über Tatsachen, Vorgänge und Sachverhalte. Er kann z. B. über die Tier- oder Pflanzenwelt informieren oder über bedeutsame Ereignisse. Sachtexte findet man in Zeitungen, Zeitschriften oder in Sach- oder Schulbüchern.

Satire: Eine satirische Darstellung zeigt menschliche Schwächen oder Fehler in stark übertriebener Darstellungsweise auf. Sie will diese lächerlich machen, zum Nachdenken anregen, kritisieren und häufig auch eine Änderung von Verhaltensweisen bewirken. Satire kann in verschiedenen Textsorten auftreten.

Merkmale:
1. Ironie → *Sprachliche Mittel*
2. Übertreibungen und überzogene Vergleiche
3. Verspottungen durch ins Lächerliche gezogene Situationen
4. Wortspiele

Satzgefüge: → *Merkmale erzählender Texte*

Satzreihe: → *Merkmale erzählender Texte*

Sprachliche Mittel: Nahezu in allen Texten werden gezielt sprachliche Mittel eingesetzt, um bestimmte Wirkungen zu erzielen (siehe Übersicht unten).

Sonett: → *Lyrik*

Strophe: → *Lyrik*

Umarmender Reim: → *Lyrik*

Vergleich: → *Sprachliche Mittel*

Vers: → *Lyrik*

Zeitdehnung: → *Merkmale erzählender Texte*

Zeitraffung: → *Merkmale erzählender Texte*

Zeitverhältnisse: → *Merkmale erzählender Texte*

Sprachliche Mittel	Erläuterung	Beispiel	mögliche Wirkung
Alliteration, die	Wiederholung von Anfangslauten bei aufeinanderfolgenden Wörtern	Milch macht müde Männer munter.	emotionale Verstärkung des gewünschten Eindrucks
Anapher, die	Wiederholung derselben Wortgruppe an Satz-/Versanfängen	Worte sind verletzend. Worte sind unersetzlich.	Eindringlichkeit; Rhythmisierung erreichen
Ellipse, die	unvollständiger Satz, der aber sinngemäß leicht zu ergänzen ist	Feuer! / Je früher der Abschied, desto kürzer die Qual.	der wichtigste Aspekt soll hervorgehoben werden
Euphemismus, der	Beschönigung	vollschlank statt dick / eingeschlafen statt gestorben	abgemilderte Negativbotschaft, taktisches Verhalten
Hyperbel, die	starke Unter- oder Übertreibung	Es ist zum Haareraufen! / ein Meer von Tränen	Dramatisierung; starke Veranschaulichung
Ironie, die	Äußerung, die durchblicken lässt, dass das Gegenteil gemeint ist	Das hast du ja ganz toll hinbekommen! / Vier Wochen Regen. Super!	Herabsetzung; kritische Anmerkung; Stellungnahme
Klimax, die	Steigerung; meist dreigliedrig	Sie kam, sah und siegte.	Dramatisierung
Metapher, die	verkürzter Vergleich, Verwendung eines Wortes in übertragener Bedeutung	Geldwäsche / Er war ein Löwe in der Schlacht. / Du bist meine Sonne.	Veranschaulichung
Neologismus, der	Wortneuschöpfung	Mobbing / Gammelfleisch / unkaputtbar (Werbesprache)	Hervorhebung
Paradoxon, das	Zusammenstellung von Wörtern, die sich eigentlich widersprechen	bittersüß / Vor lauter Individualismus tragen sie eine Uniform.	starker Anreiz zum Nachdenken
Parallelismus, der	Wiederholung gleicher Satzstrukturen	Ein Blitz leuchtete, der Donner folgte, ein Gewitter setzte ein.	Dramatisierung, Intensivierung
Personifikation, die	Vermenschlichung; Gegenstände oder Tiere erhalten die Eigenschaften oder Fähigkeiten von Menschen	Die Sonne lacht. / Die Smileys haben uns fest im Griff. / Mutter Natur	lebendige und anschauliche Darstellung
Rhetorische Frage, die	scheinbare Frage, deren Antwort jeder kennt; Leser und Zuhörer müssen zustimmen, da ihr Einverständnis vorausgesetzt wird	Gibt es den idealen Menschen? / Wer ist schon perfekt? / Wer glaubt denn das noch?	Mobilisierung einer bestätigenden Reaktion der Leser
Vergleich, der	Verknüpfung zweier Begriffe mit *wie*	Der Kämpfer ist stark wie ein Löwe.	anschauliche Darstellung